Ursula Herking

Danke für die Blumen

damals · gestern · heute

C. Bertelsmann Verlag

Gesamtherstellung Mohndruck Reinhard Mohn OHG,
Gütersloh
ISBN 3-570-06288-0 · Printed in Germany

Meinem Dritten. Meinem Ully,
mit dem ich seit achtzehn Jahren
die Klinge kreuze,
und für die, für die ich spiele
und von denen ich lebe,
und jetzt ergibt sich bereits die erste
grammatikalische Schwierigkeit:
ich spiele für das
und ich lebe von dem
in jedem Falle
Publikum.
Danke schön.
Viel Spaß.
U. H.

damals

Als Mutter nicht mehr wiederkam

Wenn es Fisch zu Mittag geben sollte, rief Annie aus der Küche: »Ulla, bring mir etwas Lorbeer!« Dann stellte ich mich auf die Zehen und pflückte von einem der vielen Kränze trockene, knisternde Blätter. Die Lorbeerkränze hingen an den Wänden des Korridors. Auf den Schleifen stand »Frau Kammersängerin Lilly Herking, der unvergleichlichen Carmen, in tiefer Verehrung ...« oder »Herrn Hofschauspieler Willy Klein, dem unübertrefflichen Frosch aus der Fledermaus ...«

Das waren meine Eltern. Damals hieß ich Ursula Klein, aber alle nannten mich Ulla. Vater wurde Papa genannt (Betonung auf dem zweiten a). Mutter hieß Mutti, und Annie war Annie.

Mutti, Annie und ich lebten in Dessau. Dort war Mutti engagiert, am Friedrichtheater. Papa stand in Weimar auf der Bühne. Jedesmal, wenn er zu Besuch kam, warteten Annie und ich auf einen plötzlichen Donner oder einen jähen Blitz. Es war dann so, als sei der Göttervater Zeus direkt aus dem Olymp in unsere Fünfzimmerwohnung herabgestiegen. Gelegentlich verbreitete er auch überraschend sanfte, ferne Milde oder richtete kauzige, humorige Worte an uns, die wir nicht begriffen. Dann zuckte er mit den Schultern und wandte sich anderen Dingen zu. Einmal trug er mir auf – aus nur ihm bekannten Gründen –, die Predigt des Kapuzinerpaters aus »Wallensteins Lager« und das »Gaudeamus igitur« auswendig zu lernen. Beide Piecen kann ich heute noch, zu niemandes Nutz und Frommen. Papas jeweilige Besuche waren außerordentlich verwirrend. Ob sie auch für meine Mutter verwirrend waren, weiß ich nicht. Ich glaube, sie hat ihn begriffen und sie hat ihn geliebt.

Mutti betete ich an. Alle beteten sie an. Sie nahm es mit Charme und liebenswürdigem Humor. Ihr reizvolles, lebendiges Gesicht mit der etwas stupsigen Nase, sie nannte sie »schepp«, dem großen ausdrucksvollen Mund und den lachenden, gescheiten, grünbraunen Augen unter dichtem schwarzen Haar, ihr Gang mit langen Beinen aus schmalen Hüften, ihre sicheren, schönen Bewegungen – all das war für mich schlechthin vollendet.

Annie bekam zu spüren, was sonst die Mütter von ihren Kindern zu spüren bekommen: meine Ungezogenheiten, meine Lügereien, meinen Jähzorn, aber auch meine ganze vertrauende und kindliche Liebe.

Meine Annie war das Hochzeitsgeschenk meiner Großmutter mütterlicherseits an Mutti. Großmutter hat Annie, als sie noch das Nannerl hieß und das vierzehnte Kind eines Flickschusters in Bayern war (ich zitiere nicht Ganghofer!), aus dem Kloster geholt und so verhindert, daß sie Nonne wurde. Sie hat dem Nannerl alles beigebracht, was sie konnte, und das muß beachtlich viel gewesen sein. Aus dem Nannerl wurde die Annie. Als ich sieben war, gehörte sie schon neun Jahre zu der Familie Klein. Ja, sie gehörte dazu. Sie sagte nicht gnädige Frau zu Mutti, sondern Frau Klein. Als Sängerin war Mutti Frau Herking für sie, und wehe dem, der es wagte, an

Frau Herking Kritik zu üben. Im Haushalt stand sie sicher auf ihren festen, kurzen Beinen, kochte, putzte, flickte, wusch, bügelte und nähte und ließ sich nicht dreinreden. Nur bei Papa wurde sie, genau wie ich, unsicher und nannte ihn mit mürrischem Trotz Gnädiger Herr.

Ich erinnere mich, daß ich oft, gerade erst eingeschlafen, wieder aufstand und in das Erkerzimmer ging. Dort stellte ich mich an das Fenster und wartete, bis ich die schnellen Schritte von Mutti hörte und sehen konnte, wie sie um die Ecke kam und in unsere kleine Straße einbog. Dann stieß ich einen Seufzer der Befriedigung aus, ging zurück ins Bett und schlief ein.

Ich erinnere mich, daß ich fast eine ganze Nacht an diesem Erkerfenster stand. Ich wartete auf die Schritte. Ich wartete darauf, daß Mutti um die Ecke kam und in unsere Straße einbog. Es war drei Tage vor meinem zehnten Geburtstag. Sie ist niemals mehr in unsere kleine Straße eingebogen. Bei dem Theaterbrand, der an diesem Nachmittag ausgebrochen war, kam sie ums Leben. Erst am nächsten Morgen fand man ihre verkohlte Leiche auf der Feuerleiter.

Noch ein Jahr lebten Annie und ich in Dessau in der Schillerstraße 11. Papa schickte aus Weimar Geld. Jeden Morgen ging ich an den Kränzen vorbei in die Schule. Annie umsorgte mich, Annie nähte für mich. Zum Kleiderkaufen war nicht genug Geld da. Einmal bekam ich eine braune Frotteebluse. Die Kinder riefen »Kackulla« hinter mir her. Kinder können ganz schön gemein sein. Ich machte mir nie Gedanken darüber, daß sich Annie außer für mich auch noch für etwas anderes interessieren könnte. Immerhin war sie damals erst sechsundzwanzig Jahre alt. Das war *meine* Annie! Kinder sind egoistisch.

Papa hatte eine Wohnung für uns drei in Weimar gefunden. Wir zogen ohne die Kränze dorthin. Meine bayerische, sture Annie und mein dickschädliger, pommerscher Papa kamen nicht miteinander aus. Er wies sie aus der Wohnung. Annie packte ihre Sachen. Sie weinte. Ich weinte.

Annie ging in Stellung nach Holland. Es war das Jahr 1923; es war Inflation. Ich war elf Jahre, »führte den Haushalt« und ging zur Schule. Weder Papa noch die Lehrer waren zufrieden.

Ich lernte Öfen anmachen, die Treppe scheuern und Frikadellen, sprich Bouletten, braten, in denen der Bäkker die Oberhand hatte. Immer war ich hungrig. Papa übrigens auch. Papa war ungeduldig. Papa war jähzornig. Papa war unglücklich.

Erst sehr viel später habe ich begriffen, daß das Leben für ihn nach Muttis Tod, er war dreißig Jahre älter als sie, keinen Sinn mehr hatte. Ich war viel zu unreif, zu kindlich für ihn, und er sah wohl auch mit Besorgnis, daß ich seinen Jähzorn geerbt hatte. Er versuchte, ihn mir mit Prügeln auszutreiben. Das half gar nichts. Wenn er nett war, mochte ich ihn richtig gern – aber immer wieder wurde meine Zuneigung von der Angst erstickt, die ich vor ihm hatte.

In der Schule rückten die Kinder von mir ab. Ich war ungewaschen, ja dreckig und kratzte mich ununterbrochen am Kopf. Eines Tages sagte Papa: Ich habe Annie telegraphiert, sie soll zurückkommen. Es muß ihn eine ungeheure Überwindung gekostet haben. Trotzdem war er überzeugt, daß sie kommen werde.

In einer kalten Winternacht standen Papa und ich auf

dem Bahnsteig und holten Annie ab. Sie kam mit vielen Köstlichkeiten, wie ein verspäteter Weihnachtsmann. Mit gelber Butter und weißem Brot, mit Eiern und Speck, mit Schokolade und Marmelade, mit warmen Hosen für das Kind. Und selbst dem »gnädigen Herrn« hatte sie einen Winterschal mitgebracht. In der Küche machte sie Feuer im Herd, stellte drei große Töpfe mit Wasser auf die offenen Feuerstellen, und als das Wasser heiß war, schrubbte sie mich mit vielen bayrischen Ausdrücken des Entsetzens von oben bis unten ab. Dann entwirrte sie meinen dicken, langen, nie gemachten Zopf und brach zusammen. »Gnädiger Herr, gnädiger Herr!« rief sie. Keine Antwort. Was sie da entdeckt hatte, war so furchtbar für sie, daß sie sich sogar zu einem »Herr Hofschauspieler« hinreißen ließ: »Herr Hofschauspieler! Ulla hat Läuse, Läuse bis zum Hals herunter!« Die lakonische Antwort Papas war: »Mein Kind hat keine Läuse!« Und damit war die Sache für ihn erledigt.

Ich wurde wieder ein rosiges Kind mit gewaschenen Ohren und sauber geflochtenen Zöpfen. Sie waren zu festen Kringeln über die Ohren gesteckt und wurden von einem schwarzen Samtband gehalten. Ich muß wie ein Biedermeierkalb ausgesehen haben, aber die Kinder in der Schule waren wieder nett und rückten nicht mehr von mir ab.

Es gab noch viele Kräche zwischen Papa und Annie. Immer meinetwegen. Aber diesmal ließ sie sich nicht unterkriegen. Einmal hat er uns beide grün und blau geschlagen. Ich war mal wieder unpünktlich gewesen, und da hatte sie sich dazwischengeworfen. Hinterher tat es ihm leid, und er sagte, ich dürfe soviel harte Eier essen, wie ich wollte. Harte Eier und Ölsardinen waren mein Lieblingsessen. Ich habe hemmungslos so viele harte Eier in mich hineingeschlungen, daß sie in geballter Form wieder herauskamen und ich den ganzen Nachmittag krank war. Papa sagte: Das Kind lernt's nie! Damit sollte er noch eine ganze Weile recht behalten.

An einem Sonntagmorgen, Annie hängte gerade im Hof die Wäsche auf, bin ich ans Fenster gestürzt und habe hinuntergerufen: »Annie, Annie, komm schnell rauf, Papa sieht so komisch aus und sagt kein Wort!«

Als Annie aus Papas Zimmer kam, sagte sie: »Ullakind, dein Vater ist tot.«

Annie weinte. Ich nicht. Mein erstes Gefühl war nur: Nun brauche ich keine Angst mehr zu haben. Ich zeigte sogar den Schulfreundinnen mit einem gewissen Stolz meinen im Wohnzimmer aufgebahrten Papa.

Ich habe nicht sehr gelitten. Ich hatte ja meine Annie. Nur wenn meine Leistungen im Sophienstift zu wünschen übrig ließen, sagte ich mit verlogenem Augenaufschlag: »Ich bin eben Vollwaise.«

Von Leichenfingern, Bratwürsten und ersten Küssen. Ich habe zwei Väter

Frau Deinhart vom Obergeschoß formte längliche, dicke Würste aus Quark und Kümmel. Sie sagte Gwarg und Gümmel. Die legte sie auf das Fensterbrett, bis sie in der Sonne herangereift waren, gelb wurden und leise liefen. Harzer Käse – in Thüringen, bedingt durch die Form, Leichenfinger genannt. Annie und ich bekamen jede Woche welche geschenkt. Mit Gänseschmalz schmeckten sie am besten. Im August machte Frau Deinhart unten in der Waschküche, die den Hof begrenzte, im großen

Kessel Pflaumen ein. Pflaumenmus mit frischen Walnüssen! Mit einem mächtigen Holzlöffel rührte sie den Pflaumenberg um und um. Dabei sang sie: Gelle bist mir gelle gut, gelle ich dir auch, gelle schenkst mir 'nen Federhut, gelle ich dir auch.

Im September gab es Rostbratwürste. Sie brutzelten auf dem Rost in den offenen Torwegen. Zu beiden Seiten des Brötchens schwappten zwei knusprige braune Enden. Selig kauend stand man mit fettbeschmiertem Kinn im herbstlichen Abenddunst. Jeden Nachmittag gab es hauchdünne, dick beschmierte Marmeladenbrote. Zum Geburtstag machte Annie Rumpsteak mit grünen Kullererbsen und zwei Torten. Eine mit Obst und Schlagsahne, eine aus übereinandergelegten Leibnizkeksen, dazwischen eine herrliche Füllung aus Butter, Zucker und Schokolade. Ich war jetzt dreizehn Jahre alt und so verfressen, daß ich anscheinend nur von einem Essen zum anderen gedacht habe.

Mit vierzehn änderte sich das, ich wurde romantisch. Ich »ging« mit Erich. Wir wechselten kleine Briefchen: Du bist min, ich bin Din, dess sollst Du gewiss sin – oder so ähnlich. Wir machten Hand in Hand lange Spaziergänge auf dem Friedhof und wechselten auch die ersten Küsse, bei denen vorerst noch die Nasen störend im Wege standen.

Dann ging Erich zu Waltraut über, und ich hatte meinen ersten Liebeskummer, was mich nicht hinderte, meiner Klavierlehrerin, wenn sie wegsah, heimlich in den Dutt zu spucken oder auf der Schillerstraße – »dem Bummel« – unseren Lateinlehrer Otto, genannt Adda, nachzuahmen: »Gackt mäch an, wenn äch mit euch spreche, äch gacke euch ooch an, äch gacke ooch nich aus'm Fenster.«

Ich las »Die vom Niederrhein« von Rudolf Herzog, rezitierte Çäsar Flaischlens »Hab Sonne im Herzen, ob's stürmt oder schneit ...!« und versank in Tränenfluten über irgendeine sentimentale Geschichte aus dem Wochenblättchen. Dies hinderte mich nicht, herumzupöbeln, mit eckigen Bewegungen und langen X-Beinen durch die Gegend zu latschen und darunter zu leiden, daß ich nicht mehr Räuber und Prinzessin oder Figurenwerfen auf der Straße spielen durfte. Und immer noch hatte ich diese alberne Frisur: geflochtene straffe Kringel über den Ohren, gehalten vom schwarzen Samtband.

Doch plötzlich tat sich eine Tür auf. Das kam so: Annie entschloß sich, Papas Zimmer zu vermieten. In dieses Zimmer zog Hee ein. Hee hieß eigentlich Hedwig. Sie lernte Weben am Bauhaus. Sie sah wie ein schüchterner und zugleich verschmitzter Knabe aus. Ich war sehr von ihr beeindruckt, lieferte ihr sofort die Nummer vom Lateinlehrer Otto, genannt Adda, ab und legte ihr, weil ich damit großen Lacherfolg hatte, mein Herz zu Füßen.

Hedwig bekam jeden Tag Besuch von einem Herrn, dessen Charme sowohl Annie als auch ich sofort erlagen. Dieser Herr hieß Professor Dülberg, war ein berühmter Bühnenbildner und Lehrer am Bauhaus. Zum zweitenmal hörte ich das Wort Bauhaus. »Was ist das?« – »Eine Kunstschule, eine Art Akademie, die wir hier in Weimar gegründet haben.« – »Was tut ihr?« – »Malen, Weben, Architektur ...« – »Auch Theater spielen?« – »Ja, auch, Oskar Schlemmer macht das.« – »Darf ich mal mitkommen?« Professor Dülberg nahm mich mit.

Er nahm auch unmerklich, zusammen mit Hee, meine Erziehung in die Hand. »Die vom Niederrhein« und Cäsar Flaischlen wichen Thomas Mann und Morgenstern. »Buddenbrooks« ist noch heute eines meiner Lieblingsbücher. Ganz zu schweigen von Palmströms Erlebnissen: »Und so faltet er zusammen, was er eben erst entbreitet, und kein Sterblicher wird ihn verdammen, wenn er ungeschneuzt entschreitet.« (Es handelt sich um ein Taschentuch.)

Bei Oskar Schlemmer sah ich seltsame Puppen oder Menschen, die sich wie Puppen bewegten; es faszinierte mich, aber ich begriff es damals noch nicht.

Zwei Maler liebte ich. Der eine hieß Paul Klee, der andere Lyonel Feininger. Manchmal durfte ich zusehen, wenn sie malten. Paul Klee malte mit der linken Hand. Auf seiner Schulter saß eine Siamkatze und schaute zu.

Ich wußte nicht, welche Bilder ich lieber mochte, die von Klee oder die von Feininger. Klee schenkte mir ein kleines Bild. Lyonel Feininger schenkte mir ein kleines Dorf, dessen schiefe und schmale Häuser er selbst geschnitzt und angemalt hatte. Das waren meine schönsten Geschenke. Ich habe sie lange gehabt. Im Krieg sind sie verbrannt.

Bei Paul Klee traute ich mich nicht, viel zu fragen. Er war gar nicht böse, er war nur fern, und ich hatte das Gefühl, »ich muß ganz still sein«.

Bei Lyonel Feininger und auch bei Professor Dülberg fragte ich, redete ich und bekam immer eine Antwort. Alle nannten Professor Dülberg »Paps«. An dem Tag, an dem ich das auch durfte, dachte ich: Nun hab' ich doch einen Vater. Was heißt einen – gleich zwei! Denn Lyonel Feininger war auch ein Vater für mich.

Ich glaube, daß vieles bei mir – bestimmt meine Art, »die Welt zu sehen« – auf diese Zeit in Weimar zurückzuführen ist.

Fehlstart. Neubeginn mit rutschenden Dessous. Annie wird immer kleiner

Paps sagte: »Also gut, mein Kind, du willst Schauspielerin werden. Wie stellst du dir das vor?«

Ich sagte: »Erst mußt du bei Annie durchsetzen, daß ich mir die Haare abschneiden lassen darf, dann erzähl' ich es dir.«

Am Nachmittag kam ich mit Bubikopf. Großer Triumph! Paps sagte: »Na, was ist?«

Ich brabbelte Vages.

»Du Affenarsch«, sagte er, »du vor allen solltest eigentlich wissen, daß das ein schwerer Beruf ist, du stellst dir wohl ›Kam, sah und siegte‹ vor? Und wieso gehst du nie ins Theater?«

Ich schwieg.

»Also schön, vielleicht schadet es dir nur, wenn du hier ins Theater gehst, aber hast du schon mal ein Theaterstück gelesen? Nein? Seh sich einer diese Ignorantin an! Hier, du liest jetzt den ›Sommernachtstraum‹ und lernst den Puck auswendig.«

»Wozu?« fragte ich.

»Zum Vorsprechen. Jawohl! Wenn du dich endlich durch die Untersekunda durchgequält hast – dann fährst du nach Berlin, und dann gehst du auf die Reinhardtschule und sprichst vor, und wehe, wenn du durchfällst!«

Ich quälte mich durch. Ich nahm tränenreichen Abschied. Ich fuhr nach Berlin, sprach bei der Reinhardtschule vor.

Ich fiel durch.

Ein alter Schauspieler, der nicht zur Prüfungskommission gehörte, riet mir, als er mich weinen sah: »Hör zu, versuch es mit der Staatlichen Schauspielschule, da ist morgen Prüfung. Ich glaube nämlich, daß du Talent hast.«

Im Foyer der Musikhochschule in der Fasanenstraße – in diesem Gebäude war auch die Schauspielschule untergebracht – wimmelte es von Jungen und Mädchen. Alle quatschten durcheinander. Jedesmal, wenn ein Name aufgerufen wurde, bedeutete das: Auf die Bühne! Dann schauten alle dem Delinquenten nach, mit einer Mischung aus nervöser Angst und Mitleid und dem Wunsch: Hoffentlich fällt er durch! Denn uns war bekannt: Nur zwanzig konnten aufgenommen werden.

Ein Mädchen sagte zu einem anderen: »Gestern war ich in der Generalprobe zur ›Heiligen Johanna‹. Die Liesel war nicht sehr in Form.« – Was für eine Liesel? denke ich. Und dann geht mir auf, daß sie von der Bergner spricht, von Elisabeth Bergner. So eine Scheißtrine, denke ich.

Eine, die sich einen roten Lampenschirm mit Fransen aufgesetzt hat – erst später sehe ich, daß es ihre Haare sind – sagt: »Gestern war ich nach der Vorstellung in der Garderobe von Ernst Deutsch. Wir haben uns geküßt.« Die neben mir sagt: »Glaub doch der kein Wort, so was Doofes küßt der nicht.«

Ein ganz Schlanker, ganz in Schwarz, sagt zu einem anderen ganz Schlanken, ganz in Schwarz: »Pah, wenn ich hier durchfalle, gibt mir Gustaf Unterricht!« Die neben mir sagt: »Typischer Fall von denkste, schwule Tucke!« Ich traue mich nicht zu fragen, was schwule Tucken sind. Daß er mit Gustaf Gustaf Gründgens meinte, hatte ich begriffen.

Einer kommt bleich von der Bühne zurück, reißt sich die Jacke vom Leib, trampelt darauf herum und schreit: »Banausen, Idioten!« Niemand nimmt Notiz von ihm. Dann hebt er die Jacke auf, wirft sie sich über die Schulter und stürzt hinaus. In der Drehtür fällt ihm die Jacke herunter. Er bückt sich. Die Drehtür knallt ihm an den Kopf. Es dauert eine Weile, bis er aus der Drehtür herauskommt und sozusagen ins Freie geschleudert wird. Ich lache laut. Ich muß lachen, obwohl ich vor Lampenfieber Magenschmerzen habe.

Um ein sehr schönes Mädchen stehen sechs Jungen herum. Sie hatte gerufen: »Kann mir jemand die Stichworte geben für die Balkonszene?« – »Ich«, hatten sie geschrien. Sechs Romeos für eine Julia. Mir ist neidvoll zumute. Die neben mir sagt: »Shakespeare – alter Hut! So'n Quatsch! Was sprichst du vor?« – »Den Puck.« – »Na ja, ziemlicher Kindergarten, der ›Sommernachtstraum‹, verwechsel das Bäumchen, im übrigen muß das 'n Mann spielen! Was hast'n noch?« – »Die Klara aus der ›Maria Magdalena‹.« – »Mensch, is das doof, mit 'm unehelichen Kind lockste doch keen Hund mehr hinterm Ofen vor!«

Mein Name wird gerufen. Das erste Mal Ursula *Herking*. Ich stehe auf der Bühne. Die Scheinwerfer blenden mich. Aus einem dunklen Loch kommt eine Stimme: »Dürfen wir bitten, Fräulein Herking.« Ich sehe nichts. Nur helle Flecke. Das Herz klopft mir bis zum Hals. Meine Beine haben im Bühnenboden Wurzeln geschlagen. Ich kann mich nicht bewegen. Die Arme sind an den Seiten festgewachsen. Noch einmal die Stimme: »Was wollen Sie vorsprechen?« – »Den Puck, bitte.«

Langsam lösen sich Arme und Beine und führen ein seltsames Eigenleben. Bei den Schlußworten »Ich eil, ich eil, sieh, wie ich eil, so fliegt vom Bogen des Tataren Pfeil« komme ich mir nicht wie ein Pfeil, sondern wie ein wildgewordenes Pferd vor. Lange Pause. Dieselbe Stimme: »Haben Sie noch etwas anderes?« – »Ja, die Klara aus ›Maria Magdalena‹, bitte.« – »Fangen Sie an!«

»Ob ich dich liebe, ob ich dich nicht liebe, nie sollst du's erfahren.« Den tränenumflorten Blick auf den imaginären Leonhard gerichtet, steigere ich mich langsam in den Ausbruch: »Heirate mich – ich lebe nicht lange«, und während ich mich steigere, fühle ich zu meinem Entsetzen, wie etwas platzt, wie etwas locker wird, wie etwas rutscht. Ich falle mit erhobenen, gefalteten Händen auf die Knie. Dort bleibe ich liegen.

»Sie können aufstehen.« Ich stehe nicht auf. »So stehen Sie doch auf!«

Es bleibt mir nichts anderes übrig, ich muß. Ich stehe auf und halte meinen Hüfthalter mit den rutschenden Strümpfen fest. Aus, denke ich, vorbei. Jemand lacht.

Die Stimme sagt ganz ruhig und sachlich: »Kommen Sie morgen um zehn Uhr wieder« und nicht »Sie hören von mir«.

Das bedeutet, ich bin angenommen. Ich ließ Hüfthalter und Strümpfe zu Boden rutschen, machte einen Knicks und sagte: »O danke, mein Herr, danke!«

Der Herr war Professor Leopold Jessner, Intendant des Schauspielhauses und Leiter der Schauspielschule.

Ich telegraphierte an Annie, Hee und Paps. Ich war glücklich. Noch einmal zurück nach Weimar. In vier Wochen sollte das Abenteuer Berlin anfangen. Annie nähte mir ein wunderschönes blaues Tuchkleid mit schottisch gemustertem Kragen und Manschetten. (Ich komme darauf noch zurück.) Paps und Hee schenkten mir die ersten

Schminkstangen, mit der Weisung, sie nicht am Tag zu benutzen. Annie seufzte viel. Ich war ungeduldig. Ich wollte weg, allein sein, allein das Leben bestehen, eine Duse werden.

Die Wohnung wurde aufgelöst. Annie zog zu ihrer Schwester nach Nürnberg. Natürlich habe ich geweint, als ich sie, dem Zug nachwinkend, immer kleiner werden sah. Aber ich hatte ja eine neue Welt vor mir. Die hieß Berlin.

Ich lerne, was eine richtige Familie ist. Außerdem: Mich verlieben, Schwindeln und Theaterspielen

Annie, die in Berlin einige Leute kannte, hatte mich der Familie des Medizinalrats Dr. Weyert ans Herz gelegt. Eine gute, eine christliche, eine deutschnationale Familie mit drei Kindern, zwei Jungen und einem Mädchen. Mit Bärbel teilte ich das Zimmer.

In diese Familie habe ich ziemlich viel Unordnung gebracht. Herr Medizinalrat empfand mich als ungehörig, Frau Medizinalrat war lieb und hilflos. Die Kinder waren Kumpels. Berta, das »Mädchen für alles«, haßte mich. Gegen sehr wenig Geld wurde ich beköstigt und sollte auch noch mit erzogen werden. Das war aussichtslos.

Tante Käthe, so hieß Frau Medizinalrat, schlug die Hände über dem süßen, kleinen, gealterten Puppenkopf mit der hohen Frisur à la Kronprinzessin Cäcilie zusammen und war verzweifelt, daß ich sie immer wieder zum Lachen brachte. Herrn Medizinalrat ging ich auch dem Weg, wo ich konnte. Was strenge Väter angeht, war ich ein gebranntes Kind. Aber ich hatte keine Angst vor ihm, er war mir nur unbequem. Die anderen konnte ich so schön um den Finger wickeln. Etwas Schiß hatte ich nur vor Berta. Wie anders war meine Annie.

Da lernte ich nun also zum ersten Male eine richtige Familie kennen. Ich meine damit Vater, Mutter, Schwester, Brüder. Sie waren sicher bereit, mich vor jeder Unbill schützend in die Arme zu nehmen. Aber ich wollte nicht schützend in die Arme genommen werden. Nicht so. Ich fand das alles zu eng. Sie wußten nichts vom Bauhaus. Sie wußten nicht, wer Klee und Feininger waren. Die Eltern fanden meine Ansichten »revolutionär« und »links«. Auf die Bärbel habe ich ungeheuer eingeredet. Bärbel mit ihrem lieben runden Gesicht und den kleinen freundlichen Augen. Wieviel sie von meinen Lebenserfahrungen begriffen hat, weiß ich nicht. Aber sie war gut zu mir, sie deckte meine Schwindeleien und ließ mich nach zehn Uhr heimlich zum Dienstboteneingang herein.

Gerhard, der Jüngste, den ich Pipifax nannte, war noch sehr klein, aber er hatte den meisten Humor und war für jeden Quatsch zu haben. Dieter, der Älteste, löste sich bereits von der Familie und führte sein eigenes indolentes Leben. Das war also die Familie, in die ich hineingeplatzt war.

Jeden Morgen radelte ich zur Schauspielschule. Später, als ich durch Statisterie oder Reklamefotos für Gasbadeöfen, oder als Gärtnerin, nicht aus Liebe, sondern in Potsdam, etwas Geld dazuverdiente, verpraßte ich es gelegentlich für Taxis. So lebte ich weit über meine Verhältnisse.

Die Schauspielschule, oben im dritten Stock der Musikhochschule, war mein Reich. Hier tobte ich mich aus und warf mit Emotionen nur so um mich. Ich verliebte mich in Karl John, der nicht die geringste Notiz von mir nahm, sondern die schöne Ursula Schnetzer (die mit den sechs Romeos) hofierte, gemeinsam mit Wilfried Seyffert. Ich kann mir vorstellen, daß ich ausgerechnet für diese beiden, die ich am liebsten mochte, sagen wir, etwas zu laut war. Angefreundet hatte ich mich mit Lo Jäger, einer bildschönen, zierlichen Person, einer echten Berlinerin, die war mindestens genauso laut wie ich. Wir waren Nervensägen.

Und jetzt kommt ein Geständnis; es fällt mir nicht gerade leicht: Ich bin sehr wenig ins Theater gegangen. – Ins Kino: ja. Wenn's ging, jeden Tag. Paps schrieb aus Weimar: »Sieh Dir die ›Elisabeth von England‹ an. Laß Dir in der Oper den ›Fidelio‹ nicht entgehen!« Ich erinnere mich, ihm einen langen Brief geschrieben zu haben, in dem ich ihm meine Eindrücke von einer Aufführung genau beschrieb. Ich hatte mir einfach das Urteil von Paula Denk zu eigen gemacht, der »Intellektuellen« aus unserer Klasse, der Eigenwilligsten, Ausgeprägtesten von uns allen. Auch der Apartesten.

Paps schrieb zurück: »Du bist ein rechtes Lügenschwein. Du hast die Aufführung nie gesehen. So weit kannst Du doch noch gar nicht denken! Noch so ein Brief, und ich kündige Dir die Freundschaft. Im übrigen schreibe endlich an Deine Annie, anstatt mit Ausdrükken, die nicht zu Dir passen, um Dich zu werfen.«

Ich bin undankbar gewesen. Es war ja alles so neu. Wo war Annie? Weit, weit hinter mir. Ich konnte Annie doch nicht vom »Flair« Berlins schreiben. »Flair« nannte ich es. Ich schrieb ihr natürlich, aber ich machte mir wieder mal keine Gedanken, wovon sie eigentlich da in Nürnberg bei ihrer Schwester lebte.

Wir hatten jeden Tag Unterricht: Rollenstudium,

Sprechtechnik, Gymnastik, Fechten. Hatte man ganz großes Glück, bekam man von Jessner Privatunterricht.

Schwer, nicht massig, saß er auf dem Stuhl, altmodisch gekleidet, die Brille auf die hohe Stirn geschoben. Die rechteckigen intelligenten Hände lagen ruhig auf den Knien, die schmalen, hellen, etwas kurzsichtigen Augen verfolgten, was ich da trieb.

»Fräulein Herking, wissen Sie eigentlich, was Sie da geredet haben? Warum schreien Sie so? Weshalb haben Sie sich jetzt umgedreht? Was sehen Sie? Wer steht vor Ihnen? Warum verdrehen Sie die Augen? Was suchen Sie an der Zimmerdecke? Seien Sie nicht so sentimental. Das war verlogen!«

Analysierend, immer geduldig, versuchte er mir beizubringen, daß auch der Kopf eine sehr große Rolle spielt, wenn man eine gute Schauspielerin werden möchte. Ich habe viel bei ihm gelernt. Hoffe ich.

Wie der Weihnachtsbaum aus dem Fenster fliegt und wie der nächste Heilige Vater mir erklärt, was ein Butler ist

Zu Weihnachten gab es Ferien. Ich fuhr nach Nürnberg zu Annie. Auf der Straße nach Fürth, ziemlich weit draußen, gelangte man in ein Arbeiterviertel. Im häßlichsten Haus aus roten Backsteinen, durch einen trostlosen Hof und eine stets offene Haustür, erreichte man eine Holztreppe, die in einen langen dunklen Gang mündete. Zu beiden Seiten Türen. Auf der letzten Tür rechts stand Döll. Das war die Wohnküche. Schräg gegenüber war die Tür des Schlafzimmers. Vom Schlafzimmer aus führte die einzige sozusagen private Tür in das Hinterzimmer. Im Hinterzimmer schliefen Fanny und ihr Mann Felix. Im vorderen Schlafzimmer schlief Annie, und nun auch ich.

In der Wohnküche feierten wir Weihnachten. Ein kleiner, geschmückter Baum stand neben dem Herd auf der Kohlenkiste, die mit einem weißen Tuch verkleidet war. Wir saßen zu dritt auf dem Sofa aus Plüsch mit der hohen Lehne. Ich hatte Annie eine Gans mitgebracht. Selbst gekauft von dem Geld, das ich für meine Werbefotos mit Gasbadeöfen bekommen hatte. Und Süßigkeiten und drei Taschentücher. Meine Annie hatte mir Strümpfe gestrickt. Ich tat so, als freute ich mich sehr darüber; ich haßte gestrickte Strümpfe.

Ich las Annie und ihrer Schwester Fanny aus dem neuesten Buch von Erich Kästner vor – nicht aus dem »Fabian«, da hätten sie sich erschrocken –, aus einem anderen, das ich sehr liebte: »Emil und die Detektive«.

Als wir mitten im Lachen waren, ging die Tür auf, und Fannys Mann Felix torkelte herein. Er war stockbesoffen. Er lallte »Scheißweihnachten«, packte den Christbaum, machte das Fenster auf und warf ihn auf den Hof. Dann schwankte er schräg über den Flur und weiter ins Hinterzimmer. Nach einer Weile hörten wir ihn schnarchen. Stille Nacht, heilige Nacht.

Nein, das waren keine schönen Weihnachten. Ich sagte: »Annie, wenn ich mein erstes Engagement haben werde, dann hole ich dich, das schwöre ich dir.« Aber noch ein Jahr lang mußte ich die Schauspielschule besuchen.

In Berlin lernte ich zwei Mädchen kennen, die lustigsten Mädchen, die ich bis dahin getroffen hatte. Auf einem der Wohnungsschilder an der Haustür stand »Anton Frese«. Das waren sie, Irene Anton und Beate Frese. Sie hatten eine gemeinsame Wohnung unter dem Dach. Irene fotografierte, und Beate war Kunstgewerblerin. Irene sammelte Kitsch. Zum Beispiel ein Kaffeeservice, dessen einzelne Teile aus Tieren bestanden. Die Kaffeekanne war eine Katze, der Kaffee floß aus ihrer Schnauze. Dann gab es da die herrlichsten Kitschpostkarten; mit Pailletten bedeckte Tänzerinnen, Liebespaare im Rosenbusch; darüber, in einer watteweichen Wolke, Amor mit Pfeil oder ein Feldgrauer mit einem Blumenstrauß am Helm, die eine Hand lässig auf den Lauf des Gewehres gestützt, die andere unter dem Busen einer rundlichen Dame ruhend, auf dem echte Spitze aufgeklebt war.

Einmal im Monat kam O. F. Das war Onkel Fritz, und Onkel Fritz war Fritz Warburg. Ein kleiner, gar nicht schöner, aber grundgütiger Herr mit Schnauzbart. Es wurden viele Flaschen Wein getrunken und große Platten mit belegten Broten hergerichtet. Er saß inmitten der vielen Menschen, die »Anton Frese« in ihr Atelier geladen hatte, auf dem Schaukelstuhl. Um ihn herum lagerten alle auf dem Fußboden. Wer die schönste, die traurigste oder die lustigste Geschichte erzählte, bekam fünf Reichsmark. Ich habe die fünf Mark nie bekommen, trotzdem war es herrlich. Wir alle liebten O. F.

Ich habe ihn vor etwa zehn Jahren in Hamburg zum letztenmal gesehen. Er lebte damals schon seit langer Zeit in Israel und war nur für einen kurzen Aufenthalt in seiner Vaterstadt. Mir schenkte er ein ganz teures Parfüm, für sich kaufte er bei Woolworth einen kleinen Koffer aus imitiertem Leder.

1928. Die »Dreigroschenoper« im Theater am Schiffbauerdamm riß uns zu Beifallsstürmen hin. Immer wieder mußten Kurt Gerron und Theo Lingen den Kanonensong singen. Und Erich Ponto und Rosa Valetti, welch ein Bettlerpaar! Lotte Lenya, Ilse Bois, Carola Neher und viele andere waren dabei.

Noch bei der Generalprobe wollten die Musiker alles hinlegen, weil sie die Musik abscheulich fanden. Dann wurde es ein jubelnder Erfolg. Ganz Berlin pfiff und sang die Melodien. Später, im Krieg, wenn man aus der schwarzen Nacht plötzlich jemanden »Und der Haifisch, der hat Zähne« pfeifen hörte, wußte man: Aha, auch einer von uns.

Annie schrieb mir aus Nürnberg: »Liebe Ulla, Deine Mutter hatte in ihrer Jugendzeit eine sehr reiche und nette Freundin. Sie ist die Schwester von Walter Rathenau und wohnt in Grunewald. Schreib ihr doch mal eine Karte.«

Ich schrieb. Und ich bekam Antwort: »Liebes Fräulein Herking, ich würde mich sehr freuen, Sie sonntags zu meinem Jourfix zu begrüßen. Wie wäre es am nächsten ... Ihre ...«

Nachdem ich mich erkundigt hatte, was ein Jourfix ist, beschloß ich, mich in das gesellschaftliche Leben Berlins zu stürzen. Was anziehen? Ich hatte das schöne blaue Tuchkleid von Annie mit schottischem Kragen und Manschetten. Um diese Zeit aber waren Spitzenkragen und Spitzenmanschetten modern. (Nach dem berühmten Bild von Gainsborough ›Der blaue Page‹.)

Noch heute kann ich nicht gut mit Nadel und Faden umgehen. Ich kaufte mir im KaDeWe (Kaufhaus des Westens) Spitze, von der billigsten, trennte Kragen und Manschetten ab, garnierte einen neuen Kragen um den

Ausschnitt und nähte mir flatternde Spitze um die Ärmelenden. Dieses Arrangement zwang mich, die Arme nicht hochzuheben, man hätte sonst die abgeschnittene, ungesäumte Spitze gesehen.

Ich kaufte fünf gelbe Rosen und schließlich noch spitze, bananenfarbene Schuhe mit hohen Absätzen, die meine Füße noch größer erscheinen ließen und mir durchaus nicht den erhofften zierlichen Gang vermittelten.

Mit der Straßenbahn 176 fuhr ich in den Grunewald. Vom Roseneck waren es nur ein paar Minuten bis zur Kronenstraße. Dort stand hinter einem langen Gitter, am Rande einer gepflegten Grünfläche mit anmutigen Büschen und Baumgruppen, das helle klassizistische Haus. Ich schritt den geharkten Weg entlang bis zur mattglänzenden braunen Eingangstür. Eine Klingel fand ich nicht, aber einen schwarzen geflochtenen Eisenring. Nach längerem Zögern ließ ich ihn dumpf an die Tür bumsen.

Sie tat sich auf, und ein sehr feiner Herr in einer Art Uniform ließ mich zu meinem Erstaunen sofort herein. Die Rosen, die ich ihm überreicht hatte, wickelte er aus dem Papier und gab sie mir mit feinem Lächeln zurück. Dann half er mir aus dem Mantel und fragte diskret: »Darf ich um Ihren Namen bitten?«

Ich folgte ihm bis zu einer vergoldeten Gittertür. Er öffnete sie, ließ mich durchschlüpfen, blieb stehen und sagte in den großen Raum hinein, der voller feiner Menschen war, die teils standen, teils saßen und Untertassen mit Tassen darauf in den Händen hielten: »Fräulein Ursula Herking.«

Einige sahen sich um. Eine Dame mit rabenschwarzen Haaren winkte mich mit schönen langen weißen Händen heran und sagte nicht unfreundlich: »Kommen

Sie, mein Kind, wie reizend, daß Sie den Weg zu uns gefunden haben.« Ich drückte ihr die Rosen in die Hand. »Setzen Sie sich. Dieselben Augen wie Lilly ... Ach, mein lieber Stresemann, auf ein paar Worte!« Sie stand auf, hakte Herrn Stresemann unter und sagte im Weggehen: »Unterhalten Sie sich gut.«

Das war also der deutsche Außenminister Gustav Stresemann. Herrjeh, dachte ich, hier bin ich aber fehl am Platz.

Ein Mädchen in schwarzem Kleid, weißer Schürze und Häubchen fragte: »Tee oder Kaffee, gnädiges Fräulein?« Ich hätte für mein Leben gerne Kaffee getrunken, da ich aber Tee für feiner hielt, sagte ich: »Tee, bitte.« Auf dem runden Mahagonitisch standen auf silbernem Tablett silberne Kännchen mit Sahne, und in kleinen silbernen Schüsseln lagen Zitronenscheiben.

Bloß nicht die Arme zu weit nach oben heben, dachte ich. Plötzlich hörte ich, wie jemand neben mir sagte: »Ich würde nicht Zitronen *und* Sahne in den Tee tun, mein Kind, das schmeckt nicht.«

»Ich weiß«, sagte ich, »ich weiß, entschuldigen Sie, aber ich bin so entsetzlich verwirrt.« Er lachte.

Ich sah ihn mir an. Er trug einen schwarzen Anzug, hatte ein schmales, gescheites Gesicht und sehr kluge Augen hinter scharfen Brillengläsern. Er war sehr nett zu mir, fragte mich, was ich denn so täte und woher ich käme. Ich konnte ihm unbefangen antworten und vergaß dabei sogar meine nicht umsäumten Spitzenmanschetten. Ich fragte ihn: »Wer war denn der feine Herr in Uniform, der mich hereingelassen hat?«

»Der Butler«, sagte er. Und dann erklärte er mir, was ein Butler ist.

Damals wußte ich noch nicht, daß Monsignore Eugenio

Pacelli, der spätere Papst Pius XII., mir erklärt hatte, welche Funktionen ein Butler hat.

Ich ging noch ein paar Sonntage in das klassizistische Haus. Ich lernte dort einen reizenden jungen Baron kennen, der die besten Manieren der Welt hatte und sich meiner amüsiert annahm. Ich glaube sogar, er hat mich gern gehabt. Wahrhaftig, ich hatte mich in »die Gesellschaft« gestürzt. Aber ich habe den leisen Verdacht, die haben mich dort mehr als ein lustiges Unikum betrachtet, oder – und das ist sehr gut möglich – ich war dem allen nicht so ganz gewachsen. »Anton Frese« und O. F. waren lustiger. Trotzdem fand ich das alles sehr chic.

Ich legte mir sogar ein kleines Notizbuch zu, in das ich die Adressen aller Leute eintrug, die ich kennengelernt hatte und die mir wichtig oder »bedeutend« zu sein schienen. Es waren eine Menge »vons« dabei. Ein sehr lieber Freund, Willo von Moltke, sah eines Tages dieses Notizbuch. Die »vons« hatte ich alle unterstrichen: *von* Moltke, *von* der Tann, *von* Bülow ... Willo schüttelte den Kopf und sagte: »Du bist ja ein entsetzlicher Snob!« Da habe ich mich sehr geniert und von Stund an keine »vons« mehr gesammelt.

Ein Stahlblauer bringt mir Nietzsche bei.
Ich gehe ins Krankenhaus und bis zum Kinn ins Wasser.
Ich werde trotzdem nicht lesbisch

Aber nun war die erste große, wunderbare, himmelstürmende, traurige, aufwühlende Liebe fällig. Er hieß Jochen und war kein Schauspieler; Journalist wollte er werden.

Wir hatten uns im Romanischen Café kennengelernt, wo alle Prominenten Berlins saßen und erst recht die, die es werden wollten. Dort saß also auch ich oft mit gesenktem Kopf vor meiner Tasse und hoffte, als Julia entdeckt zu werden. Dafür entdeckte er mich.

Er hatte ein kühnes Profil, sprach fließend, mit runden Gesten, über Nietzsche, Kant und Thomas von Aquin und sagte, ich hätte das aufgeweckteste Gesicht, das er jemals gesehen habe. »Jeehmaals!« sagte er und senkte seinen stahlblauen Blick in meine hingebungsvoll aufgeschlagenen Augen.

Damals las ich gerade »Schloß Rheinsberg« von Kurt Tucholsky und fand diese Liebesgeschichte so schön, daß ich sie ihm zu lesen gab. – »Nun ja«, sagte er, als er mir das Buch zurückgab, »recht niedlich. Aber doch wohl an der eigentlichen Sache vorbei.« Ich wagte nicht zu fragen, was er unter der »eigentlichen Sache« verstünde. Er hatte mich schon so viel mit Nietzsche vollgeredet, daß ich ganz verschüchtert war. Nun wäre das eigentlich der Moment gewesen, zu erkennen und zu bekennen: Mein Herr, es hat mich sehr gefreut, aber ich glaube, wir passen nicht ganz zusammen. – Aber nein. Ich doch nicht, mit meinem »aufgeweckten Gesicht«, und er war so groß, so bedeutend – eben so stahlblau.

Mein Humor allerdings kam nicht so recht bei ihm an. Aber ich erzitterte, wenn er mich in die Arme nahm, ich war einfach weg. Ich wollte mit ihm schlafen gehen. Er auch mit mir – aber bestimmt nicht aus denselben Gründen wie ich. Meine Gründe – was heißt hier Gründe, mein Körper, alles war wahrscheinlich darauf eingestellt, sozusagen höchste Alarmstufe, aber wer kann das schon mit siebzehn Jahren so genau erkennen, also muß es die große Liebe sein, und so schlidderte ich mit dem falschen

Mann in eine Situation, die zwei Monate dauerte und für eine Situation etwas lang war.

Immerhin hatte ich ihn dazu gebracht, mit mir nach Rheinsberg zu fahren. Dort, am Ufer des Sees, Geld für ein Hotel hatten wir beide nicht, an einem etwas kühlen Vorfrühlingsabend, geschah es.

Der Arzt sagte zu mir: »Sie haben eine Nierenbekkenentzündung.«

Aber der Stahlblaue hatte mir auch noch ein Andenken mitgegeben. Und so mußte ich aus zwei Gründen ins Krankenhaus. In meiner Abteilung lagen auch einige Prostituierte. Dort lernte ich etliche interessante Tatsachen, von denen ich bisher keine Ahnung gehabt hatte. Abends sangen wir zweistimmig Schlager. Mein liebster war:

»Warum hast du so traurige Augen, weil die Männer nichts taugen, liebes Kind, ist doch alt, oder hast du einen gerne und der weilt in der Ferne, und jetzt sinkt dir der Mut? Liebes Kind, sei nicht traurig darüber. Es geht alles vorüber, es wird alles noch gut.«

Es kam darauf an, von »Ist doch alt« ohne Pause auf »oder« zu gehen, dort eine Fermate zu machen und dann ganz breit zu singen »hast du einen gerne«. Das gab einen sehr gefühlvollen Effekt. Wir trugen blau-weiß gestreifte Krankenhaushemden.

Das Andenken war bald und die Nierenbeckenentzündung nach zwei Monaten überstanden, aber der Stahlblaue hatte mich doch zu grausam enttäuscht, und deshalb wollte ich mich umbringen.

In Berlin gab es damals und gibt es auch heute noch den »Neuen See«. Damals lag er mit sanft ansteigendem Rasenufer zwischen hohen Bäumen. Ich beschloß, mich zu ertränken. Ich setzte den einen Fuß ins Wasser, dann den anderen. Ich ging ein Stück durch den See. Das Wasser reichte mir bis zur Wade, bis zum Knie, bis zur Hüfte, bis zum Hals, bis zum Kinn. Das Wasser ging zurück vom Kinn zum Hals, vom Hals zur Hüfte, von der Hüfte zum Knie, vom Knie zur Wade. Ich hatte den See durchschritten und setzte den einen Fuß auf das sanft ansteigende Rasenufer, dann den anderen.

Und nun stand ich dämlich, naß, mit kleinen Zweigen behangen, auf dem Rasen. Von der Gedächtniskirche schlug es viermal. So richtig die propere Zeit, sich im Morgengrauen umzubringen.

Und plötzlich wurde mir klar, daß es idiotisch ist, sich ertränken zu wollen, wenn man schwimmen kann. Ich mußte lachen, einfach lachen, ohne Bitterkeit, ohne Hohn, aber befreit von einer drückenden, dumpfen Last. Nur gut, daß niemand in der Nähe war, sonst wäre ich vielleicht wieder in ein Krankenhaus gekommen – aber diesmal in ein ganz anderes.

Annie hatte von alldem keine Ahnung. Niemand wußte davon, auch Paps nicht. Der, also Professor Dülberg, hatte Hee geheiratet, reiste viel herum und war vollauf beschäftigt mit Mosaiken für eine Kirche und mit der Ausstattung einer neuen Oper für Klemperer. Ich war auch sehr froh, daß niemand davon wußte. – Gut, es war vorbei. Nun wollte ich erst mal nichts mehr von Männern wissen.

Damals gab es in Berlin ein lesbisches Lokal, das hieß »Mali und Igel«. Ein Mädchen nahm mich mit. Dicke, nicht unsympathische Frauen in strengen Herrenjacketts betrachteten mich wohlwollend. Manche rauchten Zigarren. Einige unterhielten sich mit mir. Es machte Spaß, ihnen zuzuhören, sie waren gescheit und lachten über mein loses Mundwerk.

Aber dann erlebte ich, wie zwei sich um ein Mädchen stritten und anfingen sich zu prügeln. Das war gar nicht mehr komisch, es war so grausig, daß ich vor Entsetzen geflohen bin, um nie wieder hinzugehen.

Glücksgefühle im welken Laub. Der Alte Fritz singt zur Laute. Prominenten-Insel und doch ein Paradies

Ich machte Filmstatisterie. Bärbel hatte mir ihr Konfirmationskleid aus schwarzem Taft geborgt – zu sagen »es umfloß mich« wäre euphemistisch. Es schlotterte. Um diesen traurigen Eindruck zu mildern, hatte ich an der Schulter eine künstlerische Rose aus Samt befestigt, die mit Stiel und Blättern, voll erblüht, nach unten hing. Der Regieassistent schrie: »Frollein, jeh'n Se mal'n bisken nach hinten, so scheen sind Se nich, jetz nehm Se mal det Jlas da in de Hand und beujen Se sich mal ssu den Herrn runter.« Ich beugte mich und beugte mich unaufhaltsam weiter und fiel, das Glas fest in der Hand haltend, mitsamt dem Herrn und der Balustrade, auf der er saß, in die Dekoration. Der Film hat mich dann sehr lange nicht mehr gesehen – oder ich ihn.

Am schönsten war es im frühen Herbst in Potsdam. Dort brauchten sie Hilfskräfte, um Laub zu rechen. Es war ganz still, bis auf das Geräusch der Harke. Die Sonne schien durch goldbraune, weinrote und rosa Blätterdächer. Ich stand auf dem samtigen Teppich. Ich mochte den Geruch des welken Laubes gern. Ich erinnere mich genau, daß ich inmitten der leuchtenden Farben, der raschelnden Blätter und in diesem seltsamen Duft das erste Mal ganz glücklich war. Ich meine damit, ich fühlte mich eins mit mir. Das sind so seltsame, seltene Glücksmomente. Man soll sie festhalten.

Noch ein halbes Jahr, dann würde ich mit der Schule fertig sein. Ich hatte die »Heilige Johanna« studiert, das Mädchen aus »Gas« von Georg Kaiser, das Klärchen aus dem »Egmont«, den Puck, die Ilse aus »Frühlings Erwachen« von Wedekind.

Keine dieser Rollen habe ich je gespielt, und schon gar nicht das empfindsame Mädchen aus »Der Tor und der Tod« von Hugo von Hofmannsthal, das ich heimlich studiert hatte, weil es so schön traurig war: »Es war doch schön – denkst du nicht mehr daran, freilich, du hast mir weh getan, soooo weehh!«

Nur gut, daß Professor Jessner das von mir nie zu zu hören bekommen hat ...

Als man noch von Berlin aus ohne Genehmigung nach Stralsund fahren konnte, war das Ziel unserer Vorfreude die Insel Hiddensee. Von Stralsund ging einmal am Tag ein weißer asthmatischer Dampfer dorthin.

Schriftsteller, Bühnenkünstler, Regisseure, Filmproduzenten, junges Schauspielschulvolk, Architekten, Maler, alles, was man so unter »musischen Menschen« versteht, und natürlich auch jene, die sich gern als solche verstanden wissen wollten, fuhren in den Sommerferien nach Hiddensee. Playboys gab es damals noch nicht, »in« oder »out« sein auch nicht. Kein Prominentencafé und schon gar keine Bar. Keine Rubrik in irgendeiner Zeitung berichtete darüber, wer gerade wen »vernascht« hatte. Man baute Burgen im Sand, aber ohne Fahnen, man spielte oben auf den Wiesen der Villa Kruse Boccia, jeder sprach mit jedem. Niemand zeigte auf Prominente:

Sieh mal, dort schreitet Gerhart Hauptmann (in der Tat: er ging nicht, er schritt!), oder dort geht Otto Gebühr oder da sitzt Jürgen Fehling mit Joana Maria Gorvin. Man war einfach nett zueinander.

Wenn der Dampfer kam, versammelte sich alles am kleinen Hafen, um zu schauen, wer so alles ankam; man machte seine Witzchen, trank bei Ede in seiner Bretterhütte einen Bommerlunder mit Pflaume und freute sich, wenn die Sonne schien. Gegen acht Uhr abends kam, hinter einem alten Gaul, ein Leiterwagen die Dorfstraße entlanggezuckelt. Der Fischer verkaufte vom Wagen herunter frisch geräucherte, noch warme Aale. Ein Aal kostete achtzig Pfennig bis zu einer Mark fünfzig. Das war ein Hochgenuß und oft unser einziges Essen am Tag.

Wir wohnten in winzigen Zimmern, wenn wir Glück hatten, oder auch in einer Holzbude. Hiddensee, das war das Paradies für uns.

Otto Gebühr, berühmt geworden durch seine Rolle als »Alter Fritz« in vielen Filmen, mit seiner jungen Frau Doris, sang manchmal Lieder zur Laute und erzählte »Schnacks«. Jeder, der gerade da war, hörte zu, niemand wurde vertrieben. Ganz und gar exzentrisch kam uns Otto Falckenberg vor, der Intendant der Kammerspiele in München. Er schlief am Tag und kam erst, wie die Nachtvögel, wenn es dunkelte, zum Vorschein. Dann sah man seine lange Gestalt mit dem übersensiblen Gesicht allein am Strand entlanggehen, und niemand hätte gewagt, ihn anzusprechen. Die wunderschöne Mira Hauser, die Frau des von allen Mädchen angeschwärmten Düsseldorfer Malers, hielt zwangslos Hof in ihrer Sandburg.

Wir durften an allem teilnehmen, ohne daß irgend jemand nach Geld, Rang oder Namen fragte. Ich glaube, daß es diese Art der ungezwungenen Freundlichkeit, der selbstverständlichen Natürlichkeit nicht mehr gibt. Ich verkläre es bestimmt nicht in der Erinnerung. Sich an den oder jenen Prominenten heranzumachen, um vielleicht Kapital daraus zu schlagen, mit dem oder jenem unbedingt gesehen werden zu müssen – alle diese Dinge, die heute so wichtig zu sein scheinen, gab es einfach nicht, und wenn es doch mal einer versuchte, fuhr er nach kurzer Zeit, angeekelt von diesem so »albern natürlichen Kunstgesindel«, wieder ab. Wir Jungen waren ja damals wirklich fast ohne Geld und gerade erst am Anfang. Plumpe Vertraulichkeiten kamen nie auf, trotzdem waren alle eine große Familie. Wahrhaftig ein Paradies – ein verlorenes. Aber wie schön, daß ich es erleben durfte.

Bestanden! Else holt die Stimme aus dem Keller, und Tante Lene bekommt Rosen aufs Grab. Aus einer jungen Kessen wird ein Herr mit Kneifer

Meine Abschlußprüfung rückte näher. Ich bestand sie. Danach sprach ich das zweite Mal in meinem Leben vor, für ein Engagement. Dieses Mal verlor ich keinen Hüfthalter, aber Vorsprechen ist und bleibt eine entsetzliche Sache, und der, der sich das anhört, um »Material« für sein Theater zu engagieren, muß spüren können, ob hinter dieser angstverzerrten Hysterie eine brauchbare Begabung steckt.

Der Intendant Hans Schulz-Dornburg engagierte mich ausgerechnet nach Dessau. Da hatte ich ein Erbe anzutreten, was nicht einfach war, denn noch immer dachte man bewundernd an meine Mutter, Lilly Herking.

Aber auf etwas freute ich mich sehr – auf Lyonel Feininger und das Bauhaus. Das Bauhaus war in der Zwischenzeit von Weimar nach Dessau gezogen, in ein modernes, großes, flachdachiges Schulgebäude und eine ganze Siedlung mit flachen Dächern. »Flache Dächer, wo kommen wir denn da hin! Und haben Sie schon die Möbel gesehen? Aus Stahl! Nee, wissense, Frau Amtsjerichtsrat, ich würde meine Tochter nicht mal in die Nähe von solchen Leuten lassen – alles Kommunisten ...«

Dieses war im Jahre 1930. Fast jeden Tag verbrachte ich ein paar Stunden im Haus von Lyonel Feininger. Ich lernte seine Frau Julia kennen und seine drei Söhne, Andreas, Lorenz und Lutz. Andreas ist heute einer der bedeutendsten Fotografen der Welt, Lutz malt, und Lorenz ist Musiker geworden. Lutz hat ein sehr lustiges Bild von mir gemalt. Ich Idiotin habe es später in Berlin einer vermeintlichen Liebe von mir geschenkt.

In der Zwischenzeit starb zu meinem großen Kummer, viel zu jung, Paps. Ich verlor die Verbindung zu seiner Frau Hee. Es lag an mir. Neue Menschen, neue Erlebnisse nahmen mich immer so ganz und gar gefangen, ich war so mit Leib und Seele dabei, daß ich treulos wurde.

Jetzt waren das Theater und wieder das Bauhaus und all die neuen und aufregenden Menschen dran.

Wir waren ein lustiges Ensemble. Fast alles junge Leute. Die Alten tolerierten uns. Das heißt, wir bildeten uns ein, wir tolerierten sie.

Im »Götz von Berlichingen« spielte ich eine Zofe. Diese Zofe hat einen einzigen Satz zu sagen: »Ihr seht blaß, gnädige Frau, glaubt Ihr, er geht?« In diesen Satz versuchte ich alles hineinzulegen, was meiner Ansicht nach drin war. Berechtigten Zweifel in »glaubt Ihr, er geht?!«, schneidenden Hohn in »Ihr seht blaß« – und den gequälten Aufschrei einer geknechteten Zofenseele in das weggeschleuderte »gnädige Frau!«.

Als ich diese dramatische Sequenz bei der ersten Bühnenprobe loswurde, meinte der Regisseur: »Sagen Sie mal, Fräulein Herking, erwarten Sie nach diesem Satz Applaus?!«

Als Anitra in »Peer Gynt« mußte ich tanzen. Wenn Else nicht gewesen wäre, hätte das eine mittlere Katastrophe gegeben. Else mit dem Tatarengesicht, den hohen Backenknochen, der Knubbelnase, den blitzblauen Augen und diesem kleinen verwegenen Lispler, der alles, was sie sagte, noch ein bißchen bestimmter machte. Else Bongers lebte damals in Dessau und gab Gymnastikunterricht. Sie befreite mich von dem Übel meiner Arme und Beine. Das heißt, sie brachte mir bei, daß man sich bewegen kann, ohne gleich in die nächste Ecke zu fallen, oder daß man, statt mit zwei Riesenschritten ohne Sinn und Verstand einen Raum zu durchmessen, dies auch mit mehreren gezielten Schritten versuchen kann. Auf der Schauspielschule hatte ich das meiner Ansicht nach schon mit größter Anmut versucht. In der Praxis hingegen, auf der Bühne, waren mir plötzlich alle Gliedmaßen hinderlich im Weg.

Wir alle liebten Else sehr. Unbestechlich, voller Witz und Humor, fiel sie auf keine Sentimentalität herein. Wenn wir nicht im Theater oder im Bauhaus waren, belagerten wir Elses Wohnung, tranken Mengen des türkischen Kaffees aus kleinen Kupferkännchen, aßen Massen von belegten Brötchen, hörten mit viel Begeisterung die ersten Platten von Duke Ellington, verfielen in gedämpfte Ekstase bei seiner Interpretation von »Mood indigo«, trieben Blödsinn, lachten, redeten, redeten und fühlten uns bei Else zu Hause.

Damals dachte sie wohl noch nicht daran, daß sie später einmal die Leiterin einer Schauspielschule in Berlin werden, Unterricht geben und die Verantwortung für ein ganzes Bündel mehr oder weniger hoffnungsvoller Nachwuchstalente bei der UFA übernehmen würde. (Sie hat das großartig gemacht.) Damals lernte sie mit und durch uns. Sie lernte schnell, weil sie, außer ihrer pädagogischen Fähigkeit, die sich so gar nicht »lehrerinnenhaft« gebärdete, eine unglaubliche Beobachtungsgabe besaß. Ohne sie wäre mein Tanz der Anitra eine Art schlenkriger Bodengymnastik geworden, und auch meine Jenny in der »Dreigroschenoper« wäre nicht so gut über die Runden gekommen.

Wie oft habe ich sie später in Berlin mit krächzender Stimme angerufen: »Else, meine Stimme ist im Keller, hilf mir!« – »Komm her!« – Das hat sie immer gesagt, und nach einer Stunde intensiver Arbeit war meine Stimme dank Elses ganz eigener Methode wieder klar und geschmeidig geworden.

Nachdem ich mich rundherum in den jugendlichen Charakterdarsteller verliebt hatte und er sich, Gott sei Dank, auch in mich, beschlossen wir zusammenzuziehen. Das war damals gar nicht so einfach. Einen ganzen Monat lang war ich morgens aus dem Fenster seines Zimmers (es lag im Parterre) in den Garten gesprungen, um dann nach einer kleinen Viertelstunde an der Haustür zu klingeln und sittsam zu fragen: »Ist Robbi schon auf?«

Die Vermieterin hieß Tante Lene. Ihr sei noch jetzt ein Rosenstrauß aufs Grab gelegt. Eines Tages sagte sie:

»Fräulein Herking, ehe Sie sich wirklich mal die Beine brechen, ziehen Sie lieber bei mir ein. Ich habe oben noch ein Zimmer frei.«

Aber gelebt, geliebt und gestritten haben wir uns unten in Robbis Zimmer. Es hatte keinen Schrank. Robbi hatte eine Wäscheleine von der einen Wand zur anderen gespannt, daran hingen seine Anzüge. Das einzige Licht, das in die Diele des Hauses fiel, kam durch ein vielfarbiges Fenster, auf dem »Ora et labora« stand. Tante Lene hatte eine Spezialität: Pflaumensuppe mit Knödeln und Schweinefleisch. Daran haben wir uns oft dumm und dämlich gegessen.

Ich hatte eine üble Angewohnheit: Ich war unpünktlich. Auf fast jede Probe kam ich zu spät. Wenn ich auf dem Weg zum Theater Kinder beim Spielen traf, spielte ich einfach mit. Eckengucken, Räuber und Prinzessin. Oder es ging darum, beim Wettspucken die Dachtraufe eines bestimmten alten, niedrigen Hauses zu treffen. Für achtzehneinhalb etwas läppisch. Nachdem alle Verwarnungen nichts halfen, wurde ich zum Intendanten bestellt. Ich schwor ihm: Nie wieder!

Am Nachmittag hatten wir Abstecher. Abstecher bedeutet: Man fährt mit einem Stück aus dem Spielplan in eine nahe gelegene Stadt, die zwar ein Theater, aber kein festes Ensemble hat, und dort spielt man. Theater gibt es heute und gab es auch damals wie Sand am Meer. Jeder Landesfürst, und auch von denen hatte es ja eine Menge gegeben, besaß sein eigenes kleines Hoftheater. Nun standen sie größtenteils leer. Zweimal im Monat kam die Mannschaft aus Dessau und stürmte das kleine Hoftheater in Bernburg.

Dieses Mal warteten wir mit der Operette »Meine Schwester und ich« auf. Aus der Rolle eines Verteidigers hatte man eine Verteidigerin gemacht; ich spielte sie, mit Monokel, im Talar. Nach meiner zweiten Szene ging ich in der Pause ins Café hinüber. Der Besitzer hatte fünf Kinder. Die freuten sich schon immer, wenn ich kam. Ich hatte ein Spiel erfunden: Gelächter unter dem Tisch. Man braucht dazu einen runden Tisch und eine sehr große Tischdecke. Die Tischdecke muß überall bis zum Boden reichen. Dann kriechen alle Kinder unter den Tisch. In dieser »Höhle« müssen sie nun pfeifen – bis vor Lachen keiner mehr pfeifen kann. Ein schönes, ungemein erheiterndes, schwachsinniges Spiel.

Als mir einfiel, daß ich noch eine Szene im letzten Akt zu spielen hatte, war es bereits zu spät. Ich raste ins Theater zurück. Der Inspizient hatte die Szene übernommen. Den Zuschauern mag es vielleicht etwas merkwürdig vorgekommen sein, statt einer jugendlichen kessen Verteidigerin mit Monokel nun einen älteren Herrn mit Kneifer zu sehen, der die kleine Rolle aus dem Buch ablas – aber das Stück ging weiter.

Eine Woche lang hat das gesamte Ensemble, auch mein Robbi, kein Wort mit mir gesprochen. Ich bin – bis heute – nie wieder zu spät gekommen.

Schüsse in der Theaterstraße. Mein Name ist Hase, ich weiß von nichts. Die Muse mit dem Distelhut

Eines Tages schrieb ich meiner Annie: Komm her, wir werden es schon schaffen. Ich glaube, damals verdiente ich etwa einhundertfünfzig Reichsmark im Monat.

Robbi half auch ein bißchen mit. Annie kam. Ich hatte ein Zimmer für sie gemietet. Bei Tante Lene war nichts frei. Ganz gut so. Tante Lene und Annie, so nahe aufeinander, hätten sich nach kürzester Zeit in den Haaren gelegen. Allein die Pflaumensuppe, die wir so gern aßen, rief Annies Abscheu hervor.

Zweimal in der Woche kam Annie und machte bei uns sauber, nie ohne kleine bayerische Ausdrücke der Entrüstung, denn Tante Lene nahm es nicht so genau. Annie nähte Knöpfe an, stopfte Strümpfe und konnte sich stets von neuem über Robbis Wäscheleine ärgern. Wir waren aber sehr dankbar für ihre »ordnenden Hände«, und nach gar nicht langer Zeit war es bereits so, daß sie, die Annie, uns gelegentlich unter die Arme griff, wenn wir mal wieder pleite waren. Sie wusch und nähte wieder für andere. Eine unglaubliche Person – raunzte uns an, liebte uns und war auch für Robbi »unsere Annie«.

Es gab aber auch Mutt Retschy. Mutt Retschy war das, was man eine Theatermutter nennt. Sie ging in jedes Stück und verbat sich jede Kritik von Außenstehenden an Robbi und mir, die sie besonders ins Herz geschlossen hatte. Zu ihren vier Kindern (drei sind später Mimen geworden) kamen wir noch hinzu. Ihr fülliger Busen hatte Platz für alle. Ihrem Matriarchat sich zu entziehen war unmöglich.

So ging es mir recht gut. Ich hatte Robbi, ich hatte Annie und noch drei »Zuhause«. Das nestwarme von Mutt, das wunderbar distanzierte, aber nie kühle von Feiningers, dessen Rhythmus durch die künstlerische Tätigkeit von Lyonel, dem Vater, bestimmt wurde, und die helle Wohnung von Else Bongers mit ihrem damaligen Mann Richard Paulig, ein Heim, in dem Elses Scharfzüngigkeit, ihre Lust am Formulieren, ihr Humor und ihr klarer Verstand für uns alle zur unerschöpflichen Quelle der Freude wurden. Und natürlich die Arbeit im Theater.

Wir probierten teils dort, teils in einem Wirtshaus, für eine Arbeiterorganisation, die uns den Auftrag gegeben hatte, Szenen aus »Die letzten Tage der Menschheit« von Karl Kraus für sie einzustudieren. Karl John, Robbi, ich und fast alle jungen Ensemblemitglieder machten mit. Robbi führte Regie, es wurde ein großer Erfolg. Robbi wurde auf den Schultern der Arbeiter durch den Saal getragen. Es war Dezember 1932.

Anfang Februar 1933 gingen Robbi und unser Kollege Kurt Waitzmann, beide hatten ungefähr die gleiche Statur, nachts durch die Theaterstraße. Mehrere Schüsse fielen. Kurt Waitzmann brach neben Robbi zusammen, schwer verletzt. Die Kugeln hatten eigentlich Robbi gegolten.

Robbi sagte bei Tante Lene im Beisein ihrer Verwandten, die gerade zu Besuch waren: »Diese Nazischweine, diese feigen Arschlöcher! Aus dem Hinterhalt!« Am nächsten Morgen wurde der Schauspieler und Regisseur Robert Michael (mein Robbi) von der Probe weg verhaftet. Man nannte das damals »Schutzhaft«.

Ich wurde verprügelt, als ich im Dessauer Tiergarten spazierenging. Ich schlüpfte mal bei Else, mal bei Mutt unter, weinte mir die Augen aus und wartete darauf, daß Robbi wieder freigelassen würde. Im Theater wurde ich nicht mehr beschäftigt.

Nach vier Wochen kam Robbi wieder. Er hat nicht viel erzählt. Wir mußten Dessau innerhalb von vierundzwanzig Stunden verlassen. Vom Bahnhof konnten wir nicht abfahren. Dort standen SA-Männer. Sie hatten gedroht, »sie würden es uns schon noch geben«.

Kurt Waitzmann, der drei Wochen Krankenhaus hinter sich hatte, brachte uns auf Schleichwegen nach Roßlau, das liegt in der Nähe von Dessau. Von dort fuhren wir traurig nach Berlin.

Annie fuhr wieder nach Nürnberg zu ihrer Schwester und deren Trunkenbold in das rote Backsteinhaus.

Lyonel Feininger sollte ich nie wiedersehen. Er und das Bauhaus emigrierten nach den USA.

Die Fröhlichkeit, die Geborgenheit, die Sicherheit der letzten beiden Jahre waren dahin.

Berlin tat so, als ob nichts geschehen wäre. Zwar: Jessner war nicht mehr da, und Max Reinhardt hatte sich auf sein Schloß bei Salzburg zurückgezogen. Aber sonst taten alle so, als wäre dieser Hitler nur eine Angelegenheit, die sich bald überlebt haben würde, ein böser Spuk vielleicht, nichts weiter. Ich meine hier natürlich nur meinen Bekanntenkreis.

Zum ersten Male stellte ich fest, daß viele Freunde und Kollegen Juden waren. Sie sagten: »Aber, aber Kindchen, das geht vorüber, wir bleiben.« Ich wohnte in der Meineckestraße bei einer jüdischen Familie in Untermiete. Jeden Mittwoch war Bridge-Nachmittag. Dann überließ ich den Damen des »Zirkels« mein Zimmer.

Man lebte, man scherzte, und dort, wo ich verkehrte, sprach man nicht über Politik. An den Theatern gab es herrliche Aufführungen. Kortner spielte, Kurt Gerron, Margo Lyon, Marlene Dietrich. Die Holländer-Revue feierte Triumphe. Es war eine seltsame, gespannte Heiterkeit, mit einer unterschwelligen Angst, über die man nicht zu sprechen wagte. So kommt es mir heute vor. Aber damals habe ich sie vielleicht gar nicht wahrgenommen.

Auf dem Schild des Mietshauses in Steglitz stand immer noch »Anton Frese«. Eine neue Kitschsammlung von besonders aparter Scheußlichkeit war dazugekommen: Gummibonbons in Form von Puppen, Soldaten und Weihnachtsmännern. Nur O. F. kam nicht mehr. Wir versteckten gelegentlich Kommunisten, die gesucht wurden.

Aber all das hatte noch ein bißchen den Charakter eines Indianerspiels. Wir erkannten nicht die Tragweite. Wir nahmen es nicht so ernst.

Robbi hatte Glück gehabt, er bekam ein Engagement nach Dortmund. »Leb wohl, Geliebter.« – »Leb wohl, Geliebte, wir werden uns so oft wie möglich sehen!«

Ich ging zu dem neuen Intendanten des Schauspielhauses. Er hieß Walter Ulbrich. Ich erzählte ihm die ganze Dessauer Geschichte. Ich wollte wissen, ob ich auf der schwarzen Liste stünde. Er hörte sich alles an und engagierte mich auf der Stelle. Für eine Rolle im Schillertheater. Das Stück hieß »Kater Lampe«. Ich spielte einen sächsischen Trampel.

Eines Tages, als ich über den Kurfürstendamm spazierte, sprach mich ein Herr an: »Hören Sie, Fräulein, wollen Sie bei mir Kabarett machen?« Ein kleiner, sehr gut gekleideter Herr mit schwarzen Haaren, schwarzen Augen, zierlichen Händen, zierlicher Figur. Ein »Mädchenhändler«? – Aber dann fiel mir ein, wie ich aussah. Nein, es war tatsächlich ernst gemeint.

»Ich bin Paul Schneider-Dunker. Am Ersten werde

ich ein neues Kabarett aufmachen, so eine Type wie Sie brauche ich noch, sind Sie Schauspielerin? – Na, dann können Sie auch Kabarett machen.«

So einfach war das. Und nun fiel mir ein, wer Paul Schneider-Dunker ist. Seine Glanzzeit lag damals schon hinter ihm. Aber man kannte ihn noch. Eines seiner berühmtesten Chansons aus seiner großen Zeit hatte den Refrain: »Erst fielen die Blusen, die Kleider, und dann die Jupons voller Pli, und dann die Dessous und so weiter und dann, und dann fiel – sie!«

Bei der Geburt all jener, die später nicht nur auf den Brettern, sondern auch auf den »Bretteln« (hier sind keine Ski gemeint) stehen werden, drängelt sich zwischen die – hoffentlich – anderen Musen, die anmutig die Wiege umstehen, ein Wesen mit übergroßem, reichlich mit Blumen und Disteln garniertem Hut. Sein ausgestreckter Zeigefinger deutet auf das Kleinstkind, und fröhlich, aber nicht ohne Malice, kräht die Muse mit dem Distelhut: »Und du gehst später zum Kabarett!«

So kommt das. Dem kann man nicht entgehen. Schon in der Schule tut man sich hervor, indem man den Lehrkörper nachahmt, seine Schwächen listigen Blickes erspäht und sie, wie der Karikaturist mit dem Stifte, mit den Mitteln des Gestus, der Mimik und der Stimme überzeichnet. Jeder weiß, wer gemeint ist. Leider auch die Lehrer, die sich seinerzeit, zu meiner Zeit, nicht gerade durch unbändigen Humor auszeichneten. Der erste Versuch, seinen Drang zu bezähmen, ist fruchtlos wie jeder weitere. Es hat keinen Zweck. Man kann gar nicht anders. Auch ist der Applaus der Mitschülerinnen ein süßes Gift. Da meine Eltern schon tot waren, als mir zum erstenmal bewußt wurde, welche Begabung mir besagte Dame in die Wiege gelegt hatte, war niemand da, der mir die Lust daran hätte verbieten können. Aber ich glaube, daß sich mein Vater, trotz seines Jähzornes, sehr amüsiert und mir gezeigt hätte, wie man die üppigen Zweige der Übertreibung stutzt, denn er war ein hervorragender Komiker und Regisseur. Nun war es zu spät, ich mußte das auf vielen Umwegen alleine lernen.

Ein Indiz für Kabarettbegabung ist unter anderem, wenn einer in der Lage ist, sich innerhalb von fünf Minuten in einen anderen Menschen zu verwandeln, ihn, auch ohne Kostüm und Maske, nicht nur nachzumachen, sondern auch zu parodieren, das heißt, seine Eigenarten so überdeutlich zu zeichnen, daß ihn jeder auf Anhieb erkennt. Kabarettbegabung hat einer, der eine solche »Nummer« in präziser, pointierter Form unmittelbar dem Publikum darzubieten vermag. Beim Kabarett gibt es keine Schranke zwischen Bühne und Publikum. Man spricht es an, man umwirbt es, man wendet sich ausschließlich ans Publikum. Wenn das Publikum mitmacht, mitlacht, mitweint, ist der Abend gerettet. Um es so weit zu bringen, bedarf es natürlich auch einer – ja, wie soll ich es nennen –, einer gewissen Schamlosigkeit? Entblößung? Lust? Es muß einem gelingen, gleichsam auf du und du mit dem Publikum zu stehen. Kein »Hören Sie mal!«, sondern »Du, hör mal!«. Dieses *Du* ist nicht plumpe Anbiederung, sondern im Gegenteil eine besonders liebevolle Geste. Es will sagen: Ich möchte dich unbedingt haben, und wenn ich dich erst mal habe, dann kann ich dir auch ein paar Sachen um die Ohren hauen, so daß du, hoffentlich, ganz schön nachdenklich wirst.

Ein Theaterstück hat einen Anfang, eine Mitte und einen Schluß. Es hat eine durchgehende Handlung, in der

der Schauspieler seine Rolle entwickeln kann. Ist es eine gute Leistung, wird man den Schauspieler mit seiner Rolle identifizieren. Im Kabarett reiht sich eine Nummer an die andere, da springt man von einem Thema zum nächsten. In Blitzesschnelle müssen die Kabarettisten – und natürlich auch das Publikum – sich umstellen: Ein Arbeiter, ein Rechtsanwalt, ein Playboy, ein Parteibonze, ein Intellektueller, ein Milchmann und natürlich auch das weibliche Geschlecht mit seinem nicht minder reichhaltigen Typenkatalog. Das Ensemble eines Kabaretts besteht heute höchstens aus fünf Personen: eine Frau, vier Männer oder zwei Frauen, drei Männer. Innerhalb von zwei Stunden hat also jeder eine ganze Menge Personen und Situationen zu spielen. Eine Nummer sollte nicht länger als vier oder fünf, in wenigen Ausnahmefällen bis zu zehn Minuten dauern. In diesen Chansons oder Sketchen wird jeweils ein Thema behandelt. Wird ein Thema ausgewalzt, dann hängt das erst so straff gespannte Seil durch, und die Aufmerksamkeit des Publikums läuft davon. Und keine andere Art der Mitteilung braucht so dringend und notwendig das aufmerksame Zuhören wie das Kabarett. Und gerade deshalb ist ja Kabarett-Arbeit so besonders schwierig, weil auch die besten Texte nicht »ankommen«, wenn sie nicht mit äußerster Konzentration und Präzision »gebracht« werden. Und das gelingt nur, wenn man immer »auf dem Sprung« ist.

Nach dieser »Vorlesung« zurück zu Schneider-Dunker. Sein Kabarett befand sich am Kurfürstendamm, Ecke Uhlandstraße. Dort trat ich also zum erstenmal als Kabarettistin auf. Ich spielte, als Parodie, den Grafen Danilo aus der »Lustigen Witwe«. Dabei erntete ich einen stürmischen Lacherfolg, weil ich vergessen hatte, die Knöpfe vorn an der Hose zuzumachen.

Ich sang dann ein Chanson von Günter Neumann: »Mit den Pranken auf den Flanken pflege ich einherzuwanken, daß die blanken Planken schwanken und man denkt, ich döse – aber Neese.«

Ich sang auch ein Chanson mit dem bezeichnenden Refrain: »Man sagt mir ja nichts, man sagt mir ja nichts, ich habe von nichts eine Ahnung – mein Name ist Hase.« Mein Name ist Hase bedeutete: Ich wasche meine Hände in Unschuld, ich stelle mich taub, ich weiß von nichts. – Rückschauend könnte man urteilen: Diese Aussage charakterisiert die geistige Verfassung, in der sich ein Großteil des deutschen Bürgertums in jenen Jahren befand ...

Meine ersten Dienstmädchen. Der »Katakombe« Ruhm und Ende. Isa und eine große Kloster-Gaudi

Eines Tages bestellte mich die UFA nach Babelsberg. Man machte von jungen Schauspielerinnen, die in der Presse schon lobend erwähnt worden waren, gelegentlich Probeaufnahmen, um sie eventuell mal in einem Film zu besetzen. Sehr hübsche und attraktive junge Mädchen brauchten allerdings nicht erst lobend in der Presse erwähnt zu werden, da genügten andere Empfehlungen. (Ausnahmen bestätigen die Regel; ich betone es, auf daß ich nicht gesteinigt werde.) Ich war vom Ehrgeiz zerrissen. Deshalb hatte ich mir, um sogleich eine Riesenrolle zu bekommen, eine besondere Sache ausgedacht:

Ich wollte steppen und dazu singen, also ganz schlicht

Marika Rökk Konkurrenz machen, die damals gerade mit großem Erfolg ihren ersten Film gedreht hatte.

Da ich keine Ahnung vom Steppen hatte, bat ich Tatjana Sais, die früher einmal Tänzerin gewesen war, mich diese Kunst zu lehren. Sie war so nett und brachte mir den Grundschritt bei.

Ah, dachte ich, zwar nicht so gut wie Fred Astaire, aber wenn ich so ein bißchen variiere, wird das schon hinhauen. Dazu wollte ich das Lied singen: »Laß mich, laß mich einmal deine Carmen sein, für einen Tag, für eine Stunde, laß mich, laß mich mal in deinen Armen sein, mit meinem Mund an deinem Munde. Liebst du mich nicht, kann's auch Erbarmen sein. Mach mir was vor. Mach's ganz mechanisch. Nur laß mich, laß mich einmal deine Carmen sein und küß mich, küß mich – mal auf spanisch.« 'ne hübsche runde Sache.

Damals waren Hosenröcke modern. Ich kaufte mir einen braunen. Darüber trug ich einen knallgelben Pullover. Besah mich im Spiegel und fand mich konkurrenzfähig.

Dann fuhr ich mit der S-Bahn nach Babelsberg und lief zum Ateliergelände der UFA. Nach einigen Komplikationen gelangte ich endlich zu der Stelle, die für Nachwuchs zuständig war.

Ich weiß nicht, ob man heute noch so mit jungen Anfängerinnen umgeht, aber die lieblose Art, in der ich von einem Aushilfsmaskenbildner geschminkt und von einem Aushilfsaufnahmeleiter behandelt wurde, nahm mir jeden Elan und vor allem den Wunsch, »einmal spanisch geküßt« zu werden. Nachdem ich vier Stunden, immer kleiner werdend, gewartet hatte, kam ich dran.

Ich »steppte« und stolperte, ich überschlug mich mit der Stimme – und das Schlimmste: ich war noch nicht einmal komisch, weder unfreiwillig noch freiwillig. Es war einfach tölpelhaft und schlecht, was ich da von mir gab. Das kommt davon, wenn man Marika Rökk Konkurrenz machen will.

Erst ein Jahr später fing ich klein und bescheiden mit meinen ersten Kurzfilmen an. Und auf einmal waren alle sehr nett zu mir.

Georg Alexander führte Regie. Er war der Inbegriff des »père noble«, also des zwar schon reiferen, aber immer noch begehrenswerten, charmanten Herrn mit den grauen Schläfen, dessen »Erfahrung mit Weibern« junge Mädchen wollüstig erschauern läßt.

Ich spielte ein Dienstmädchen und hatte einen einzigen Satz zu sagen. Auch im Film, wie im Theater, mußte ich mich erst mal durch die »Nur-ein-Satz-Figuren« durchboxen. Und noch immer träumte ich davon, abends einzuschlafen und morgens berühmt aufzuwachen. Jener Satz nun hieß: »Guten Tag, Frau Tante, die Mädchen sind alle oben.« Was ich da wieder an mimischen Studien geboten habe, weiß ich nicht mehr, wohl aber höre ich noch Georg Alexanders Kommentar: »Urselchen, du sollst hier nicht den Mephisto spielen, sondern ein ganz normales Dienstmädchen!«

Auch in meinem zweiten Kurzfilm hatte ich ein Dienstmädchen darzustellen. (Ich kann meine Dienstmädchen, die stolpernd, dümmlich, frech oder keß, verschlagen oder naiv erstaunt die Leinwand bevölkert haben, nicht mehr zählen – es waren zu viele.) Dieses Dienstmädchen, unter der Regie von Jürgen von Alten, mußte mit Rudolf Platte als Hausherrn einen Umzug durchführen. Zur Abwechslung sprach ich mal wieder sächsisch. Platte hatte, auf ein Büfett weisend, zu sagen: »... und dann nehmen Sie mal das Ding da weg!« Ich hatte beleidigt zu antworten: »Na, hörn Se mal, das Büfett is doch keen Ding.« Ich sagte jedoch: »Na, hörn Se mal, mei Ding is doch keen Büfett.« Jürgen von Alten erzählte mir später, er habe sich diesen kleinen Streifen extra kopieren lassen, um ihn schlechtgelaunten Menschen zur Erheiterung vorzuführen.

Eines Nachts fuhr ich spontan nach der Kabarett-Vorstellung zu Robbi nach Dortmund. Da ich am nächsten Abend wieder pünktlich zurück sein mußte, blieben mir zwischen den beiden Zügen nur drei Stunden. Als ich nach diesen drei Stunden heimfuhr, war ich um eine Erfahrung, nämlich die Gewißheit, eine ernst zu nehmende Konkurrentin zu haben, reicher und wahrscheinlich um eine Liebe ärmer geworden ...

Wieder schrieb ich an Annie: »Komm nach Berlin, ich habe hier achthundert Mark im Monat. Davon können wir beide leben.«

Ich fand meine erste eigene kleine Wohnung, zweieinhalb Zimmer, Küche, Bad, Balkon: Düsseldorfer Straße 68a. Annie ließ die Möbel, die noch immer in Weimar untergestellt waren, nach Berlin kommen. Annie machte den Umzug. Annie kaufte blau-weiß gestreiften Küchenschürzenstoff und nähte daraus Gardinen und Bezüge. Sie polsterte Stühle neu und richtete ein:

»Im halben Zimmer wohne ich, das andere ist für dich, und eins vermieten wir, damit wir zu etwas Geld kommen, der Umzug war teuer genug.«

So Annies Beschluß, und was Annie beschloß, wurde

ausgeführt. Also wieder keine Wohnung »ganz für mich allein«. Trotzdem war es gut so. Es war auch gut, daß Annie mir das Geld abnahm. Sie wußte damit weit besser umzugehen als ich.

Werner Finck und Rudolf Platte hatten damals in Berlin ein Kabarett. Es hieß »Die Katakombe«. Dieses politisch-literarische Kabarett war von der Bellevue-Straße, wo es 1929 gegründet worden war, umgezogen in die Martin-Luther-Straße, gleich neben die »Scala«. Nicht nur in Berlin – im ganzen Reich sprach man von ihm. Die »Katakombe« galt als das frechste und witzigste Kabarett; unablässig schoß es ganze Breitseiten gegen die Nazis ab.

Jeder wunderte sich. Na, da könnt ihr mal sehen, wenn *die* noch dürfen, ist es doch halb so schlimm, sagten die einen. Wartet es ab, sagten die anderen.

Werner Finck hatte mich bei Schneider-Dunker gesehen. Ich war natürlich sehr stolz, als er mich fragte, ob ich Lust hätte, in seine »Katakombe« zu kommen. Dort vollführten er und Platte wirklich die waghalsigsten Balanceakte auf dem politischen Drahtseil – und ich war jetzt dabei.

Nie wieder habe ich ein solches Publikum erlebt – bis auf jenes in den Jahren nach dem zweiten Weltkrieg. Es reagierte, angeheizt durch die politische Situation, auf Nuancen. Man ging in die »Katakombe«, wenn man »Bescheid wissen« wollte, man schlug sich um die Karten, und wir fröhlichen Narren genossen es, verteilten, Finck an der Spitze, freigebig unsere boshaften Aperçus, wagten viel und fühlten uns, mit leisem Gruseln, stark, einflußreich: eine Macht im Staat. – Ein Jahr lang.

Dieses Jahr war auch für mich persönlich bedeutungsvoll. Nach diesem Jahr hatte ich schon so etwas wie einen kleinen Namen. Die Presse war auf mich aufmerksam geworden. Sehr lange habe ich mir die erste Kritik von Herbert Ihering aufgehoben: »Ein munteres Fräulein Herking – begabt – begabt – man soll sich diesen Namen merken.« Was war ich stolz! Sie ist, wie vieles andere auch, ein Raub der Flammen geworden.

In der »Katakombe« trat eines Abends ein sommersprossiges, rothaariges Geschöpf auf. Mit etwas vorgeschobener Unterlippe grinste sie umwerfend ins Publikum und sagte ihre Lieder in feinem Lübeckisch (man sagt wohl »Lübisch«?) an. Sie nahm ihr Schifferklavier an die Brust und sang, verwegen wie ein Spitzbube: »Eine Seefahrt, die ist lustig, eine Seefahrt, die ist schön.« Dann verwandelte sie sich, trotz Schifferhosen, Sommersprossen und rotem Haar, in eine schmachtende Italienerin und riß mit ihrer Direktheit, ihrem Temperament, ihrem Charme und ihrer Musikalität das Publikum zu immer neuen Beifallsstürmen hin. Das Mädchen hieß Isa Vermehren.

Sie blieb bei uns, und bald standen wir Hand in Hand auf der Bühne, die eine klein und eckig, die andere lang und schlaksig, und sangen: »Sehen Sie uns bitte ganz genau mal an, wir sind hergestellt aus Meißner Porzellan.« Ein altes Lied, das wir ausgegraben hatten und zu dem wir dann versuchten, ein Menuett zu tanzen. Das Publikum hat sehr gelacht, wenn wir uns, im Bemühen, recht zierlich zu sein, anrempelten und uns, im Stolpern vor dem Sturz, hilfesuchend aneinanderklammerten.

Petra und Kurt waren die Eltern von Isa und ihren beiden Brüdern Michael und Erich. In meinem Leben habe ich nie wieder so viel gelacht und war auch niemals wieder so von Herzen vergnügt wie bei dieser Familie in ihrer wunderschönen Wohnung in der Budapester Straße. Petra und Kurt hatten einen klaren Verstand und ein sicheres Urteil. Sie haben es allen drei Kindern vererbt. Der Begriff Innere Emigration ist schon oft gebraucht und mißbraucht worden, aber für die Haltung dieser Familie während der Zeit des »Tausendjährigen Reiches« trifft er zu.

Ich komme zur Vorstellung in die »Katakombe«, wie jeden Abend. Dunkel. Keine Leute. Ein Schild: Katakombe geschlossen.

Um Himmels willen, was ist los? Was ist passiert? Runter in den »Grünen Zweig«, das Restaurant unter der »Katakombe«, die, obwohl sie Katakombe hieß, oben im ersten Stock war, zu Maria Fein, die damals schon nicht mehr spielen, aber dort noch als Hostess tätig sein durfte, bis auch sie emigrierte. »Maria, was ist passiert?«

»Psst, komm mit nach hinten. Die Männer sind alle verhaftet worden, auch drüben im ›Tingel-Tangel‹ der Walter Gross. Geh schnell nach Hause, verstecke, was gefährlich sein könnte, die machen bestimmt Haussuchung bei euch!«

Ins Taxi, nach Hause. Erst einmal alle Exemplare der »Weltbühne« runter in den Keller. Das Bild von Klee zwischen die alten Schulhefte.

Annie und ich warteten. Aber niemand belästigte uns.

Die Männer blieben vier Wochen im Lager, dann kamen sie zurück. Aber mit der »Katakombe« war es aus. Das war 1935.

Werner Finck verbrannte sich weiter mit sehr viel

Witz und beinahe verwegenem Mut die Finger, und jeder erzählte jedem, was Finck mal wieder abgeschossen hatte.

Wir Übriggebliebenen machten noch einmal, unter der Initiative von Tatjana Sais, in den Räumen der »Katakombe« ein neues Kabarett auf. Es hieß »Der Tatzelwurm«.

Isa Vermehren war nicht mehr dabei. Dieses erstaunliche Mädchen stürzte sich in die Arbeit, holte in sehr kurzer Zeit ihr Abitur nach, und nach einer Zeit, die nur ihr, ihren Problemen und der Auseinandersetzung mit dem Glauben gehörte, wurde Isa Katholikin.

Jahre, Jahrzehnte später hatte ich Isa eines meiner lustigsten Erlebnisse zu verdanken: Ihre Mutter, die wir alle Minchen nannten, fragte mich eines Tages, als ich sie in Bonn besuchte: »Willst du nicht einmal mitkommen ins Kloster?«

»Ja«, sagte ich und schluckte ein bißchen. Denn ich hatte Isa seit über zwanzig Jahren nicht mehr gesehen, und als Nonne konnte ich sie mir einfach nicht vorstellen. Und bei dem Wort Kloster dachte ich sofort an dicke Mauern, lautlose Schritte, Weihrauch und unaufhörliche Gebete. Davon sagte ich natürlich nichts.

Wir fuhren mit Minchens Auto durch ein Tor, durch einen großen Garten und parkten vor einem alten, stattlichen Haus, das wie ein Gerichtsgebäude aussah. Auf unser Klingeln tat sich eine große Eichentür auf.

In der Pförtnerloge saß eine Nonne. Als sie Minchen erkannte, sagte sie gleich: »Guten Tag, ich werde Mutter Isa Bescheid sagen.« Dann ging ich hinter Minchen her.

Wir standen in einem freundlichen, hellen Raum. Ich hatte Herzklopfen und sah betreten aus dem Fenster. Und plötzlich stand Isa im Zimmer, ja, natürlich, sie war angezogen, wie es sich für eine Nonne gehört, ihr Stirnband war das einzige Weiße in all dem Schwarz.

Aber es war vom ersten Moment an wie früher. Derselbe Mund, dieselben Augen, dasselbe Lachen, dieselbe Stimme. Sie nahm mir sofort alle Scheu, und nach kurzer Zeit brachen wir bereits in Lachsalven aus.

Sie fragte: »Was spielst du jetzt? Kann man das nicht bei meinen Klosterschülerinnen aufführen?«

»Lieber nicht«, sagte ich, »es ist ein Stück, in dem vier Lesbierinnen vorkommen, und heißt ›Schwester George muß sterben‹!«

»Nee«, meinte sie, »wohl doch nicht so ganz passend. Aber hör mal, könntest du nicht mal an einem Nachmittag herkommen und meinen Schülerinnen erklären, was Kabarett ist? Die interessieren sich sehr dafür. Sie wissen ja auch alle, daß ich früher mal Kabarett gemacht habe, das wäre doch eine prima Idee.«

»Ja, wie denn?«

»Na ja, du machst ihnen den Unterschied zwischen Theater und Kabarett klar und vergißt auch nicht zu sagen, daß dieser Beruf kein Honigschlecken ist.«

So kam es, daß ich an einem Nachmittag vor ungefähr fünfzig Schülerinnen, die jüngsten waren sieben, die ältesten siebzehn, und vor vier Nonnen, die bald vor Lachen rote Köpfe bekamen, eine Stunde lang versucht habe, deutlich zu machen, was das Kabarett vom Theater unterscheidet. Es war herrlich. Ich fürchte allerdings, ich habe nichts anderes als Kabarett gemacht. Aber was haben die gelacht! Eine ganz Kleine hatte sich vor Lachen verschluckt, eine vor Lachen prustende Nonne klopfte ihr auf den Rücken. Isa nahm die Brille ab, weil ihr vor Lachen die Tränen herunterliefen. Vor lauter Übermut fielen mir spontan ganz gute Sachen ein.

Nach einer Stunde waren alle erschöpft: vier kichernde Nonnen, fünfzig lachende Kinder und die Leiterin des Internats, Mutter Isa, und ich. So ein Publikum hatte ich noch nie gehabt.

Ob ich es fertiggebracht habe, den Mädchen klarzumachen, daß dieser Beruf kein Honigschlecken ist, bezweifle ich. Aber das macht nichts. Darauf muß man immer von selber kommen.

Ein Räucheraal beweist mir: ich bin prominent. Begegnung mit anderen Prominenten: Fehling, Gründgens ...

Im »Tatzelwurm« spielten Tatjana Sais und ich eine Parodie auf den amerikanischen Monsterfilm »Cäsar und Cleopatra« mit Claudette Colbert und Charles Boyer. Tatjana war die Cleopatra, und ich spielte abwechselnd den Cäsar und den Marc Anton: im Jantzen-Badeanzug mit Kreppapierfaltenröckchen, mit Lorbeerkranz als Cäsar und ohne als Marc Anton.

Tatjana grub zum Schluß der Szene ihre Zähne in die Schlange. Diese Schlange war ein Räucheraal. Der Aal hielt durchschnittlich drei Vorstellungen durch, bis er leise zu riechen begann.

Eines Abends in der Pause merkten wir, daß der erst eintägige Aal verschwunden war. Die düstere Verdächtigung, jemand vom Ensemble müsse ihn weggefressen haben, wurde laut. Alle suchten hektisch.

Ich warf mir einen Mantel über den Jantzen-Badeanzug, vergaß den Lorbeerkranz abzunehmen, stürzte auf die Straße, auf das Restaurant »Horcher« zu. Dessen Tür tat sich nur auf, wenn man mit dem Klopfer daraufhaute, aber mit Klopfern hatte ich ja aus dem Grunewald Erfahrung – ich haute also.

Ein pikfeiner Ober öffnete und sah mich verstört an, und als ich atemlos hervorstieß: »Bitte, haben Sie einen Aal? Ich brauche dringend einen Aal!« wollte er mir die Tür vor der Nase zuschlagen – aber da stand plötzlich Herr Horcher hinter ihm: »Aber selbstverständlich. Herr Zenker, bitte holen Sie für Fräulein Herking einen Aal!«

Das war der erste Hauch von »Prominenz«! Holen Sie für Fräulein *Herking* einen Aal! Der Besitzer des feinsten Restaurants von ganz Berlin, was heißt Berlin, von ganz Deutschland, hatte mich erkannt! Und er hatte mir einen Aal geschenkt.

So grub Tatjana zum Schluß des Auftritts ihre Zähne genüßlich in einen frischen, duftenden, riesigen Räucheraal von Horcher. Wir haben ihn noch am selben Abend verzehrt. Die folgenden waren wieder von der billigen, kleinen, trockenen Sorte.

Jürgen Fehling, wohl Deutschlands größter Regisseur in jenen Tagen, führte Regie in einem Stück, das »Die Propheten« hieß. Eine heldisch verquaste Angelegenheit von dem Präsidenten der »Reichsschrifttumskammer«, Hanns Johst. Adolf Hitler hatte es sich gewünscht. Wenn Fehling nicht Kopf und Kragen riskieren wollte, mußte er Regie führen. Er tat es auf seine Weise.

Lucie Höflich stand auf einem Scheiterhaufen, an dem

bereits die Flammen züngelten. Beschwörend hob sie die Hände, die mit Phosphor beschmierten Innenflächen nach außen gekehrt, gegen den nachtschwarzen, von Sturmwolken zerfetzten Theaterhimmel. Frauen wimmerten. Landsknechte marschierten mit wehenden Fahnen über die Bühne. An der Rampe saßen die geschändeten Mädchen und sangen unfrohe Lieder. Auf sechs Pechpfannen verkohlte Pferdefleisch. (Die verbrannten Ketzer!) Bis hinauf zur Führerloge stiegen die Rauchschwaden. Alles hustete. Keiner verstand ein Wort.

Es war eine gewaltige, naturalistische, echte, stinkende Meiningerschau. Die »Meininger« sind ein Begriff in der Theaterwelt. Der Herzog von Meiningen, dem es in Bühnenbildern und Kostümen stets um »dokumentarische Treue« ging, wie wir heute sagen würden, hatte als erster Theaterfürst einen echten Misthaufen auf die Bühne karren lassen. Wir hatten keinen Mist, aber das verbrannte Pferdefleisch der Ketzer war mindestens genauso wirksam. Ich spielte natürlich eins der geschändeten Mädchen.

Fehling saß während der Probe im Zuschauerraum und bändigte die Massen. Er tobte. Er lachte. Er sprang auf die Bühne. Er versank, die Hände vors Gesicht schlagend, in seinem Sessel. Er tanzte vor. Ein Turm von einem Mann, mit dem großflächigen Gesicht eines scheinbar unschuldvollen Satyrs.

Ich war fasziniert von seiner Lebendigkeit, seinem Humor, seiner Gescheitheit, die sowohl aus dem Kopf als auch aus dem Bauch kam, seiner gelegentlichen Vulgarität, seinen treffenden Formulierungen, die auch verletzen konnten. Kurz darauf nahm er die zu Tode Beleidigten in den Arm, und alles war wieder gut. Man konnte ihm nicht böse sein. Er war das pralle Leben.

Ich wich nicht von seiner Seite. Er ließ es sich großzügig gefallen. Manchmal packte er mich an den Haaren und sagte »Schwarzkopf, Stupsnase, Lulatsch«. Er erzählte die herrlichsten Geschichten. Aber er konnte auch so aufmerksam zuhören, daß man sich nicht scheute, ihm alles zu sagen, was einem auf der Seele lag.

Eines Nachts nahm er mich mit in seine Wohnung. Ich folgte ihm mit hochrotem Kopf und wild schlagendem Herzen ins Schlafzimmer. Wie ein gefällter Baum fiel er aufs Bett. »Komm her, setz dich auf die Bettkante, Stupsnase, und erzähl mir ein Märchen!«

Ich schluckte, setzte mich und fing an: »Es war einmal eine Prinzessin ...« Und da war er schon eingeschlafen.

Eine Weile stand ich noch dumm im Zimmer herum. Dann schlich ich durch den dunklen Korridor, schloß die Wohnungstür hinter mir, ging die Treppe hinunter, die Haustür knarrte, ich stand auf der Straße. Ein bißchen beleidigt. Sehr betrübt, daß ich kein »Weib«, sondern eben nur »Schwarzkopf, Stupsnase und Lulatsch« war.

Am nächsten Morgen, auf der Probe, riskierte ich einen tränenfeuchten, seelenvollen Blick. »Du siehst aus wie ein Bernhardiner«, sagte er. Und so verhielt es sich. Und ich blieb weiter sein Vasall.

Im Theater am Kurfürstendamm wurde Hauptmanns »Biberpelz« gespielt. Ida Wüst als Mutter Wolffen, ich als ihre Tochter Adelheid. Ich habe vergessen, wer Regie geführt hat. Fehling war in der Vorstellung.

In der Pause kam er in die Garderoben. Allen machte er Komplimente, nur mir nicht. Ich war so stolz gewesen, denn nach dem Satz »Jesus sprach zu seine Jünger, wer keen Löffel hat, ißt mit de Finger« hatte ich Szenenapplaus gehabt. Er sah mich streng an und sagte nur:

»Komm mal mit auf den Hof!« Dort gab er mir eine kurze, knallende Ohrfeige. »Wenn du weiter so auf Pointe spielst und so übertreibst, bist du auf dem besten Weg, eine Schmierenkomödiantin zu werden. Komm morgen um fünf zu mir. Ich werde mit dir arbeiten!«

Am nächsten Tag verließ ich abends um sieben seine Wohnung. Mit vom Weinen verquollenen Augen und einer Triefnase. Seit Leopold Jessner hatte niemand mehr so mit mir gearbeitet. Ich verdanke es Jürgen Fehling, daß ich keine Schmierenkomödiantin geworden bin. Eine Komödiantin, ja, aber das war, glaube ich, in seinen Augen etwas Gutes.

Ich lernte auch Gustaf Gründgens kennen. Das kam so: Er hatte einen Sekretär, von uns liebevoll Zack genannt, obwohl er das Gegenteil von zackig war; eigentlich hieß er Erich Zacharias-Langhans. Ein stiller junger Mann, mit einem ganz trockenen und etwas »nöligen« Humor. Wir hatten uns angefreundet. Ich machte um diese Zeit eine Parodie auf Gründgens, Rudolf Forster und Heinz Rühmann, die ich mir selber geschrieben hatte. Dem Zack hatte sie so gut gefallen, daß er sagte: »Du, das muß der Gustaf sehen!« Und eines Abends war er wirklich in der Vorstellung.

Vor lauter Befangenheit war ich ganz schlecht. Er hat trotzdem gelacht. Damals wohnte Gustaf Gründgens in einem wunderschönen, alten Herrenhaus, einer Art kleinem Schloß, in Zeesen bei Königswusterhausen. Er lud mich mit Zack über viele Wochenenden ein. Ich war sehr stolz und betete ihn aus der Ferne an. Dabei blieb es.

Leider habe ich mir später seine Gunst verscherzt. Ich spielte ein Mädchen im »Faust« II. Teil im Schauspielhaus. Vor der Probe standen wir im Gang, der zur Bühne führt. Werner Krauss spielte den Faust, Gründgens den Mephisto. Gründgens stand mir gegenüber. Ich gähnte laut und ausführlich, weil ich viel zu spät ins Bett gekommen war, und sagte vertraulich zu ihm: »Mann, bin ich müde, ich wäre lieber im Bett!«

Den Blick, der mich traf, den habe ich nie vergessen. Recht hat er gehabt. So etwas tut man nicht und sagt man nicht.

Kurz vor seinem Geburtstag haben ihm seine Schauspieler ein ungewöhnliches Geschenk gemacht. Wir, das heißt Maria Bard, Käthe Gold, Hermine Körner, Elsa Wagner, Paul Bildt, Paul Hartmann, Werner Krauss – Zack und ich durften auch dabeisein –, probierten in der Wohnung von Werner Krauss und Maria Bard die Haydnsche Kindersinfonie. Ich bediente die Knarre. Wir hatten erfahren, daß Gründgens am Vormittag seines Geburtstages eine Verabredung mit seinem Schneider hatte, einem der teuersten und luxuriösesten Herrenausstatter, Unter den Linden. Ein Flügel wurde morgens heimlich in das obere Stockwerk transportiert, und als Gründgens nichtsahnend die Treppe hinaufstieg, wurde er mit der Kindersinfonie empfangen.

Ich schreibe einen Abschiedsbrief und heirate den Verabschiedeten. Ein Tänzchen mit dem Vater der Türken. Applaus für mich und Susanne (unterwegs)

Annie sagte: »Was du dir da eingebrockt hast, das löffle gefälligst selber aus! So ein reizender Mann! So ein gebildeter Mann! Du solltest Gott auf deinen beiden Knien danken! Statt dessen ziehst du mit einem anderen los! Wie konntest du nur so deppert sein und diesem Mann einen Abschiedsbrief schreiben, na, du wirst das noch bereuen! Deine Eltern würden sich im Grabe herumdrehen! Das löffel du nur aus! Ha!«

Ich schrie dagegen an, ich schimpfte: »Laß mich mit deinen Gemeinplätzen in Ruhe! Du verstehst einen Dreck, warum und weshalb und wieso überhaupt!«

Aber natürlich behielt sie recht. Was ich mir da eingebrockt hatte, löffelte ich dann auch aus – wie es ihre »Gemeinplätze« prophezeit hatten.

Zu meinem und zu Annies großem Glück heiratete ich dann schließlich doch den Mann, dem ich einen Abschiedsbrief geschrieben hatte – oder er mich.

Auf jeden Fall war er wirklich reizend und nicht nur das.

1937, als mein erstes Kind unterwegs war, mußte mein Mann in die Türkei fahren, um dort mit Kemal Pascha, oder besser Kemal Atatürk, zu verhandeln. Ich hatte gerade noch in einem Film zu tun und sollte nachkommen. Jeden Tag wurde ich dicker und keineswegs schöner; höchste Zeit, daß meine letzten Filmmeter »in den Kasten« kamen. Schon machte man, voller Resignation, nur noch Großaufnahmen von meinem Kopf.

Dann durfte ich fahren. Ab Saloniki mit dem Orientexpreß! Von dem hatte ich mir, nachdem ich den Marlene-Dietrich-Film »Orientexpreß« gesehen hatte, übertriebene Vorstellungen gemacht: Ein Zug, beladen mit Geheimnissen, geschwängert von schweren Düften, vollgepackt mit Agenten und dubiosen Liebespaaren, rast durch die Nacht!

Ich fuhr am Tage. Der Expreß fuhr sehr langsam; man vermißte lediglich den bekannten Hinweis: »Blumen pflücken während der Fahrt verboten.« Und die Reisenden waren geradezu unanständig langweilige Geschäftsleute. Endlich waren wir in Konstantinopel. Und auf dem Bahnsteig stand die lange, vertraute Gestalt mit den blonden Haaren, die in der türkischen Sonne, und nicht nur in der, wie Kupfer leuchteten.

Wir fuhren in ein Viertel am Bosporus, das aussah wie eine Goldgräberstadt. An die Türen mancher Moscheen waren Zettel geklebt: »Zu vermieten.« Es war heiß, Susanne trommelte an meinen Bauch. Ich wurde viel zu schnell müde. Alles, wovon andere Konstantinopel-Besucher entzückt erzählen – ». . . ja, hast du denn nicht? . . . und bist du denn nicht?« –, habe ich nicht und bin ich nicht.

Das Abenteuer fing eigentlich erst in Ankara an. Diese Stadt entstand damals gewissermaßen ruckartig, explosiv aus der Steppe; die neue Hauptstadt der Türkei. Dort residierte auch Kemal Atatürk. Straßen, die man vor einer Woche gleichsam nur als Fahrrinne im Steppenmeer geahnt hatte, wurden über Nacht befahrbar. Mindestens sechs Standbilder von Kemal Atatürk standen sehr eindrucksvoll in der Gegend herum, sehr naturalistisch, sozusagen direkt aus dem Leben gegriffen: Standbein, Spielbein, versonnen in ein Buch blickend, den Säbel schwingend oder ganz gelockert den Beschauer freundlich ansehend, allerdings im Frack. Das Frackstandbild mochte ich besonders gern. So sollte ich ihn dann auch kennenlernen.

Wir wohnten im Palace-Hotel. Dort roch es immer nach Hammelfett. Das riecht nicht so sehr gut. Während des Frühstücks auf der Terrasse, ließ ein über uns dahinziehender Storch genau zwischen die Kaffeetassen eine Schlange fallen. Ich benahm mich ziemlich hysterisch.

Die Verhandlungen zogen und zogen sich hin. Wir siedelten zu meinem Schwager über. Der hatte ein Haus voller Kinder, die meine Schwägerin mit Humor und Präzision erzog. Sonntagmorgen mußten wir alle um den Flügel herumstehen und einen Choral singen. Ich kannte nur: »Geh aus mein Herz und suche Freud' in dieser schönen Sommerzeit.« Aber der kam nie dran.

Einmal bin ich zu dem alten Angora hinaufgegangen. Die Frauen hockten auf der Erde, die Kinder hingen huckepack, und alle hatten hennagefärbte Nägel. Eine Karawane schwankte vorbei, vorneweg auf staksigen Beinen die jungen Kamele mit seidenweichen rosa Mäulern. Ich beobachtete, wie zwei große Schildkröten miteinander kämpften. Endlich legte die eine die andere auf den Rücken. Ich wartete, bis die Siegerin abgehauen war, dann drehte ich die Besiegte um. Von alleine wäre sie mit ihrem schweren Panzer nie wieder auf die Beine gekommen und in der prallen Sonne verreckt. Ich bildete mir ein, sie habe mich dankbar angeblickt.

Da mein Kopf das einzige war, das nicht dicker wurde, kaufte ich mir zahlreiche Hüte. Ich habe durchaus keinen »Hutkopf«, aber der Ehrgeiz trieb mich, wenigstens irgendwo schick zu sein. Zum Essen beim deutschen Botschafter setzte ich den mit dem kleinen Schleier auf; er flatterte kokett bis zur Nase. Ich saß zwischen lauter feinen Leuten und trieb gepflegte Konversation. Der Diener reichte behutsam einen hohen Eisturm von Gast zu Gast, man säbelte sich zierlich eine Schnitte ab. Das schaffte ich auch noch, aber auf dem Weg zum Teller blieb das Eisschnittchen im Schleier meines Hutes hängen. Ohne nachzudenken, sagte ich: »Scheiße.«

Es entstand eine peinliche Pause. Mein Mann verschwand beinahe unterm Tisch. Der Botschafter sagte ohne jegliche Bosheit: »Reizend.« Und lachte wie ein Verrückter. Später erklärte er meinem Mann: »Sie haben so eine nette, eine so natürliche Frau.«

Trotzdem habe ich in so feiner Gesellschaft jenes Wort nie wieder gesagt.

Eines Abends waren wir bei Kemal Atatürk zu Gast. Er sah genauso wie auf dem Standbild aus (6. Fassung, mit Frack, den Beschauer freundlich ansehend). Mein Mann sprach fließend französisch, ich ließ gelegentlich einige »oh, ouis« oder »mais nons« oder »c'est vrai's« fallen, und so gewann Kemal Atatürk den Eindruck, auch ich sei der Sprache mächtig, und beehrte mich mit langen, eleganten, mir völlig unverständlichen Sätzen. Ich lauschte und nickte. Plötzlich stand er auf und machte eine knappe Verbeugung. Ich dachte, nun wolle er gehen; aus Verlegenheit wäre ich beinahe in einen Knicks versunken. Aber die Musik fing an zu spielen, und ich begriff, daß er mit mir aufs Parkett wollte, und so haben Susanne und ich mit Kemal Atatürk getanzt. Ich nehme an, er hat gar nicht gemerkt, daß ich schwanger war, er mochte vielleicht einfach nur dicke Damen.

Später sah ich, wie er mit einem Zug eine halbe Flasche Cognac austrank, aber ich hatte nicht den Eindruck, daß das auch nur die geringste Wirkung auf ihn hatte. Sah man in seine Augen, so fand man keinen Grund – ein helles, hartes Grünblau, Eis über einem tiefen See. Ein Jahr danach starb er.

Nach Abschluß der Verhandlungen fuhren wir zurück nach Berlin. Ich hatte einen wunderbaren Teppich geschenkt bekommen, mit all den grellen, sich anpackenden Farben, so wie die Sonnenuntergänge dort sind, und von der Entgleisung beim Botschafter mal abgesehen, hoffe ich, daß mein Mann zufrieden war mit seiner nicht ganz standesgemäßen Frau.

Als ich aus der Türkei zurückkam, fand im Berliner Gloria-Palast eine wichtige Premiere statt. Nach den vielen Kurzfilmen hatte ich endlich Rollen in »richtigen« Filmen bekommen: die erste für mich wesentliche in einem Film, der »Die vier Gesellen« hieß. Vier Mädchen hatten beschlossen, Junggesellinnen zu bleiben. Und wie es das Drehbuch und das Schicksal so wollen, ziehen drei zum Schluß hoch glücklich und tief errötend zum Traualtar. Nur ich blieb »ohne«.

Meine Partnerinnen waren Ingrid Bergman, die Carl Fröhlich, ein damals sehr bekannter Filmproduzent und Regisseur, aus Schweden geholt hatte, noch ehe sie nach Amerika ging, Carsta Löck und Sabine Peters.

Von den Männern hätte ich Hans Söhnker am liebsten »gehabt«, aber laut Drehbuch bekam ihn Ingrid Bergman. Ich mochte ihn schrecklich gern und mag ihn immer noch schrecklich gern. An seinem trockenen Humor, seiner Direktheit, seiner Fähigkeit, Pointen sozusagen aus den Mundwinkeln fallen zu lassen – daran hat sich bis heute nichts geändert.

Zeusvater, Prachtstück und Mannskoloß war in diesem Film, stets raunzend, Leo Slezak. Massiv saß er in seinem Stuhl und erteilte seiner kleinen Frau, die, stets zu seinen Diensten, in angemessener Entfernung mit einer Handarbeit beschäftigt war, Weisungen und Befehle. Aber dabei war er nie unangenehm oder tyrannisch. Es stand ihm einfach zu. Und plötzlich, wenn ihm danach war, sang er zu unserer Freude dröhnend ein kleines Lied. Wenn er sich dann zur Aufnahme erhob und immer größer wurde, dann war das ein imponierender Anblick. Und mit welcher Leichtigkeit und Zartheit ging er mit dem Text um! Wie er, in seinem ganzen Wesen, imposante Massigkeit mit Feingefühl und Behutsamkeit zu vereinen wußte – das faszinierte nicht nur mich.

Von einer ganz anderen Art von Charme hat Gustaf Gründgens einmal in einem Chanson gesungen, ohne dabei an Erich Ponto gedacht zu haben: »Unser stiller Charme ist nicht für Alarm.« Den hatte nämlich Ponto. Klein, zierlich, präzise, ohne trocken und blutleer zu sein, eher für sich allein, eher abseits stehend, ohne arrogant zu sein, ganz »unschauspielerisch« – und doch, was für ein Schauspieler! Die Szene, in der er, leise und akkurat, mit sparsamen Bewegungen, Carsta Löck seine kleine, rührende Liebeserklärung macht, habe ich nie vergessen. Bei ihm habe ich auch später immer wieder ganz deutlich gespürt, welch abgrundtiefer Unterschied zwischen Sentimentalität, in die man so gern und leicht hineinrutscht, und wirklichem, echtem Gefühl besteht, das sich keineswegs laut oder stürmisch auszudrücken braucht. Er hatte es, und er konnte es ausdrücken.

Die vier Junggesellinnen waren in ihrem Privatleben, bis auf Carsta Löck, alle jung verheiratet, und alle drei erwarteten während der Dreharbeiten zu diesem Film ein Baby. Ingrid war im zweiten Monat, ich ebenfalls, Sabine im dritten. Dreharbeiten für einen normalen Spielfilm von anderthalb Stunden Länge dauerten damals meistens vier bis fünf Wochen. Wir alle fanden unseren Zustand höchst amüsant und machten unsere kleinen »Junggesellinnenwitze« darüber. Ja, du liebe Zeit, alle drei Kinder wurden Mädchen. Sabines Baby ist heute eine berühmte Sängerin, Ingrids und meins haben schon wieder »Babys«, die auch schon keine »Babys« mehr sind. Da kann man nur mit Kästner sagen: »Die Zeit vergeht und man vergißt, daß man nicht mehr die Jüngste ist.«

Berliner Gloria-Palast – das war sozusagen Erste Klasse, mit rotem Teppich und kleiner Lorbeerbaum-Allee, die man zu durchschreiten hatte, mit festlich gekleidetem Publikum, na, eben Klein-Hollywood. Ich war im achten Monat und wollte keineswegs als Tonne »durchschreiten«. Deshalb hatte ich mich mit meinem Mann durch die Hintertür zur Loge hinaufgeschlichen. Ingrid war nicht da, auch Sabine nicht. Ich glaube, sie bekam gerade, als erste von uns, ihr Kind.

Ende des Films. Tusch! Der Vorhang geht auf. Zwischen all den Männern, die sich verbeugen, nur eine Frau: Carsta. Großer Applaus. Plötzlich entdeckt mich jemand aus dem Publikum in der Loge, zeigt auf mich. Das gesamte Publikum dreht sich um und klatscht der dicken, dicken Dame zu, der einzigen, die in diesem Film Junggesellin geblieben ist. Ich war aber doch sehr stolz. Schließlich kann man sich ja nicht immer nach den Rollen richten, die man gerade zu spielen hat, wo kämen wir denn da hin?

Auf Susanne folgt Christian. Eine doofe Emma ist nun mal keine Respektsperson. Liebe Freunde und illustre Gäste

Wir hatten eine Köchin und ein Stubenmädchen. Wir hatten ein Haus. Der Susanne war ein Christian gefolgt. Wenn ich morgens die Treppe »hinunterschritt«, stand unten die Köchin und grinste: »Jestern war ick im Kino, nee wissense! Wie Sie als doofe Emma mit das Geschirr um sich geschmissen haben, det war knorke! – Wat soll es denn nu zu Mittag jeben, Frau Dokta?«

Unter solchen Umständen war es recht schwer für mich, Autorität auszustrahlen. Ich dachte: Wenn doch die Annie da wäre! Da hatte ich was Blödes angestellt. Um ihr Gutes zu tun und damit sie endlich einmal ihr »freier Herr« sein könnte, hatte ich ihr eine Wohnung gemietet. Wir hatten genau das Verkehrte gemacht. Was war sie beleidigt! »Ah, Kinderschwester! Seid ihr denn noch zu retten? Na, ihr werd's ja seh'n! Deine Eltern würden sich im Grabe ... Wozu ist denn die Annie da? Herrschaftszeiten!«

Jedesmal, wenn ich sie mit den Kindern besuchte, betrachtete sie beide voller Argwohn. Wahrscheinlich vermutete sie, daß Eka, die Kinderschwester, die Kleinen langsam und zielsicher mit Arsen vergiften würde. »Ihr werd' mi schon noch brauchen, aber du brauchst dir net einzubilden, daß i komm! Nie!«

Der Haushalt wuchs mir etwas über den Kopf. Ich hatte eben nicht das rechte Ansehen beim Personal. Mein Mann war viel unterwegs. Erst kam die Köchin und war schwanger. Dann kam das Stubenmädchen – dito! Und da der »Führer« ja so großen Wert auf Nachwuchs legte, waren nach jeweils neun Monaten vier Kinder im Haus.

Sowohl die Köchin als auch das Stubenmädchen mußten sich ja nun um ihre Kinder kümmern. Meine Eka kriegte auch noch den Heiratsrappel und freite einen Gutsherrn. Jetzt war's soweit. »Annie! Bitte, bitte, du mußt!« – »Nie!!!«

In einer Stunde war sie da, rot vor Zorn und hoch beglückt. Ihre Wohnung wurde aufgelöst. Sie nahm die

Zügel, die Kinder, den Haushalt in die Hand. Es gelang ihr auch spielend, Köchin und Stubenmädchen und Kleinstkinder zur freiwilligen Kündigung zu bewegen. Mit allen Anzeichen der Erleichterung verließen sie das Haus. Annie schmiß den Laden. Die Kinder waren nicht meine, sondern ihre. Sie war in ihrem Element. Ganz reizend sah sie aus, wenn sie – endlich, nach langem Zögern – meinen Mann auf sein Angebot hin nicht mehr mit Herr Doktor ansprach, sondern ihn mit leicht geröteten Wangen und mit verliebter Verlegenheit beim Vornamen nannte.

Zu unserem recht stattlichen Bekanntenkreis in jenen Jahren gehörte Tommy (Robert T.) Odeman; der war und ist mir auch heute noch ein lieber Freund. Tommy, der Kauzige. Den Pferdekopf stets ein wenig nach vorn geneigt, eine Augenbraue hochgezogen, blickt er, zumeist über irgend etwas amüsiert, von schräg nach oben. Als ich ihn kennenlernte, hatte er durchaus keinen Grund, amüsiert zu blicken. Er war »nicht genehm«. Er durfte nicht mehr auftreten und hatte eine Zeitlang nur vier Zellenwände gesehen. Man half sich dann so gegenseitig, und da der Geburtstag meines Mannes bevorstand, fiel mir wieder das Geburtstagsgeschenk ein, das wir Gustaf Gründgens gemacht hatten. Ich sagte: »Tommy, wie wär's; du schreibst ein paar Chansons, und dann schenken wir meinem Mann ein Kabarett.« So geschah es dann auch.

Unser Paradepferd war Olga Rinnebach. Sie war wohl die letzte große Diseuse, zudem auch von beträchtlichem Wuchs. Wenn sie bei einer Soldatenvorstellung vor dem Vorhang erschien, ging erst einmal ein großes Ge-ahe und Ge-ohe los. Sie sagte dann stets: »Wenn Sie sich erst mal daran gewöhnt haben, wie groß ich bin, dann kann ich ja wohl anfangen!« Jedesmal, wenn sie die Bühne verließ, ist sie mit begeistertem Trampeln und donnerndem Applaus gezwungen worden, noch eine und noch eine Zugabe zu machen. Ich habe Yvette Gilbert, die große französische Diseuse, nie erlebt. Man sagte, Olga habe dieselbe Delikatesse, dieselbe gebrochene Zärtlichkeit, dieselbe Meisterschaft der Bewegungen wie sie. Manchmal begleitete sie sich selbst zur Laute. Da saß sie dann, lang, schmal, wie eine russische Großfürstin, mit kostbarem Ohrgehänge und wunderschönen Händen, mit denen sie die Akkorde hervorzauberte, und sang ganz leise: »Laterne, Laterne, Sonne, Mond und Sterne.« Das war nicht affektiert, nicht aufgesetzt, nicht künstlich. Es war Olga.

Tommy hat auch ihr viele Chansons geschrieben. Den beiden bei der Arbeit zuzusehen war ein Genuß. Ich war die einzige, die einen Konzertflügel besaß, für mich die reinste Verschwendung. Alles, was ich darauf spielen konnte, war »Der fröhliche Landmann«. Aber, einem meiner vielen ungestümen Wünsche folgend – »Ich nehme jetzt Klavierunterricht und möchte richtig spielen lernen!« –, hatte mir mein Mann diesen Flügel gekauft. Mein Ungestüm erlahmte, die vielen Tonleitern brachten mich zur Verzweiflung, und so blieb es eben beim fröhlichen Landmann. Jetzt aber wurde der Flügel endlich einmal »gefüttert«, und ich brauchte kein schlechtes Gewissen mehr zu haben.

An diesem Geburtstagsnachmittag versammelten sich in unserem Haus viele illustre Gäste, um zuzusehen, um mitzumachen. Hans Brausewetter, dessen heimlicher Wunsch es stets gewesen war, ein großer Sänger zu werden, wurde am Flügel von Tommy begleitet; sein Bariton klang beglückend durch den Raum. Lizzi Waldmüller... Ich habe keine Soubrette mehr gehört, die so mühelos, so klar und dabei so charmant gesungen hätte wie sie. Damals drehte sie gerade den Operettenfilm »Frau Luna«. Unser geliebter Hubsi (Hubert von Meyerinck) mit seiner charakteristischen Diktion: »Das ist ja phänomenaaaal, das ist ja faaaabelhaft.« Mein mir nach dem Film »Gasparone« noch in vielen weiteren Filmen »zugeteilter« Partner Rudolf Platte: ganz schnelle Sätze hintereinander weg – große Pause – wieder ganz schnelle Sätze – Pause – unschuldsvoller Hundeblick – Pointe. Ein Schatz. Isa Vermehren nahm die Quetschkommode an die Brust, und ich sang ein Chanson von Tommy, das an diesem Geburtstag Premiere hatte: Vom Mond, der in Frankreich weiblichen und in Deutschland männlichen Geschlechtes ist, und mit welchen Worten sich ein französisches und ein deutsches Liebespaar an ihn wenden, um ihn zu bewegen, endlich hinter einer Wolke zu verschwinden, damit sie ungestört im Dunkeln schmusen können.

Willy Schäffers, Altmeister des deutschen Kabaretts, amüsierte sich, die Händchen über dem Bauch gefaltet, Olga Tschechowa, Lil Dagover, meine Freundinnen Karin Evans und Alice Treff, Hans Söhnker und noch viel »Berühmtes« sahen zu. Olga Rinnebach, Lizzi Waldmüller, Hans Brausewetter und Hubsi von Meyerinck leben nicht mehr, und auch Willy Schäffers ist hoffentlich in einer Art Kabarettimmel und gibt da ab und zu seine unwiderruflich letzte Benefizvorstellung.

Ich war sehr stolz auf dieses Geburtstagsgeschenk, und mein Mann hat sich unbändig darüber gefreut.

Soweit hätte nun alles gutgehen können. Aber wir wurden immer bedrückter. Es war die Angst vor dem Krieg. Was war das für ein Aufatmen nach dem Besuch von Chamberlain, Daladier und Mussolini in München! Gott sei Dank kein Krieg. Mein Mann sagte: Wartet es ab. Wir brauchten gar nicht lange zu warten. Mein Mann sagte: Das geht schief, den Krieg verlieren wir.

Man merkt so wenig vom Krieg ... Mißratener Sommernachtstraum und eine private Riesendummheit. Die Sirenen heulen nur zur Probe

Ich lese immer wieder, wenn über Hitler und jene Zeit geschrieben wird, in der er uns in den Krieg trieb, daß sich das ganze Volk, voll dumpfer Ahnung kommenden Unheils, schon all das Blut und die verkohlten Häuser riechend, nur murrend in sein Schicksal ergeben habe.

Es waren leider viel zu wenige, die solche Ahnungen hatten, und die wenigen sagten nichts, konnten wohl auch gar nichts sagen, denn hätten sie etwas gesagt, so wäre ihnen das schlecht bekommen, nämlich gar nicht mehr ...

Die Leute waren nicht begeistert, das gewiß nicht, kein Vergleich mit dem, was sich beim Ausbruch des Ersten Weltkriegs getan haben muß, aber die meisten sahen doch in Hitler den Friedensfürsten, auf den sich nun der Haß der halben Welt konzentrierte. Und weil einem offenbar nichts anderes mehr übrigblieb, mußte man sich verteidigen.

Als aber die Siegesmeldungen kamen, als ein Land nach dem anderen besetzt wurde, als der Rundfunk täglich mit großem Fanfarentusch die Sondermeldungen ausstrahlte, jubelten die Menschen auf den Straßen. Und eine Welle der Verehrung, der bedingungslosen Hingabe an den »Führer« schäumte empor und überschlug sich. Und wiederum waren es, gemessen an der Masse, nur wenige, die pessimistisch in die Zukunft blickten.

Mein Mann, wie gesagt, hatte eine ziemlich klare Vorstellung von dem, was Deutschland zu erwarten hatte. Deshalb bereitete er schon frühzeitig die Evakuierung unserer Kinder vor. Im Dachgeschoß von Schloß Igls bei Innsbruck – Schloß klingt pompös, es war aber nur ein großer Kasten aus den Gründerjahren, so mit allerlei Türmchen – hatte er zwei Zimmer gemietet. Sogar ein paar Möbel und unsere schönen, bequemen Betten aus Berlin hatten wir dorthin geschickt. Das Schloß lag in einem großen, verwilderten Garten mit alten Bäumen. Die Kinder lebten, betreut von Annie, im Grünen. Die Besitzer waren reizend.

Ich fuhr für einen Monat hin. Alles war »friedlich«. Aber es war Krieg. Die Soldaten marschierten von einem Sieg zum anderen. Hier aber war eine heile Welt. Wenn man jung ist und zum erstenmal im Leben keine Geldsorgen mehr kennt, wenn man einen Mann hat, der sich kümmert, dazu zwei Kinder und eine Annie, dann will man gern vergessen, will das Leben genießen. Es »gab ja noch alles«. Die Sonne schien, man lag unter den Bäumen im Garten, der Krieg war weit weg. Man verdrängte das ungute Gefühl. Man konnte auch nicht jeden Tag daran denken, daß es Konzentrationslager gab. Aber wie ich das schreibe, erschrecke ich. Warum eigentlich nicht? Warum, wenn man schon davon wußte, nicht – wenigstens! – jeden Tag daran denken?

Man lebte höchst vergnügt in den Tag hinein.

In der Erinnerung scheint mir diese gestohlene Zeit sehr lang. Vorläufig merkten wir, es war Anfang 1941, noch so wenig vom Krieg, daß ich meinen Mann bat, mit Annie und den Kindern in unser Haus zurückkehren zu dürfen. Es war ja alles so ruhig. So fuhren wir wieder nach Berlin. Kabarett wollte ich nicht mehr machen.

Von Heinz Hilpert wurde ich an das »Deutsche Theater« engagiert. Das war ein großer Augenblick für mich. Der »Sommernachtstraum« stand auf dem Probenplan. Besetzung der »Helena« – Ursula Herking.

Es gibt drei Rollen, die an mir vorübergegangen sind. Immer habe ich mir sehnlichst gewünscht, sie zu spielen, und heute kann ich sie nicht mehr spielen. Erstens »Die heilige Johanna« von Shaw, zweitens die »Eliza Doolittle«, auch von G. B. S., und drittens den »Puck« im »Sommernachtstraum«. Und beinahe hätte ich den Puck gespielt. Otto Falkenberg, damals Intendant der Kammerspiele in München, rief in Berlin an. Er wollte mich als Puck. Aber Hilpert ließ mich nicht aus meinem Vertrag heraus, und so spielte ich die Helena.

Ich habe Heinz Hilpert sehr verehrt. Seine Stärke als Regisseur lag damals aber mehr bei Gerhart Hauptmann, bei »Milieustücken« oder komischen Stücken in der Art Goldonis. Für die Poesie, die der »Sommernachtstraum« atmet, hatte er wohl weniger Verständnis. Er saß im Zuschauerraum bei seinem Rotspon und mit seiner Zigarre und erteilte uns in urberlinischem Dialekt, ebenso sachlich wie humorig, seine Ratschläge.

Die Besetzung der beiden romantischen Liebespaare schlug der Romantik mitten ins nächtlich-schöne Gesicht: Jane Tilden spielte die Hermia, Spalinger den Lysander,

Axel von Ambesser den Demetrius und ich die Helena. Das sind zwei Liebespaare, die voller Anmut und Grazie sein sollen. Man muß ihnen den Liebeswahn, der sie umfängt, glauben und mit leisem Lächeln an ihrer sommernächtlichen Verirrtheit teilnehmen. Wenn wir aber sportlich durch die Stämme des Waldes stürzten, durfte der Zuschauer jeden Augenblick erwarten, daß wir, wie die Akrobaten, mindestens eine »Pyramide« bauen würden: Axel und ich als »Untermänner«, Jane Tilden und Spalinger auf unseren Schultern stehend, und dann: »Hepp!«

Der Puck, gespielt von Wilfried Seyffert, war hinreißend; neiderfüllt mußte ich zugeben, daß ich es so nie geschafft hätte. Also begrub ich diesen Wunsch.

Die ganze Aufführung war etwas danebengegangen. Dazu kamen die ersten Luftalarme, und wir, noch nicht daran gewöhnt, waren unkonzentriert und alberten, als Reaktion, wie die kleinen Kinder herum, um nur nicht von dem Schrecklichen sprechen zu müssen, das uns erwartete. Dieser Boden war nicht fruchtbar genug, einen Sommernachtstraum erblühen zu lassen.

Zwischendurch drehte ich Filme. Bei der UFA in Babelsberg produzierte man 1940 den ersten deutschen Farbspielfilm, »Frauen sind doch bessere Diplomaten«, mit Marika Rökk und Willy Fritsch. Es herrschte große Freude, alles verlief so reibungslos. Der unvermeidliche Herr Goebbels hielt die unvermeidlichen Reden.

Ich kam nie in die Verlegenheit, in einem »Durchhaltefilm« mitwirken zu müssen. Meine Domäne waren Dienstmädchen aller Schattierungen, manchmal auch Zofen, ich war eine »komische Type«. Daß mir nie etwas passiert ist, obwohl ich oft genug den Mund aufriß und manchmal auch riskierte, einen, der sich unbeliebt gemacht hatte oder »unerwünscht« war, vorübergehend zu verstecken, liegt sicher daran, daß man mich nicht ernst nahm. Denn so »prominent«, daß man ein Auge zugedrückt hätte, um mich als Aushängeschild zu gebrauchen, war ich nicht.

In den Kammerspielen des Deutschen Theaters spielten wir das erste Stück von Axel von Ambesser, »Wie führe ich eine Ehe«. Eine amüsant-spritzige, liebenswürdig-boshafte Geschichte – wie könnte es bei Axel anders sein –, mit einer herrlichen Besetzung: Maria Andergast, Siegfried Breuer, Karlheinz Schroth und mir. Ich bitte um Entschuldigung, wenn ich mich in die »herrliche« Besetzung einbeziehe.

Damit sind wir dann auch kurz auf Tournee gegangen. Diesmal spielte Axel die Rolle von Siegfried Breuer. Unser Tourneeleiter war ein ungemein rühriger Mann, der aber nicht allzugern Geld ausgab. Er sah immer so aus, daß man in Versuchung geriet, ihm zehn Pfennige zu schenken – das sind ja bekanntlich die Gerissensten. Er kam auf die absurdesten Ideen, wie man ohne Geld Reklame machen konnte.

Einmal lagen wir in der Sonne auf dem Rasen des Schwimmbades der Stadt, in deren Theater wir abends spielen sollten. Axel fragte: »Habt ihr 'ne Ahnung, wo hier die Toilette ist?« Da steht doch tatsächlich der Tourneeleiter auf und brüllt über den bevölkerten Rasen: »Würde jemand von den Herrschaften so liebenswürdig sein und Herrn Axel von Ambesser zeigen, wo sich die Toilette befindet? Herr von Ambesser spielt nämlich heute abend hier im Stadttheater!«

Als hätte das Nichtzeigen der Toilette den totalen Zusammenbruch und ein Nichtauftreten des Herrn Axel von Ambesser zur Folge haben können ...

Ich hatte Glück. Es ging mir gut. Es ging mir wohl zu gut. Ich machte privat Dummheiten. Ich verliebte mich. Die arme Annie – dieses Mal nützten keine bayerischen Flüche, keine Beschwörungen. Wie ein sturer, bockiger Esel, getrieben von einer Leidenschaft, von der ich damals noch nicht wußte, wie bald sie ausbrennen würde – ich hielt sie für die große Liebe –, ging ich auf und davon und verließ Mann, Annie und Kinder.

Ich wurde schuldig geschieden. Und nun stand ich da, und langsam, sehr schmerzlich kam mir zum Bewußtsein, was ich angerichtet hatte.

Aber wie so oft hatte ich in allem Unglück wieder Glück. Mein geschiedener Mann heiratete nach kurzer Zeit eine andere, sehr junge Frau, die begreiflicherweise keinen Wert auf unsere Kinder legte. Die und Annie hatte mein Mann nach Wien geschickt, denn nun hatten bereits die Bombenangriffe auf Berlin angefangen. Dort lebte seine erste Frau, Helene, mit ihren drei Kindern, die ich während unserer Ehe oft eingeladen hatte und mit denen ich mich sehr gut vertrug und noch vertrage. Es sei ihr für diese gute Tat, eine schwierige Annie und zwei Kinder aufgenommen zu haben, innigst gedankt.

Jetzt stand ich also wieder ohne Geld da, aber langsam kam ich zur Besinnung. Als mein Mann mir mitteilte, daß er mir wieder die Verantwortung für die Kinder übertrage, war dies das schönste und unverdienteste Geschenk, das ich jemals bekommen habe. Sofort fuhr ich nach Wien. Natürlich wollte es mit Annie und der reizenden Helene nicht so recht gehen. Mit Annie ging es nur, wenn es jemand aus der »Familie Herking« war oder einer, der, wie bislang mein Mann, »dazu gehörte« und mit dem sie das machen konnte, was sie für richtig hielt. Alle anderen Kinder sind selbstverständlich falsch erzogen, unsere sind die besten, und dreinreden läßt sie sich schon gar nicht, und überhaupt die Wiener ...

Ich ließ alle so berechtigten Strafpredigten über mein verantwortungsloses Verhalten über mich ergehen und suchte verzweifelt nach einem Ausweg. Und wieder hatte ich Glück. Eine blitzgescheite Frau und ihr ebenso netter Mann nahmen Annie und die Kinder auf. Eine wunderschöne, helle Wohnung, ein großes, freundliches Zimmer. Doch auch hier war natürlich ein Haken – die Emma! Die Emma war mindestens schon ebenso lange in dieser Familie wie die Annie in der unsrigen. Die beiden gingen in diesem einen Jahr, in dem Annie und die Kinder dort wohnten, umeinander herum wie zwei dicke gereizte Kater mit gesträubtem Fell. Die Kinder kamen in den englischen Kindergarten (den gab es erstaunlicherweise damals noch in Wien) und verbitterten die Annie mit »Thank you, my dear, may I please have my early morning tea?«

Ich arbeitete. Ich mußte Geld verdienen. Denn der durch Gerichtsentscheid festgesetzte Zuschuß meines Mannes für die Kinder war recht kärglich. Aber ich tat es gern, und ich hatte zu tun. Hilpert entließ mich zwar nach einem Jahr; er meinte, meine Begabung sei zu begrenzt. Aber ich bekam zahlreiche Angebote und spielte viel Boulevardtheater. Je bedrohlicher es wurde, um so mehr verlangten die Menschen nach leichter Unterhaltung.

Immer wieder fuhr ich nach Wien. Ich sah, so ging es einfach nicht. Das konnte ich der Annie nicht antun; die Rivalität zwischen ihr und der Emma, zwischen Frankenland und Wien, hatte sich so zugespitzt, daß der ganze Haushalt darunter litt. Ich suchte einen neuen Ort, eine neue Bleibe. Ich fand sie in Niederbayern, in Deggendorf.

Das Haus war ein Mietshaus mit »kleinen Leuten«, unten ein Schnittwarengeschäft, in dem ein Ehepaar und zwei Lehrmädchen bedienten, und oben ein ganz großes Zimmer und eine kleine Küche. Hier war Annie ihr eigener Herr und konnte endlich wieder ihre verschiedenen Bündel verteilen. Das war eine Leidenschaft von ihr. Sie schnürte die merkwürdigsten Dinge in Bündel, verstaute sie in mancherlei Ecken und Winkel und fand immer, was sie brauchte. Die Kinder gingen in Deggendorf zur Schule, vergaßen ihr Wienerisch und vergaßen ihr Englisch zugunsten eines vorzüglichen Niederbayerisch.

Ich versuchte, sooft es ging, nach Deggendorf zu kommen, und bereicherte die Speisekarte durch im Schwarzhandel gekauftes Brot, Fleisch und Fettkarten. Annie war in ihrem Element, die Kinder gehörten wieder ihr. Die Kinder waren gesund, die Kinder waren fröhlich, die Kinder hatten noch keinen einzigen Luftangriff erlebt, und wenn einmal die gräßliche Sirene aufheulte – dann nur zur Probe. Ich wetzte durch die Gegend, spielte – und dankte dem lieben Gott, daß es eine Annie gab und daß ich zwei Kinder mein eigen nennen durfte.

Auch während des Krieges veranstaltete man in Venedig recht prunkvolle Filmfestspiele. Nicht daß ich etwa dazu eingeladen worden wäre – das ging an mir vorbei. Während diese Festspiele stattfanden, war ich aber mit meinem »Scheidungsgrund«, dem, von dem ich glaubte, er sei meine große Liebe und Leidenschaft, ausgerechnet in Venedig, weil er als Journalist dort zu tun hatte.

Ich lag am Lido in der Sonne im Sand und bemühte mich, nicht nachzudenken. Plötzlich fällt ein Schatten auf meinen Rücken. Ich drehe mich um. Steht da über mir ein Mensch in einer weißen Uniform mit Parteiabzeichen und sagt: »Ja, Ursula Herking, was machen Sie denn hier?« Ich murmelte etwas von Sonne, Erholung, Ausspannen. Er sagt, das sei ja sehr schön – und entfernt sich abrupt mit einem zackigen »Heil Hitler«.

Mir ist plötzlich gar nicht sehr gut. Ich denke, mach, daß du hier fortkommst, klaube meine Siebensachen zusammen, und schon erscheint er wieder: »Der Herr Propagandaminister würde sich freuen, wenn Sie heute abend in das Blabla-Hotel (ich habe den Namen vergessen) kommen und an dem Empfang und am Essen teilnehmen würden.«

Wumms, da saß ich drin. Natürlich hätte ich sagen können: Tut mir furchtbar leid, aber ich bin schon anderweitig eingeladen. Es wäre genau die Antwort gewesen, die ich von mir erwartet hätte. Statt dessen fragte ich: »Ja, wann denn?«

»Um einundzwanzig Uhr.«

Ich fuhr, mit mir selber uneins, ins Hotel nach Venedig zurück und sagte: »Du, der Goebbels hat mich zum Empfang eingeladen, so ein Mist, und ich habe ja gesagt.«

Er meinte, das sei unter diesen Umständen das einzig Richtige, und eine Absage wäre weder für ihn noch für mich gut. Ich setzte mich also in einen Vaporetto und fuhr im »kleinen Seidenen« zum Lido.

Nach dem Essen – Goebbels saß oben am runden Tisch mit den Prominenten, ich saß zwischen italienischen Produktionsleitern – gab es eine Sondereinlage. Der Chef der TOBIS (das Gegenstück zur UFA), Dr. Schreiber, der nebenbei ein berühmter Amateurzauberer war und sein Metier meisterhaft beherrschte, gab eine Vorstellung. Er wurde nach dem Krieg unter dem Namen KALANAG als Berufszauberer international berühmt.

Nun passierte die erste Panne: Ich folgte hingerissen seinen Kunststücken, klatschte wie eine Besessene, lachte viel zu laut und benahm mich so, wie ich es heute noch tue, wenn mir etwas ganz besonders gefällt; ich vergaß völlig meine Umwelt. Plötzlich war alles still, aber es war keine unheilvolle Stille. Goebbels hatte nur etwas gesagt, anscheinend zu mir, denn alle sahen zu mir hin, und ich fragte töricht: »Ist was?«

Amüsiertes Gelächter. Goebbels wiederholte den Satz, der an mich gerichtet und an mir vorbeigegangen war. Er hieß nämlich: »Frau Herking, kommen Sie doch an unseren Tisch.«

Ich, ohne nachzudenken, antwortete: »Vielen Dank, aber ich sehe von hier aus viel besser.«

Diesmal folgte kein amüsiertes Gelächter, eher eine kleine betretene Pause. Aber Olga Tschechowa rettete die Situation für mich: »Herr Minister, wie wahr! Den Dr. Schreiber muß man sich ganz genau besehen. Da kann sie eine Menge lernen!«

Das war natürlich Quatsch, denn zaubern würde ich nie lernen, aber es war prima von ihr. Des Ministers

Lächeln erblühte wieder. Es wurde weitergezaubert. Ich trank, mit Angstgefühl in der Magengrube, zu viel Wein, tat so, als ob ich nun beim Meister lernen könne, versuchte weiter recht unbefangen und natürlich zu sein, und Gott sei Dank beachtete mich bald niemand mehr.

Dann bereitete sich die zweite Panne vor. Ich irrte durch das Hotel, um eine Toilette zu finden. In so feinen Hotels ist die Beschriftung dieser Örtlichkeiten sehr diskret, noch dazu auf italienisch, so daß ich sehr lange brauchte, bis ich den ersehnten Ort fand.

Als ich zurückkam, waren alle fort. Bis auf zwei Menschen, die an einem Tisch saßen: der Minister und eine Dame. Der neuerlichen Aufforderung, mich zu ihm zu gesellen, war ich jetzt hilflos ausgeliefert. Es wurde Wein serviert, ich trank weiter, ich verteidigte einen Film, der beim Minister nicht hoch in Gunst stand und ausgerechnet »Sieben Jahre Pech« hieß. Aber bevor ich in weitere Abgründe taumeln konnte, wurde mir schlecht. Ich konnte gerade noch in aufrechter Haltung den Tisch verlassen und fand diesmal sehr schnell den richtigen Weg.

Es war bereits nach Mitternacht. Die Handtücher waren weggeräumt. Ich zog meinen kleinen Unterrock aus, um mir das Gesicht zu waschen und abzutrocknen. Ich stopfte ihn in meine Handtasche. Und ging wieder an den Tisch zurück; ich hätte mich ohrfeigen können. Der Minister befand sich jetzt in angeregtem Gespräch mit jener Dame. Ich saß, wie das Kind mit den dreckigen Fingernägeln, daneben und schnüffelte ab und zu. Der Minister griff etwas ärgerlich in seine Tasche und reichte mir sein Taschentuch. Ich putzte mir die Nase. Als ich es ihm zurückgeben wollte, winkte er angeekelt ab. Ich stopfte es diskret in meine Handtasche, neben den kleinen Unterrock.

Endlich brach man auf. Ich trottete neben den beiden her. Die Dame und ich fuhren dann in einem eigens für uns bestellten kleinen Motorboot nach Venedig hinüber. Um drei Uhr morgens kam ich, mich als Verräterin beschimpfend, wütend, daß ich dieser Einladung gefolgt war, ins Hotelzimmer. »Er« hatte schon unruhig auf mich gewartet. Schluchzend schmiß ich mich aufs Bett. Das übervolle Abendtäschchen tat sich auf. Ein kleiner verkrumpelter Unterrock und ein Herrentaschentuch mit den Initialen J. G. fielen heraus.

Ich habe »ihn« nie ganz davon überzeugen können, daß der messerscharfe Schluß, den er nun zog, ein Trugschluß war.

Reine Lyrik mit Sliwowitz. Die Hofnarren des Generals

Dann bekam ich das Angebot, mit einem Kriminalstück, »Die letzten Fünf«, nach Belgrad zur Truppenbetreuung zu fahren. Die Proben und zwei Aufführungen fanden in Wien statt. Regie führte Hans Lietzau. Die Gage war anständig. Übrigens hätte man es sich nicht leisten können, nein zu sagen; es wäre als »Affront gegen unsere tapferen Soldaten« angesehen worden. Wir haben das Stück in Belgrad nie zu Ende gespielt, weil stets vor der atemberaubenden Lösung Fliegeralarm kam. Vor drei Jahren traf ich einmal einen ehemaligen Soldaten, der mich fragte: »Wie ist das Stück denn ausgegangen?« Aber mittlerweile hatte ich's auch vergessen.

Die Fliegeralarme wurden so zahlreich, daß man beschloß, uns zu evakuieren. Aufs Dorf, zu den Bauern. Dort lagen auch Soldaten. Im Offizierskasino, dem ehemaligen Dorfgasthaus, wurden wir verpflegt. Wir waren drei Frauen und vier Männer. Am lustigsten war die Wienerin Alice, die ständig eine überdimensionale Hutschachtel mit sich führte, in der sich ein Florentiner Hut mit wippender Rose befand. Diese Hutschachtel bereicherte unser sonst karges und verschlissenes Gepäck um eine verwegene, mondäne Nuance.

Herbert, unser »Liebhaber«, besaß zwei dicke schwarze Hefte. In die hatte er alle seine Lieblingsgedichte geschrieben. Was konnte man im Dorf sonst schon tun? Man schlief auf mit Heu ausgestopften Matratzen, man ging spazieren, man spielte Ratespiele. Sehr beliebt war »Personenraten«. Was könnte die Person für ein Tier sein, was für eine Pflanze, was für ein Schmuck, wer konnte sie gemalt haben, wer komponiert usw. Ich gab einmal Adolf Hitler auf, und bei Pflanze sagte ich: »Eine Kartoffel, die im Keller blüht.« Ein Offizier hatte uns hinter einem Heuhaufen, der mitten im Hof stand, zugehört. Er kam aus seinem Versteck hervor, uns war ziemlich mulmig zumute. Aber dann sagte er: »Darf ich mitspielen?« Er gab uns Goebbels auf. Gegen seine Formulierungen waren wir die reinsten Waisenkinder.

Abends wurden die Kühe von den Wiesen ins Dorf getrieben. Vor dem einzigen Laden im Dorf, der ein großes Schaufenster hatte, pflegte eine Kuh stehenzubleiben und sich lange und ausführlich die Auslagen zu besehen. Das waren so unsere Belustigungen.

Die Kulissen waren in Belgrad geblieben. Wir wurden aufgefordert, einen bunten Abend zu »gestalten«. Herbert und ich lernten die Gedichte aus seinem schwarzen Heft auswendig, wobei wir sehr viel Sliwowitz konsumierten, den man uns freigebig zur Verfügung stellte. Der Hauptmann, Ober- oder Unteroffizier, ich habe während des ganzen Krieges stets die Ränge verwechselt, fragte: »Nun, mein Lieber, was werden Sie uns denn so bieten?« Herbert erhob sich, wie er wohl meinte kerzengerade, vom Stuhl und sagte: »Reine Lllllyrik, Herr Hauptmann.« So war es dann auch.

Eines Tages wurde unsere Truppe zu einem General nach Belgrad eingeladen. Er wohnte im Schloß, zunächst durften wir alle mal die Badewanne benutzen. Zwei Wochen lang hatten wir uns nur an der Pumpe waschen können. Dann gab es Tee mit Marmeladebroten, und dann wurde uns eröffnet, daß wir nach Athen sollten, um dort mit dem Stück »Die letzten Fünf« die Truppe zu betreuen.

Daß man, um diese Mitteilung entgegenzunehmen, nicht zu einem General eingeladen wird, ist klar. Aber es war ein besonders netter General, der wohl einen Narren an uns gefressen hatte und die »reine Lyrik« aus Herberts schwarzen Heften wirklich genoß.

Also fuhren wir eines Nachts von Belgrad nach Athen. Außer uns waren nur Soldaten im Zug. Bevor er endgültig abfuhr, hatten wir schon drei Stunden auf dem Bahnhof gestanden. Am nächsten Abend kamen wir in Athen an. Die Männer halfen, die Kulissen auszupakken. In unserem Hotel gab's nur dreimal in der Woche Wasser. Dafür Rezina, soviel man wollte. Das ist ein griechischer Wein, der nach Harz schmeckt, was einem zuerst merkwürdig vorkommt, aber man kann sich schnell »eintrinken«. In der gleichen Nacht noch stiegen wir alle hinauf zur Akropolis. Der Mond schien. Es war überirdisch schön und streng und feierlich. Alice trug ihren Florentiner Hut mit der wippenden Rose.

In Athen gab es einen schwarzen Markt, auf dem sollen komplette Rotkreuz-Schiffe verschachert worden sein. Für englische Pfunde, die wir natürlich nicht besaßen, konnte man, trotz deutscher Besatzung, alles haben. Wir wurden zu Einheiten gefahren, die zwei bis drei Stunden von Athen entfernt stationiert waren. Nachts badeten wir im Meer. Irgendwo war Krieg.

Einmal kamen wir erst im Morgengrauen nach Hause. Auf dem Weg zum Hotel hingen Menschen an den Laternen. Ein Sonderkommando war dagewesen. Wir waren nicht mehr fröhlich.

Der General aus Belgrad war nun auf die Insel Rhodos versetzt worden und beorderte seine »Narren« dorthin. Wir waren froh, aus Athen wegzukommen, und landeten nach einigen mißglückten Versuchen – wegen feindlicher Flieger mußten wir mehrmals umkehren – endlich auf der Insel. Dort hatte man die Truppe schon lange nicht mehr »betreut«. Vielleicht haben sich deshalb die Offiziere falsche Vorstellungen von uns gemacht. Sie hatten wohl erwartet, aus dem Flugzeug würde eine Traube anmutigster und begehrenswertester Mädchen zum sofortigen Gebrauch herausquellen. Als wir landeten, sahen wir zu unserem großen Erstaunen zwei Reihen von Männern in schneeweißer Uniform, jeder hielt in der erhobenen Hand ein gefülltes Sektglas, um uns zu begrüßen. Was nun aber aus dem Flugzeug kam, muß eine bittere Enttäuschung für sie gewesen sein: drei Frauen – ungeschminkt, übermüdet, ein bißchen grau im Gesicht und mit noch umgeschnallten Schwimmwesten. Nur Alice mit den roten Haaren und ihrem mondänen Hutkoffer milderte den niederschmetternden Eindruck.

In der Stadt Rhodos befindet sich das einzige Theater der Insel. Es war sehr heiß. Wir spielten. Es war knallvoll. Auf dem Flügel stand eine Wachskerze – es war eine Flügel-Imitation, an die sich Herbert im Verlauf des Stückes immer wieder setzen mußte, um auf unbeweglichen Tasten all jene Liedchen zu klimpern, die wir drei »Mädchen« dann schmissig zu singen hatten. Ich zum Beispiel: »Robert, du hast mein kleines Herz erobert.« Hinter der Bühne spielte dazu ein Pianist auf einem verstimmten Klavier, das man irgendwo aufgetrieben hatte, einmal war es sogar eine Orgel. Auf jenem Flügel also stand eine brennende Wachskerze, die in diesem Stück eine gewisse Rolle spielte, welche, weiß ich nicht mehr. Diese Wachskerze begann sich zu biegen, weil es so heiß war. Ich versuchte, sie so nebenbei immer wieder aufzurichten. Nachdem ich das zum viertenmal ohne dauerhaften Erfolg versucht hatte, tönte es aus dem Zuschauerraum: »Und als er grade grade war, da brach er ab, wie schade!«

Wir spielten auf zusammengestellten Fässern. Wir spielten auf Tischen. Wir spielten in Scheunen. Wir spielten in einem wunderbaren kleinen Amphitheater, in das »Die letzten Fünf« so wenig hineinpaßten wie Ölsardinen in eine griechische Amphore. Wir saßen nächtelang mit den Ärzten vom Monte Verita am Strand und besprachen die Lage und erlösten die Welt. Schlafen konnte man sowieso nur selten, sonst wäre man von Wanzen zerfressen worden. Im Offizierskasino war eine HKL (Hauptkampflinie) markiert: ein brauner, etwas eklig aussehender Streifen. Das war die Spur der getöteten Wanzen.

Wir besuchten unseren General, der leider wieder versetzt wurde. Er saß unter einer Korkeiche und las Homer.

Ich fragte: »Herr General, Sie haben zwei so schöne Vorhänge im Badezimmer, würden Sie mir einen schenken?« (Es war immer heißer geworden, und ich hatte nur ein Sommerkleid dabei.) Er schenkte mir beide und ließ mir vom Regimentsschneider ein Kleid daraus machen. Verblichener Cretonne mit großen Blumen.

Schließlich bekam ich Papadatschifieber, eine Krankheit, die durch den Biß einer Fliege hervorgerufen wird. Man legte mich in ein nicht mehr benutztes Kloster, in eine Zelle. Der General kam, ehe er endgültig von Rhodos weg mußte, mit einem »Fieseler Storch« angeflogen und brachte mir einen Rosenstrauß.

Die Tage dehnten sich länger und länger, weil es immer schwieriger wurde, nach Athen zurückzufliegen. Im Offizierskasino bedienten die Burschen, indem sie, die Suppe balancierend, auf Kinderrollern fuhren. Es war ein bißchen so, als sei man mit lauter vergnügten Irrsinnigen zusammen.

Nicht alle waren heiter. Einmal stand einer auf dem Dach des Kasinos. Er rief: »Ich fliege, ich fliege, ich fliege, ich scheiße auf Adolf Hitler!« Er sprang und war tot.

Deprimiert, aber immerhin zufrieden, daß es wieder nach Hause ging, flogen wir zurück nach Athen, reich mit Zigaretten beschenkt (wichtig zum Tausch gegen Lebensmittel) und vollkommen verwirrt von der beinahe verzweifelten Albernheit, die sich auf dieser herrlichen Insel ohne »Front«, ohne »Kriegshandlungen« entwikkelt hatte. Ein klares, tiefes, blaues Meer, kein Kanonendonner, keine Minen – und doch lag tödliche Angst in der Luft.

Die Reise von Athen über Belgrad nach Wien war, zumindest bis Belgrad, nicht ganz einfach. Oft lagen wir flach auf dem Boden des Abteils, denn manche Bahnhöfe, waren bereits in den Händen der Partisanen, und bei der Durchfahrt wurde häufig geschossen.

Der Krieg übernimmt die Regie. Landstraße 1945. Die schönsten Worte meines Lebens

Ich lieferte meine Zigaretten bei Annie und den Kindern in Deggendorf ab, damit wieder Fett in die Töpfe kam. Dann mußte ich nach Berlin zurück. Dort wurde ich zum »Kriegsdienst« eingezogen. Eine ungeheuer sinnlose Angelegenheit. Und doch durfte ich mich nicht beklagen. Andern ging's schlechter, die mußten jeden Tag in der Fabrik arbeiten.

Die Theater wurden geschlossen, aber gefilmt wurde noch. Wenn wir aber keinen Film machten oder drehfrei waren, mußten wir von morgens acht bis fünf Uhr nachmittags in die Akademie der Künste, um dort an langen Tischen Zifferblätter mit Leuchtfarbe zu bemalen. Eine Präzisionsarbeit, die Übung und eine sichere Hand erforderte. Keiner von uns, von wenigen Ausnahmen abgesehen, war von dem Ehrgeiz besessen, sein Äußerstes zu geben. Ich kann mir nur vorstellen, daß diese unzähligen Zifferblätter wegen Unbrauchbarkeit am Abend weggeschmissen wurden. Am nächsten Tag bekamen wir neue, damit man abends wieder was zum Wegschmeißen hatte. Es hatte auch keiner mehr eine so ruhige Hand, um mit »äußerster Präzision« Leuchtfarbe zu verteilen, denn viele Stunden, am Tage wie in der Nacht, verbrachten wir jetzt in den Luftschutzkellern.

Man begann sich an den Anblick verbrannter und zerbombter Häuser zu gewöhnen. Die Menschen rückten zusammen. Man half sich gegenseitig, so gut es ging, aus der gemeinsamen Not heraus. Einmal las ich auf einem Zettel am Türpfosten der noch schwelenden Ruine eines ausgebrannten Hauses: »Alles im Arsch, wohne bei Frieda.« Solche Zettel konnte man bald zu Tausenden lesen.

Ich hatte ein kleines Zimmer in Grunewald bei der Schauspielerin Gundel Thormann und ihrer Mutter gefunden. Die wurde von allen liebevoll »Mütti« genannt. Sie besaß den natürlichen Charme eines jungen Mädchens und eine so helle Stimme, daß man manchmal glaubte, das fröhliche Klingeln einer Christbaumglocke kurz vor der Bescherung zu hören. Im Garten war ein Gebilde, das sich als Luftschutzbunker ausgab. Es ist nur gut, daß auf den keine Bombe gefallen ist, man hätte ebensogut im Haus bleiben können.

Ich drehte noch einen Film: »Ein Mann mit Grundsätzen«. In dieser Filmrolle besaß ich einen Bernhardiner. Man hatte ihn von einem Fleischer ausgeliehen, ein riesiges, äußerst wohlgenährtes Tier mit stets sabbernden, hängenden Lefzen. Jeden Morgen wurde er mit einem Päckchen Wurstscheiben, »damit er zwischendurch etwas zum Knabbern hat«, abgeliefert. Gut, daß Hunde nicht sprechen können. Ich habe es ihm nicht jeden Tag weggenommen. Aber öfters schon.

Die Partysucht griff um sich. Jeden Sonnabend gab es bei Leuten, die noch »hatten«, Parties. Ich kam immer so gegen Mitternacht und verschwand wieder gegen eins. Um zwölf wurde nämlich Kaffee gemacht. »Wer ist so nett und brennt ihn?« – »Ich!« schrie ich. Der Kaffeebesitzer holte aus einem verschlossenen Schrank einen Sack mit ungebranntem Kaffee, teilte drei Hände voll aus, machte den Sack zu und schloß ihn wieder ein. Ich brannte in einer Pfanne zwei Hände voll Kaffee, die dritte ließ ich in meine Jackentasche gleiten. So hatten Mütti, Gundel und ich dreimal in der Woche echten Kaffee zum Frühstück.

Die Tage und Nächte wurden jetzt vom Rhythmus der Fliegeralarme und Bombenangriffe bestimmt. Wo Gelegenheit geboten war, sich trotzdem zu amüsieren, griff man begierig zu. Schnoddrige Redensarten, wie »Genießt den Krieg, der Frieden wird furchtbar«, waren an der Tagesordnung. Drehte man abends das Radio an, um zu einer bestimmten Zeit einen gewissen Sender zu hören, konnte man zuvor auf dem normalen Sender die Stimme eines populären Sängers vernehmen, der behauptete: »Und wieder geht ein schöner Tag zu Ende.«

Die allerletzte Zeit in Berlin ist mir erspart geblieben. Ich wurde nach Prag befohlen, um dort in einem Film mitzuwirken. Er hieß »Das seltsame Fräulein Sylvia« und ist nie zu Ende gedreht worden. In Prag mußten wir, wie in Berlin, an drehfreien Tagen »für die Rüstung« arbeiten. Im obersten Stock eines Bürohauses saßen an einem langen Tisch die Schauspieler und schnitten Drähte in Stücke. Wozu das gut war, blieb mir ein Geheimnis. Es wurde uns auch nie erklärt. Am Kopfende des Tisches saß einer und paßte auf, daß auch wirklich Drähte geschnitten wurden und keiner auf den Gedanken kam, unter dem Tisch zu lesen. Mußte man »austreten«, so hob man, wie in der Schule, den Finger.

Gegen zwölf Uhr mußte uns Paul Kemp die Nummer mit der Gräfin, die Blähungen hat, vorspielen. Der Aufpasser war geradezu versessen darauf, er konnte gar nicht genug davon kriegen. Das ging so vor sich: Ein Paravent wurde aufgestellt. Paulchen verschwand mit ergebenem Augenaufschlag dahinter und spielte nun, mit hoher Stimme, die Gräfin, die sich vom Doktor wegen ihrer Blähungen ein Klistier erbittet, und mit tiefer Stimme den Doktor und mit Geräuschen das Klistier und mit weiteren Geräuschen die entweichenden Winde. Schon beim ersten Satz der Gräfin: »Herr Doktor, Herr Doktor – mir ist ja so bedrängt«, verschluckte sich der Aufpasser vor Lachen. Dies steigerte sich ins Uferlose bei der Verabreichung des Klistiers, und bei den sich nun befreienden, so überaus kunstvoll produzierten, geradezu musikalischen Winden brach er vor Begeisterung zusammen. Dies mußte der arme Paul jeden Tag wiederholen.

Oft wurde die Vorstellung allerdings durch Fliegeralarm gestört. Dann gingen wir in den Keller und summten leise »Lilly Marlen«, und die meisten wußten, welcher Text gemeint war: »Unter den Laternen vor der Reichskanzlei hängen alle Bonzen, der Führer hängt dabei, alle Leute bleiben steh'n, sie wollen unsern Führer seh'n, vor der Reichskanzlei, ja vor der Reichskanzlei.«

Im Hotel Flora waren der sanfte Wahnsinn und die Trunkenheit ausgebrochen. Nachts, wenn man in sein Zimmer wollte, stieg man gelegentlich über nackte Mädchen, die auf dem Treppenabsatz lagen, und wunderte sich nicht. Zu essen gab es immer weniger. Eigentlich nur noch schwarz.

Auch in Prag fielen Bomben. Ich bekam keine Post mehr aus Deggendorf. Der Beauftragte für die Filmwirtschaft, Herr Hinkel, hielt eine Durchhalterede und war dann als erster aus Prag verschwunden.

Eines frühen Morgens, so gegen drei Uhr, klopfte ein fremder Mann an meine Hotelzimmertür. Draußen sagte eine Stimme in diesem harten Deutsch der Tschechen: »Sie missen, hächste Zeit.«

»Ja!« rief ich. »Danke, ich komme.«

Ich zog die alten Latschen an, nahm die Felljacke von der Stuhllehne und den schlappen Rucksack. Das war alles, was ich mitnehmen durfte. Ich verließ das Hotelzimmer. Den Mann, der da auf mich wartete, kannte ich kaum. Während der Dreharbeiten hatte ich ihn ein paarmal im Atelier gesehen. Er war Bühnenarbeiter. Ich hatte ihm, wie auch den anderen, Zigaretten gegeben. Ich weiß nicht, ob das der Grund war, daß er am Tag vorher in das Hotel gekommen war, um mir zu sagen: »Du im Atelier nett zu mir gewesen – ich jetzt nett zu dir. Missen weg. Morgen frih fimpf Uhr. Ich hole ab. Nur kleiner Rucksack.«

»Ja«, sagte ich, »danke«, sagte ich und traute ihm.

Er sagte jetzt: »Mit mir gehen. Nix sprechen.« Wir gingen nebeneinander durch die leeren Straßen. Es wurde gerade hell. Dreimal wurden wir von Männern, die in Gruppen, immer so fünf oder sechs Leute, herumstanden, aufgehalten. Ich sagte nichts. Er sprach tschechisch und zeigte auf mich. Ich hatte Angst. Man ließ mich durch. Durch die Stadt Prag, die sich zum Aufstand rüstete, brachte er mich auf Schleichwegen bis auf eine Landstraße. Dann blieb er stehen: »Geh mit Gott«. Drehte sich um und ging durch den Wald zurück.

»Danke«, rief ich ihm nach, »danke!«

Ich ging allein auf der Landstraße weiter. Kein Fahrzeug, kein Mensch. Auf meiner Armbanduhr war es elf Uhr. Nach zwei Stunden war ich sehr müde. Ich setzte mich am Waldrand hin, um auszuruhen. Ich nahm ein

Stück Brot aus dem Rucksack. Aber zum Essen kam ich nicht. Drei Soldaten in fremden Uniformen stellten sich vor mir auf. Es kam zu keiner Vergewaltigung, weil ich mich nicht wehrte. Der erste ging ein Stück weg mit mir. Die anderen sahen zu. Es dauerte vier Minuten. Ich sah auf die Uhr. Dann kam der nächste. Es dauerte zweieinhalb Minuten. Der dritte nahm mir die Uhr weg und den Paß aus meinem Rucksack. Dann ließen sie mich laufen. Ich dachte: Du liebe Zeit, hoffentlich kriege ich kein Kind. Du liebe Zeit, hoffentlich habe ich mich nicht angesteckt, bitte nein, nein – und marschierte weiter.

Dann war die Straße plötzlich nicht mehr leer. Andere Menschen liefen neben mir her. Leiterwagen, Menschen auf Fahrrädern. Man sprach wenig. Nur: »Wohin?« – Nach Bayern, nach Deggendorf zu meinen Kindern. – Nach Straubing. – Nach München. Da ist in der Nähe ein Bauernhof, vielleicht können wir in der Scheune übernachten.

Ich weiß nicht mehr, wie lange ich gelaufen bin. Ich weiß es einfach nicht mehr. Eine Woche? Zwei Wochen? Ich weiß nur noch ganz genau, woran ich erkannt habe, daß hier schon die Amerikaner gewesen sein mußten: an den langen Zigarettenkippen, die auf der Straße lagen. Soll ich eine aufheben? Nein, das kann man nicht machen. Da tut's aber einer. Der nächste. Ich auch. Hat jemand Streichhölzer? Der erste Zug auf leeren Magen. Ich falle fast um, mir ist schwindlig. Dann geht's vorbei.

Irgendwann, kurz vor Deggendorf, stehen Amerikaner. Kontrolle. »I have no passport. They took the passport away from me.« Die Haare hingen strähnig, Felljacke, alte Hosen, schlapper Rucksack, erbärmliche Figur.

»What's your profession?«

»Movie-actress ...«

Großer Lacherfolg. Ich weiß nicht, warum, aber sie ließen mich durch. Schenkten mir sogar noch eine Schachtel Zigaretten. »Movie-actress, hahaha!«

Ich stolperte nach Deggendorf hinein, das die Amerikaner noch nicht besetzt hatten. Das Haus, in dem die Kinder mit meiner Kindernanni gewohnt hatten, steht nicht mehr. Eine schwarze Lücke. Mir wird schlecht. Ich setze mich auf den Rinnstein. Ich fange zu weinen an. Laut. Gleich schreie ich. Gleich halte ich es nicht mehr aus. Gleich zerreißt es mich. Plötzlich steht einer vor mir, rüttelt mich, packt mich an den Schultern, zieht mich hoch. »Frau Herking – Sie sind doch Frau Herking? Ruhig, ruhig, die Kinder und die Kindernanni leben, es ist nichts passiert – sie sind oben beim Bauern.«

»Danke, danke«, sage ich – und dann bin ich das erste und auch einzige Mal in meinem Leben ohnmächtig geworden. Etwas, das ich mir als junges Mädchen immer gewünscht hatte: einmal in hilfloser Schönheit, sozusagen blumig verhauchend, in die Arme eines starken Mannes zu sinken.

Ich war kein junges Mädchen mehr, von Schönheit war so gar nichts da, und der junge Mann war ein kleiner, stämmiger Sechziger. Aber er hat mir die schönsten Worte gesagt, die ich je gehört habe: »Die Kinder leben ...«

gestern

Von Deggendorf nach Straubing. Ein Intercourse kann verhindert werden. Curd Jürgens an der Theaterkasse

Ja, ich fand beide Kinder und Annie wohlbehalten bei einem Bauern. Ich schrubbte Böden, hackte Holz, klaute Butter. Er sagte immer noch »Heil Hitler« statt »Grüß Gott«. Aber als die Amerikaner kamen, flatterte auf seinem Dach eines der ersten weißen Handtücher.

Kurz vor dem Einzug der Amerikaner wurden in Deggendorf die Wehrmacht-Lagerhäuser gestürmt. Aus aufgeschlitzten Säcken ergossen sich Mehl, Zucker, Erbsen, Reis auf die schmutzigen Fußböden. Die Menschen rissen sich die lang entbehrten Schätze aus der Hand, prügelten sich, überrannten sich. Ein alter Mann brach unter einem Zuckersack zusammen. Dieselben Menschen, die ihm vor ein paar Tagen noch selbstlos geholfen hätten, wenn seine Wohnung zerbombt worden wäre, stiegen gleichgültig über ihn hinweg. Besoffene lagen in Rotweinpfützen, nicht mehr fähig aufzustehen.

Der Krieg war aus. Nun wollten wir neu anfangen. Ich und mit mir Millionen atmeten auf. Jetzt wollten wir das machen, was wir geplant, wovon wir geträumt, geredet und wieder geredet hatten: Wollten Stücke aufführen, von denen wir wohl gehört hatten, die aber verboten gewesen waren, wollten Kabarett machen, den Menschen zeigen, was wir mit Freiheit meinen, die

Menschen auf eine andere Art als durch Schrecken erschüttern. Wollten wieder in unserem Beruf arbeiten. Zwar in einem verwüsteten Deutschland, aber nicht mehr mit dem entsetzlichen Ton der Sirenen im Ohr. Und ohne Angst. Aber bis es soweit war, dauerte es noch eine ganze Weile.

Jetzt mußte ich erst einmal sehen, wo und wie ich Geld verdienen konnte, um uns durchzubringen. Es war so ungefähr alles draufgegangen, auch auf der Bank hatte ich nichts. Wir zogen vom Bauern weg. Eine Arbeiterfamilie nahm uns dankenswerterweise auf. Ich schlief in der Küche auf dem harten Boden. Das war erst ein bißchen unbequem, aber alles hat seine zwei Seiten; für meine Wirbelsäule war das ganz vorzüglich.

Ich ging zu Fuß von Deggendorf nach Straubing. Gemessen an der Wanderung von Prag nach Deggendorf, war das ein Spaziergang. Ich ging zum Rathaus und bewarb mich um eine Stellung als Dolmetscherin. Ich bekam sie und wurde einem dicken, gemütlichen, leise versoffenen Captain zugeteilt, der im Zivilberuf Obsthändler war. Von da an hieß ich Örsela.

Ich saß mit ihm in seinem Büro und mußte ihm übersetzen, was die Menschen, die zu ihm kamen, alles erfragen oder erbitten wollten. Ihm imponierte, wenn jemand, was selten genug vorkam, sagte: »Ja, ich bin Nazi gewesen, ich habe daran geglaubt, ich habe mich getäuscht.« Was er nicht mochte, war: »Gehn's, Fräulein, sagen's dem Herrn Kapitän, das war ein reiner Zufall, daß ich 1933 Bürgermeister g'worn bin. I' hab mich mit Händ und Füß g'wehrt.«

Einmal kamen zwei Nonnen und sagten ohne Umweg über mich zu ihm: »Captain, we would like to have an intercourse with you.« Diesen unbeschreiblich erschreckten Blick, den er mir zuwarf, werde ich nie vergessen. Die Nonnen wollten ihm natürlich nur mitteilen, daß sie ein Gespräch mit ihm wünschten. Aber »Intercourse« heißt »Geschlechtsverkehr«.

Wenn mal eine Pause eintrat und keiner kam, sagte er zu mir: »Örsela, sing me a Viennese song.« Von Wiener Liedern kannte ich nur eines: »Erst wenn's aus wird sein mit aller Musi und dem Wein« – die anderen erfand ich. Die Leute müssen sich nicht schlecht gewundert haben, wenn sie, ehe sie klopften, durch die Tür fröhlichen Gesang hörten, denn er legte großen Wert darauf mitzusingen. Hier geht's ja hoch her, werden sie sich gedacht haben und das Ganze als ziemlich entartet empfunden haben. Sollte dieser Captain, der hoffentlich wieder mit Obst handelt, gelegentlich ein Wiener Lied singen, so beansprucht die anhaltinisch-sächsische Örsela die Urheberschaft.

Aber noch bevor ich meinen Dienst antrat, tauchte mal wieder ein hilfsbereiter Engel auf: ein Junge von elf Jahren, Siegfried Brandl hieß er. Ich stand – gerade hatte ich meinen Posten bekommen – vor einem Bäckerladen, hatte keine Brotmarken und überlegte, wie ich mir ein Brot erschleichen könnte. Und weiter überlegte ich: Das mit der Dolmetscherin ist ja ganz prima, aber jeden Morgen zu Fuß von Deggendorf nach Straubing und abends den gleichen Weg zu Fuß zurück, nee! Irgendwoher muß ich ein Fahrrad bekommen.

Beide Probleme löste Siegfried für mich im Handumdrehen. Er stand hinter mir, tippte mir auf die Schulter und sagte: »Sind Sie nicht die Ursula Herking?« – »Ja«, sagte ich. – »Warten's ein Moment!« Verschwand im Bäckerladen, kam mit einem Brot wieder heraus und gab es mir. Dann sagte er: »Hätten Sie Lust, mit zu uns zu kommen?« Ich ging mit ihm.

Er wohnte in einem hübschen Haus und hatte eine reizende Mutter, die natürlich und herzlich war, eine ebenso nette Schwester und einen Bruder, und wieder durfte ich, sozusagen als Ouvertüre für einen neuen Lebensabschnitt, in die Badewanne und ein köstliches warmes Bad nehmen.

Nach einer Stunde erschien Siegfried mit einem Herrenfahrrad. Seine Mutter sagte: »Ja, Burschi, woher hast du das denn?« Ich fragte lieber nicht und nahm es. Dann fuhr ich, auf dem Gepäckträger eine Tasche mit Obst und einem Brot, nach Deggendorf zurück.

Vierzehn Tage lebten wir noch in Deggendorf, jeden Tag fuhr ich hin und her, nie ohne eine kleine Gabe dieser hilfreichen Familie. Dann besorgte mir die Militärregierung eine Wohnung in Straubing, ein Zimmer mit Küche. Dorthin zog ich mit Annie und den Kindern.

Es wurde Winter. Siegfried kam mit einem kleinen Leiterwagen, bis oben hin voller Holz gepackt. Siegfried kümmerte sich um die Kinder und war der einzige, der Annie die Stirn bot. Niederbayer gegen Niederbayerin.

Das Radio brachte jetzt Suchmeldungen: Wo ist die oder jene Künstlerin, wo der oder jener Schauspieler? Bitte bei der und der Stelle melden. Ich meldete mich. Zwischendurch verschaffte mir Siegfried einen Auftritt bei der UNRRA, ganz einen kleinen Auftritt, ich sang ohne Begleitung alle Chansons, die ich noch aus der »Dreigroschenoper« behalten hatte, und bekam als Gage Naturalien. Siegfried wieselte einfach überall herum und sah mit seinem engelhaften, schmalen Gesicht und dem blonden Lockenkopf so umwerfend harmlos und entzückend aus, daß man ihm nie auch nur die kleinste Spitzbüberei zugetraut hätte. Ich wußte es besser.

Eines Tages tauchte Curd Jürgens in Straubing auf. Ich erhielt eine Lizenz, und wir durften erst zweimal und dann viermal in der Woche Theater spielen. Wir spielten: »Ich liebe vier Frauen«. Curd Jürgens, Judith Holzmeister, seine damalige Frau, Hilde Sessak, viele andere und auch ich. Ich spielte die Hauptrolle. Curd saß unten an der Kasse. In einer Zigarrenkiste verstaute er das Eintrittsgeld. Wenn der letzte Zuschauer auf seinem Platz saß, raste er nach oben und verwandelte sich in meinen Mann, den ich, übrigens in vierfacher Verkleidung, zu becircen hatte. Ein etwas schwachsinniges Stück, aber voller Situationskomik. Siegfried spielte nach inständigem Bitten auch mit: einen alten Diener mit weißer Perücke, der von der Leiter fallen mußte ...

Kurz vor Weihnachten fuhr ich nach München, um »schwarz« Christbaumschmuck und Kerzen zu erhandeln. Man hatte mir von einer Kneipe erzählt, wo es solche Sachen gab. Mit leichter Schlagseite und einem Karton voller Kerzen und Lametta ging ich durch den Englischen Garten. Es war Abend, es war stockfinster. Der Englische Garten war auf dem Weg nach Bogenhausen ein einziger aufgewühlter Graben.

Ich wachte im Krankenhaus »Rechts der Isar« auf. Der Karton war noch da. Man sagte mir, zwei amerikanische Soldaten hätten mich, in einem Jeep vorfahrend, abgeliefert. Ich hatte einen Kopfverband, und man hatte mir das rechte Ohrläppchen angenäht. Wahrscheinlich sei ich überfahren worden, und nun brauchte ich Ruhe, denn ich hätte eine schwere Gehirnerschütterung.

Nach zwei Tagen sagte ich: »Jetzt will ich weg, denn morgen spielt man in Straubing ›Ich liebe vier Frauen‹.« Man entließ mich auf eigene Verantwortung. Aber den Kopfverband mußte ich umbehalten. So kam es, daß ich am nächsten Tag vier verschiedene Frauen immer mit dem gleichen Kopfverband spielte.

Als ich anfing, wieder Theater zu spielen, gab ich meine Dolmetschertätigkeit auf, nicht ohne zum letzten Male meinem Captain ein Wiener Lied gesungen zu haben.

Eines Tages erschienen Erich Kästner und Rudolf Schündler in Straubing und fragten mich, ob ich Lust hätte, nach München zu kommen, um in einem neu gegründeten Kabarett, »Die Schaubude«, mitzumachen. Ich war Feuer und Flamme: Das ist es. Jetzt kommt die große Gelegenheit. Jetzt darf ich und kann ich alles sagen. Die Menschen mitreißen – die Welt erlösen!

Annie sagte: »Kind, laß uns nicht allein, das geht doch nicht, du kannst nicht einfach wieder auf und davon.« Siegfried rückte ihr den Kopf zurecht. Was sie sich eigentlich dächte, wer ich wäre, und daß ich nicht ewig »die Duse von Straubing« bleiben könne. Er würde die Sache schon in die Hand nehmen.

Mit Erich Kästner ins Schlaraffenland. Viele weiße Brötchen fliegen auf die Straße. Kanonenöfen und eine Sitzbadewanne

Ich werde niemals vergessen, wie Erich Kästner mir zum erstenmal ein Chanson vorlas, das ich dann auch singen durfte. Auf einem Bahnhof steht eine Frau. Sie hält ein Schild hoch. Auf dem Schild ist die Fotografie ihres Mannes befestigt. Sie hält das Schild den entlassenen Kriegsgefangenen entgegen. Sie fragt: »Hat ihn jemand gesehen, kennt ihn jemand?« Niemand antwortet. Alle gehen weiter – vorbei. Es endet mit der Frage: »Wer kann Auskunft geben über vier Millionen Mann?« Es hieß »Das Lied vom Warten«.

Kästner wurde gebeten, es war 1946, also lange vor der Währungsreform, einen Abend im Züricher Schauspielhaus zu geben. Er nahm mich als Interpretin seiner Lieder mit. Das war meine erste Reise ins Ausland nach dem Krieg.

Als wir in Zürich ankamen und die Bahnhofstraße hinuntergingen, kam es mir wirklich so vor, als sei ich im Schlaraffenland. Die Läden waren voll von Waren und von Menschen, die Schaufenster herrlich dekoriert. In den Blumenläden Orchideen, rote Rosen, gelbe Rosen, rosa Rosen, weiße Rosen, Nelkensträuße groß wie Wagenräder. Ich hatte ganz vergessen, daß es so etwas noch gab. Bei den Juwelieren glitzerte es von Gold und Edelsteinen. Ich habe mir nie viel aus Schmuck gemacht, Blumen sind für mich viel schöner und aufregender, aber es sah schon alles märchenhaft und wunderbar aus. Und die Kleider! Läden, Schaufenster, in denen Duftwolken von hauchzarter Unterwäsche schwebten. In den Delikatessengeschäften zwanzig Sorten von Würsten, Pasteten, appetitlichen Kotelettes und dicken roten Steaks. Das nur zu sehen – schon das war eine Wucht...

Wir hatten eine »Durchsprechprobe« auf der Bühne des Schauspielhauses. Gustav Knuth kam dazu, der damals in Zürich engagiert war. Er nahm mir die große Angst, die ich davor empfand, plötzlich in einem Land auftreten zu müssen, das mit den Deutschen damals nicht sehr viel im Sinne hatte.

Der Abend kam, das Haus war brechend voll, die Menschen hörten zu, sie umjubelten Kästner, und sie waren auch zu mir sehr, sehr freundlich, obwohl ihnen diese »Gesänge aus Deutschland« fremd vorkommen mußten, denn sie hatten wohl nur eine sehr unzureichende Vorstellung von den Verhältnissen bei uns. Aber damit sie sich ein besseres Bild machen konnten, hatte man uns ja zu diesem Abend eingeladen.

Das Schönste für mich war, daß Therese Giehse in meine Garderobe kam, mir die Hand gab und sich bedankte.

Wir konnten noch einen Tag bleiben, ehe wir nach München zurückfahren mußten. Da gab es in Zürich einen großen Umzug. Alle Handwerker-Innungen fuhren in Trachten und mit ihren für ihre Zunft typischen Gerätschaften durch die Stadt. Es war ein lustiger, bunter, fröhlicher Zug. Als die Bäcker-Innung an der Reihe war, wurden von den Wagen Hunderte von weißen Brötchen in die Menge geworfen. Teils fing man sie auf, teils blieben sie liegen und wurden zertreten. Weder bei den Blumen noch bei den Würstchen, noch bei all den anderen herrlichen Sachen hinter den Schaufenstern habe ich Neid empfunden, sondern es einfach genossen. Aber bei den vielen, vielen weißen Brötchen, die durch die Luft geworfen wurden, kamen mir plötzlich die Tränen. Ist das Sentimentalität?

Ich fuhr nach München und wohnte in einem winzigen, kalten Zimmer in der Giselastraße. Aber bald fand ich das angenehmste, verrückteste und lebendigste »Zuhause«: in der Reitmorstraße 30, bei der quirligen, witzigen Schauspielerin Hilli Wildenhain. Sie hatte von ihren Eltern, die draußen in Pullach wohnten, eine intakte Sechs-Zimmer-Wohnung übernommen und vermietete. Auf dem Schild unten stand: Wildenhain einmal läuten, Maria Wollers zweimal läuten, Ursula Herking dreimal läuten, Bühnenvermittlung Maier-Greving viermal läuten. Natürlich läutete es ununterbrochen viermal. Warum wir es nicht andersherum gemacht haben, weiß ich nicht.

Schauspieler und Schauspielerinnen kamen unentwegt, und unentwegt und überall wurde »vorgesprochen«. Herr Maier, der Partner von Greving, den ich den vitalen Maier nannte, kam, sich nach seiner Gewohnheit emsig die Hände reibend, strahlend auf mich zu: »Urselchen, du hast doch nichts dagegen, wenn ich dein Zimmer ab und an zum Vorsprechen benutze?«

So hat sich denn da manche Maria Magdalena oder Jungfrau (die von Orleans!) oder böse, vampirige Eboli vor dem unbestechlichen vitalen Maier auf den Boden oder auch in meinen einzigen Sessel geworfen. Wenn ich von der Probe kam, mußte ich oft noch eine Reihe von »Ausbrüchen« abwarten, ehe ich in mein Zimmer konnte. Aber das machte nichts.

Hilli Wildenhain hatte mir in ihrer Wohnung noch ein weiteres Zimmer überlassen, damit Annie und die Kinder von Straubing nach München ziehen konnten. Annie verteilte ihre Bündel, verstellte die Möbel, um für die beiden Betten der Kinder Platz zu machen, besah sich die Küche, besah sich leise zweifelnd Hilli, wurde vom vitalen Maier höflichst und zuvorkommend begrüßt – bei ihr war kaum zu befürchten, daß sie vorsprechen wollte –, konferierte mit Maria, der Schneiderin, beide vertieften sich sehr schnell in Annies Bündelinhalte, und mit Garn und einem Stück Kattun von Maria und, als Gegengabe, vielleicht einer geretteten Spitze aus einem von Annies Bündeln, zauberten sie ein neues Kleidchen für Susanne, eine Hose für Christian. Und so verstand sie es auch, sich sehr schnell in der nunmehr vierten Bleibe zurechtzufinden. Meine späteren Erfolge in der »Schaubude«, meine Kritiken beeindruckten sie nicht im geringsten. Die Tochter der Kammersängerin Lilly Herking und des »Herrn Hofschauspielers« hat gut zu sein.

In der Reitmorstraße versuchte nun ein jeder von uns, wohl zum erstenmal nach dem Krieg, sich mit viel Elan wieder im bürgerlichen Leben zurechtzufinden. Schließlich war es ja nicht so, daß – simsalabim – gleich wieder warmes Wasser in die Wanne floß.

Auch wenn es dreist geflossen wäre – man hätte das Badezimmer nur unter Lebensgefahr betreten können, denn Hilli hatte mal wieder eine ihrer großen Ideen. Sie wollte, um uns allen zu helfen – Hilli war sehr altruistisch –, eine kleine Schnapsbrennerei einrichten und den Schnaps verkaufen. Zu diesem Zweck stand im Badezimmer eine Riesenglaskugel, die mit undefinierbarem Zeug gefüllt war. Soweit ich mich erinnere, wurde daraus in der Tat eine Art Schnaps. Zum Verkauf kam es allerdings nie, weil Hilli, unbändig stolz auf das Ergebnis, ihn sofort anmutig der versammelten Dichtermusikerregisseurschauspielerrunde kredenzte. Wir haben ihn auch getrunken. Keiner hat sich vergiftet.

Wir Mitbewohner hatten inzwischen gelernt, uns um die Glaskugel herumzuschlängeln; so konnten wir ab und zu wenigstens im kalten Wasser baden. Das soll ja sehr gesund sein.

Eines Tages aber sagte Hilli: »Du, meine Eltern haben in Pullach noch eine Sitzbadewanne. Wollen wir die nicht holen?« – »Klar«, sagte ich, »wir holen die Sitzbadewanne.« Wir fuhren mit der Straßenbahn, wir stiegen dreimal um. Wir fuhren mit der Vorortbahn, wir kamen, so nach einem halben Tag, in Pullach an.

Die Eltern waren glücklich, daß sich das »Kind« mal sehen ließ und auch eine Freundin mitbrachte. Hilli verstand es sehr geschickt, das Gespräch auf Hygiene, auf Baden im allgemeinen (in Pullach gab es schon gelegentlich heißes Wasser), ja sogar auf gräßliche Hautkrankheiten als Folge zu seltenen Badens in heißem Wasser zu lenken – sie erfand geradezu haarsträubende Beispiele. Ihre Eltern drängten uns die Sitzbadewanne geradezu auf.

Gegen fünf Uhr nachmittags zogen wir beglückt mit dem unförmigen Einrichtungsgegenstand ab. In den Vorortzug paßte sie noch hinein, obschon es leichte Komplikationen gab – »du mußt sie mehr kippen, nicht der Breite, der Länge nach«. Die überfüllte Straßenbahn mußten wir an uns vorbeifahren lassen. Als die Leute uns mit der Sitzbadewanne sahen, die jede von uns wie einen überdimensionalen Korb mit beiden Händen halten mußte, tippten sie sich schweigend an die Stirn. Auch der Schaffner hatte kein Mitleid. So liefen wir mit unserer Neuerwerbung von Haltestelle zu Haltestelle. Hilli, die sehr zierlich ist, sagte schon ganz entmutigt: »Wollen wir das Ding nicht einfach stehenlassen?«

»Nee«, sagte ich, »du kannst doch eine Sitzbadewanne nicht einfach auf der Straße stehenlassen, und außerdem – wie willst du denn das deinen Eltern gegenüber verantworten, die sich bestimmt nur mit Schmerzen von ihr getrennt haben?«

Also wuchteten wir weiter. Endlich, es war so gegen neun Uhr abends, um zehn war Ausgangssperre, und hätte man uns dann erwischt, wären wir samt oder auch ohne Sitzbadewanne für die Nacht ins Kittchen gekommen, endlich also kam eine fast leere Straßenbahn. Der Schaffner war nett und half uns. Wir standen, das schwankende Hygienemöbel zwischen uns, auf dem Perron. Zehn Minuten vor zehn Uhr waren wir zu Hause angelangt, nachdem wir sie auch noch die vier Treppen hinaufgestemmt hatten.

Alle Freunde waren bereits im großen Zimmer versammelt; es war ja das einzige, das geheizt werden konnte. Nicki saß am Klavier. Neue Texte wurden besprochen. Der Einzug der Sitzbadewanne in den »Salon« wurde verhältnismäßig gleichgültig aufgenommen.

Wir stellten einen Paravent vor den Kanonenofen. Wir holten einen großen, mit Wasser gefüllten Kessel und setzten ihn auf. Wir sagten: »Wenn das Wasser heiß ist, werden wir baden. Deswegen braucht ihr nicht zu gehen.« Auch das wurde mit Gleichmut hingenommen. Als das Wasser heiß war, ließ Hilli mir liebenswürdigerweise den Vortritt. Ich durfte zuerst, dann kam Hilli in meinem Wasser dran. Und während vor dem Paravent Pläne, Proben und Programme besprochen wurden und auch ich, im Gefühl blitzender Sauberkeit, meinen Senf dazugab, sang Hilli hinter dem Paravent: »Laß mich dein Badewasser schlürfen, laß mich dich abfrottieren dürfen.«

Bis dann endlich auch aus dem Hahn heißes Wasser lief und die Glaskugel aus dem Badezimmer verschwunden war, wechselten wir uns zweimal in der Woche ab. Erst sie, dann ich. Erst ich, dann sie.

Wer als erster den Einfall und die Initiative gehabt hatte, ein Kabarett zu machen, das sich die Themen aus der Zeit holt, Themen, die hautnah sind, die auf den Nägeln brennen, weiß ich nicht. Jedenfalls war Rudi Schündler unser »Direktor«. Zu gleicher Zeit hatten natürlich viele die gleiche Idee, und so schossen die Kabaretts aus der Erde: »Die Hinterbliebenen«, das »Kom(m)ödchen«, »Der schwarze Jahrmarkt« und viele andere. Kabarettisten zu bekommen war damals gar nicht so schwer. Noch waren nicht alle Theater wieder geöffnet, noch suchten viele Schauspieler eine künstlerische Heimat oder, profaner ausgedrückt, ein Engagement, das ihnen ein Existenzminimum garantierte. Und alle wünschten sich ja nichts sehnlicher, als endlich wieder spielen zu dürfen. Trotz noch chaotischer Zustände (keine Kohlen, wenig zu essen, klägliche Wohnverhältnisse) war jeder bereit, dort anzupacken und mitzuhelfen, wo er gerade gebraucht wurde. So war anfangs das Ensemble der »Schaubude« recht stattlich.

Wir hatten das große Glück, daß Erich Kästner für uns schrieb, auch Axel von Ambesser, Herbert Witt und viele andere. Wir hatten das Glück, daß Professor Edmund Nick unser Komponist und musikalischer Leiter war und Helmuth Krüger ein blitzgescheiter Conférencier. Man konnte so richtig aus dem vollen schöpfen.

Die Proben waren herrlich. Kästner schrieb für mich das »Marschlied 1945«. Ein Mädchen mit Rucksack auf der Landstraße. Sie singt:

ERICH KÄSTNER · MARSCHLIED 1945

1. In den letzten dreißig Wochen
zog ich sehr durch Wald und Feld.
Und mein Hemd ist so durchbrochen,
daß man's kaum für möglich hält.
Ich trag Schuhe ohne Sohlen,
und der Rucksack ist mein Schrank.
Meine Möbel hab'n die Polen
und mein Geld die Dresdner Bank.
Ohne Heimat und Verwandte,
und die Stiefel ohne Glanz –
ja, das wär nun der bekannte
Untergang des Abendlands!

Links, zwei, drei, vier,
links, zwei, drei –
Hin ist hin! Was ich habe, ist allenfalls:
links, zwei, drei, vier,
links, zwei, drei –
Ich habe den Kopf, ich hab ja den Kopf
noch fest auf dem Hals.

2. Eine Großstadtpflanze bin ich.
Keinen roten Heller wert.
Weder stolz, noch hehr, noch innig,
sondern höchstens umgekehrt.
Freilich, als die Städte starben ...
als der Himmel sie erschlug ...
zwischen Stahl- und Phosphorgarben –
damals war'n wir gut genug.
Wenn die anderen leben müßten,
wie es uns sechs Jahr geschah –

doch wir wollen uns nicht brüsten.
Dazu ist die Brust nicht da.

Links, zwei, drei, vier,
links, zwei, drei –
Ich hab keinen Hut. Ich habe nichts als:
links, zwei, drei, vier,
links, zwei, drei –
Ich habe den Kopf, ich hab' ja den Kopf
noch fest auf dem Hals!

3. Ich trag Schuhe ohne Sohlen.
Durch die Hose pfeift der Wind.
Doch mich soll der Teufel holen,
wenn ich nicht nach Hause find.
In den Fenstern, die im Finstern
lagen, zwinkert wieder Licht.
Freilich nicht in allen Häusern.
Nein, in allen wirklich nicht...
Tausend Jahre sind vergangen
samt der Schnurrbart-Majestät.
Und nun heißt's: Von vorn anfangen!
Vorwärts marsch! Sonst wird's zu spät!

Links, zwei, drei, vier,
links, zwei, drei –
Vorwärts marsch, von der Memel bis zur Pfalz!
Links, zwei, drei, vier,
links, zwei, drei –
Denn wir hab'n ja den Kopf, denn wir hab'n
ja den Kopf
noch fest auf dem Hals!

Aus: Erich Kästner, »Der tägliche Kram«, Droemer Verlag, München, Atrium Verlag, Zürich

Abends, in der Wildenhainschen Wohnung, spielte uns Professor Edmund Nick, zärtlich Nicki genannt, am Flügel die Musik dazu und zu vielen anderen Chansons, die damals aus der Taufe gehoben wurden. Erich Kästner las uns neue Sachen vor. Axel von Ambesser amüsierte sich oft so sehr über seine Texte, daß er sich vor Lachen verschluckte. Wir lachten mit ihm, denn sein trockener, kauziger, völlig unsentimentaler Humor war umwerfend. Karl Schönböck, Tschampi genannt, probierte mit Karl John ein Chanson von Kästner mit dem Refrain: »Ja, ja, wir Ostmärker, pardon, pardon wir Österreicher.« Herbert Witt schrieb mir ein Chanson über die Gruselfilme von J. Arthur Rank, die gerade große Mode waren: »Ich brauche das für meine Nerven, das Grusel, Greuel, Grauen als Extrakt, man muß doch endlich mal die Nerven schärfen, denn vierzehn Jahre war'n sie ja nur in Samt verpackt«, oder er machte sich lustig über die ständige Schlagerberieselung in der »Stimme Amerikas«. Man ließ uns, wir durften.

Das allererste Programm der »Schaubude«, vor der offiziellen Eröffnung in der Reitmorstraße, fand noch in den Münchener Kammerspielen statt und war eher das, was man unter einem sehr hübschen »bunten Abend« versteht, eine Art »Test«, wie man heute sagen würde, mit Ausdruckstanz, alten Texten von Tucholsky, Ringelnatz und vielen anderen.

Aber bis zur ersten »richtigen« Vorstellung der »Schaubude« verging noch viel Zeit. Das kleine Theater in der Reitmorstraße hatte heftig unter Bomben gelitten. Wir halfen mit aufbauen, wir probierten mit Hingabe auf einer eiskalten Bühne. Wir wärmten uns am einzigen Kanonenofen, der in der Garderobe stand. Ein amerikanischer Freund hatte mir seinen Jeep überlassen, das durfte er natürlich nicht – aber er tat es. In diesem Jeep wurden Kulissen, Kohlen, Bretter, Zement, Stühle und viele andere notwendige Sachen befördert. Ich will nicht gerade sagen, daß ohne den Jeep die »Schaubude« nicht aufgebaut worden wäre, aber er hat uns schon sehr geholfen. Im Winter wurde er mit Brettern verschalt, und die Leute sagten: »Seht, da kommt die Ursel mit ihrem Scheißhäusl.«

Rudi Schündler führte Regie und stellte mit Helmut Krüger die Nummern zusammen.

Die Themen waren im Jahre 1946: die Kriegsgefangenen, die Wohnungsnot, der schwarze Markt, die Zonen, die Sperrstunde, der Persilschein (Entnazifizierung), die Menschen auf der Landstraße, die Amerikaner in Bayern, die Veronikas, Maschin' kaputt, Hitler im Jahre 2000 oder als Held in einem japanischen Theaterstück, Agnes Bernauer als traurige Heldin der Bayernpartei ... Lustiges neben Ernstem, Aufruf und Anklage, ein bißchen Trauer um verlorengegangene Romantik, Zartes und Groteskes – ein großes Aufgebot, taktvoll und witzig, verbunden durch die Conférence von Helmuth Krüger.

Kurz vor der Premiere pflegte sich herauszustellen, daß ein wichtiger Text fehlte oder daß man noch ein Chanson brauchte, um ein paar ganz unmögliche Lükken zu stopfen, ja, und das sollte dann am besten was ganz Lustiges sein. »Ruf Herbert Witt an, er soll was Lustiges für die Ursel schreiben«, schrie Rudi Schündler vier Tage vor der Premiere. Ja, was denn? »Ach, der hat bestimmt eine Idee.«

Also setzte Herbert sich hin und schrieb nach der Melodie von »Don't fence me in« die Abenteuer eines jungen Mädchens, das unter amourösen Begleitumständen durch alle vier Besatzungszonen reist. Als ich es bekam, legte ich es angeekelt weg und sagte: »Ich weiß nicht, das ist doch ein bißchen billig, wie?« (Ich wollte auf keinen Fall zu komisch sein, ich sah mich nur als flammende Sendbotin.) Es wurde ein solcher Lacherfolg, daß ich noch im nachhinein den Herbert auf meinen beiden wunderschönen Knien um Verzeihung bitten möchte.

Endlich stand alles. Wir hatten vier Wochen probiert. Noch war die Bestuhlung aus Augsburg nicht da. Nach der Hauptprobe kam sie. Wir halfen alle, die Stühle im Saal festzumachen. Um die Ecke, in der »Klarer Mühle«, hatte die Wirtin ein großes Herz für die »Hampelmänner«. Dort saßen wir am runden Stammtisch hinten rechts in einer Nische, tranken roten Wein, waren unbeschreiblich aufgeregt und warteten mit Herzklopfen auf den nächsten Tag. Um sechs Uhr abends sollte der Vorhang aufgehen. Man fing so früh an, weil es noch Ausgangsverbot ab zehn Uhr abends – »curfew« – gab. Im Hof der »Schaubude«, die ganze Straße wurde noch von zerstörten Häusern beherrscht, standen zwei Lorbeerbäume. Einer der beiden Direktoren, Rudolf Schündler oder Eberhardt Schmidt, hatte sie aufgetrieben. Blumen waren kaum zu bekommen.

Die Menge strömte. Wir saßen in der Garderobe und sagten »toitoitoi«. Der einzige, der eine olympische Ruhe ausstrahlte und in seinem herrlichen baltischen Dialekt sagte: »Aberr Kinderrchen, was ist denn? Es muß ja wärden«, war Helmuth Krüger, der König der Conférenciers. Heute gibt es so etwas nicht mehr im Kabarett. Ein Conférencier – man muß es, glaube ich, erklären – ist jemand, der durch seinen Witz und seine Gescheitheit die einzelnen Nummern zusammenhält. Helmuth Krüger war einmalig. Es kam gelegentlich vor, daß etwas »nicht ankam«; damit hielt er sich nicht auf, er ritt darüber hinweg, und schon kam die nächste gescheite Pointe. Voll heiterer Boshaftigkeit verschleuderte er Blitze und ritt Attacke. Stets gesammelt, stets wach – man dachte gar nicht daran, daß er damals schon ein älterer Herr war –, verstand er es, die Menschen mitzureißen und trotz der Schnelligkeit, mit der er seine Pointen prasseln ließ, zum Mitgehen, zum Nachdenken zu bringen (und dies niemals mit erhobenem Zeigefinger), um sie dann dem innigen Vergnügen des Genießens zu überlassen.

Um sechs Uhr also, es war im April 46, ging »der Lappen« hoch. Schon nach den ersten drei Minuten war der Kontakt da. Als ich den letzten Ton des »Marschliedes« gesungen hatte, sprangen die Menschen von den Sitzen auf, umarmten sich, schrien, manche weinten, eine kaum glaubliche »Erlösung« hatte da stattgefunden. Das lag nur zum kleinen Teil an mir, es war einfach das richtige Lied, richtig formuliert, richtig gebracht, im richtigen Moment!

Das kommt selten vor, ist kaum zu wiederholen. Diese Premiere in der »Schaubude« war ein so großer Erfolg, daß unser Irrtum, wir könnten auf diese Weise »erzieherisch« wirken und die Menschen zu Demokraten machen, verzeihlich ist. Noch schwammen wir auf der Welle der Begeisterung.

ANGSTTRAUM

Ich saß in der Trambahn und war nackt
und hatte schmutzige Füße.
Mein großer Zeh war giftgrün gelackt,
der Schaffner, der sagte »Du Süße«;
ein Fräulein nahm sich mein linkes Ohr,
es sei nicht mein's, es sei Erikas.
Auf der Plattform sang ein Lemurenchor
»Das ist die Stimme Amerikas«.
Da füllte ich meinen Kopf mit Salz
und preßte ihn still an die Hüfte
und schrie: »Er sitzt ja nicht mehr auf dem Hals!«
Drauf hob ich mich in die Lüfte.
Auf meinem Kopf saß grau eine Maus,
ich dachte: »Mein Gott, die wächst nicht!«
Die sah wie der Erich Kästner aus
und sagte: »Du kannst deinen Text nicht.«
Ich flog verschreckt um die Schaubude rum
und mußte ganz plötzlich weinen.
Und dann bewarf mich das Publikum
mit lauter harten Steinen.
Es war nicht schön und ich starb dann gleich.
Und ich flehte: »Ach laß mich erwachen!«
Und als ich erwachte, da war ich bleich;
nein, wirklich, es war nicht zum Lachen!

Ursula Herking

Seither haben viele Kabaretts das Licht der Welt erblickt, die entweder sanft entschlafen oder freiwillig aus dem Leben geschieden sind. Heute mangelt es vor allem an treffsicheren Texten. Die Zeit ist nicht besonders dazu angetan, an ihr seinen Witz zu entzünden. Mord, Totschlag und Verrat charakterisieren sie. Sich mit diesen Spielarten der Vernichtung auf einer Kabarett-Bühne zu befassen – dazu bedarf es eines Dichters, der über einen makabren Humor verfügt und dessen Worte wie Peitschenhiebe von der Bühne herunterschnellen, und auch dieses kann man nicht lange verkraften.

Ich habe nicht sehr viel Kabarett in der letzten Zeit gesehen, aber eine junge Kabarettistin, die mich in uferloses Entzücken versetzte, gibt es heute in Berlin. Sie heißt Ortrud Beginnen. Ich bin ganz sicher, daß auch an ihrer Wiege jenes Wesen mit dem übergroßen, reich mit Blumen und Disteln garnierten Hut gestanden und mit ausgestrecktem Finger auf sie gezeigt hat.

Die »Person« zertrümmert Stilmöbel, meine Kinder vernichten einen Kronleuchter. Adolf wird schwanger, und Peter verteilt Aspirin

Während der Schaubudenzeit fiel die Gunst eines drahtigen jungen Mannes mit voller Wucht auf mich. Niemand wußte, wie er hieß. Wir nannten ihn »die Person«. Er fuhr einen großen offenen Wagen und schmiß mit Geld nur so um sich; es war noch vor der Währungsreform. Fast jeden Abend saß er in der Vorstellung. Zwischen Mülltonnen im Hintergärtchen der »Klarer Mühle« machte er mir einen Heiratsantrag, den ich natürlich nicht ernst nahm und der auch nicht ernst gemeint war; es war so wie bei Kindern, wenn sie »Heiraten« spielen. Dann fuhren wir in irgendeine Nebenstraße, dort zeigte er mir mit vornehmer Geste ein ausgebranntes kleines Schloß: »Da werden wir später wohnen.«

Aus »schwarzen« Quellen verschaffte er sich ungeheure Blumenmengen und veranlaßte, daß jeden Abend zwei Blumenkörbe vor mich hingesetzt wurden. Dazu hatte er irgendwelche Knaben gedungen, die sich beim Schlußapplaus, wenn alle auf der Bühne standen, mir nichts dir nichts aus den Kulissen schlängelten.

Das war mir nun wahnsinnig peinlich, ich wußte auch nicht mehr, wohin mit den Blumen, obwohl ich haufenweis verschenkte. Und außerdem sagte Rudi Schündler mit Recht, das muß aufhören, und sprach ein ernstes Wort mit ihm. »Die Person« erwiderte: »Selbstverständlich, mein lieber Rudi.«

Am nächsten Abend, beim Schlußapplaus, regnete es Blumen, wie nach einem russischen Ballett, auf das ganze Ensemble herunter. Fünf oder sechs oder zehn Knaben warfen sie anmutig vom Rang herunter. Das war das Ende der Blumenorgie.

Eigentlich waren wir froh, wir alle – denn das gesamte Ensemble nahm ja an dieser seltsamen Freundschaft zwischen »der Person« und mir teil –, als er sagte: »Ich fahre jetzt weg, bin in vier Wochen wieder da. Ich besuche dich dann in der Reitmorstraße 30, nachmittags um drei.« – »Gut«, sagte ich, »dann mach das mal.«

Nach vier Wochen, gerade an diesem Nachmittag, ich hatte völlig vergessen, daß »die Person« zurückkommen würde, ergab es sich, daß ich mit Annie, den Kindern und ihren Freunden und Freundinnen im überquellenden Jeep einen kleinen Badeausflug machte. Als wir nach Hause kamen, saß Hilli heulend, zwischen fünf zerbrochenen Stühlen, in unserem Zimmer. »Die Person« war pünktlich um drei Uhr dagewesen, hatte eine halbe Stunde gewartet, und als ich dann immer noch nicht da war, hatte er fünf »Stilstühle« schlicht durchs Fenster auf die Straße geworfen, um dann, leider ohne Hinterlassung eines Schecks, für immer aus meinem Leben zu verschwinden.

Andere kriegen Perlen und Brillanten – ich Blumen, die schnell welken, und eine Rechnung für die Reparatur kaputter Stühle. Trotzdem: Danke für die Blumen!

Die Agentur Maier und Greving hatte mit viel Mühe eine Zettelkartei eingerichtet, in der alle Schauspieler und Schauspielerinnen, die sich bis jetzt gemeldet hatten, eingetragen waren. Es war an einem Wochenende; meine Kinder und der Sohn von Hilli langweilten sich und strichen lärmend durch die Wohnung. Plötzlich unheimliche Stille... Wir fanden sie alle drei im Büro damit beschäftigt, aus den vielen Karteizetteln kleine Papierflugzeuge zu falten, die sie aus dem Fenster segeln ließen. Unten auf der Straße konnten wir dann noch einige auflesen.

Am gleichen Tag kamen sie auf die glänzende Idee, Tarzan zu spielen und sich mittels des Kronleuchters auf den gegenüberliegenden Schreibtisch zu schwingen. Das ging dreimal gut. Beim viertenmal fiel der Kronleuchter herunter. Das war schlecht für die Nerven von Professor Biermann (Hillis Vater) und katastrophal für meinen Geldbeutel.

Auch die zahllosen Ruinen wurden von unseren Kindern erforscht, und sie lasen auf, was herumlag, trotz strikten Verbotes und der Tatsache, daß schon einige Kinder von Blindgängern und beim »Bearbeiten« von Munition zerrissen worden waren. Erst viele Jahre später erzählte mir mein Sohn, daß er mit seinem Freund ein ganzes »Waffenarsenal« gesammelt hatte. Mir wurde noch im nachhinein schlecht. Man konnte den Lausern ja nicht auf Schritt und Tritt folgen.

Damals badeten ganze Scharen von Kindern in der Isar, unterhalb des »Friedensengels«. Einmal überraschte ich sie dort, wo sich ein schwarzer Markt etabliert hatte, wie sie mit Hingabe »Kümmelblättchen« spielten, natürlich gegen Einsatz. Geld hatten sie immer, weiß der Teufel, woher. Sie klauten Zigaretten und tauschten. Sie verscherbelten alles, was ihnen in die Finger kam. Alle taten das damals. Dort plätscherten auch kleine Wasserfälle, und die Kinder fanden es herrlich, sich dahinter zu verstecken, was, wenn sie auf den nassen Steinen ausrutschten, nicht ungefährlich war. Ich war immer ganz aufgelöst vor Angst. Auch auf dem Schulweg müssen sie unzählige Abenteuer erlebt haben.

Sie saßen aber auch während der Proben in der »Schaubude«, kannten das ganze Programm auswendig, hingen an Helmuth Krüger und seiner Tochter Hella herum, waren aber weder altklug und anmaßend noch »verdorben und schlecht«. Das war alles selbstverständlich für sie.

Annie allerdings schlug die Hände über dem Kopf zusammen, als sie beim Entleeren eines ihrer vielen Bündel feststellte, daß sechs silberne Löffel fehlten. Wir fanden, daß es an der Zeit wäre, die Kinder mal für vier Wochen in die Ferien aufs Land zu schicken. Ich hatte hilfsbereite Freunde in Österreich, in Bad Aussee.

Bis nach Salzburg schmuggelte sie mein ebenso hilfsbereiter Freund im Kofferraum seines Wagens. Dort wurden sie abgeholt und kamen nach vier Wochen dick und rund, aber keineswegs sehr geläutert zurück. Als wir bei einer Freundin in Grünwald waren, benutzten sie die Abwesenheit des Hausherrn, um sich klammheimlich die Ersatzautoreifen (damals eine veritable Kostbarkeit!) aus der Garage zu holen, nicht etwa um sie einzutauschen, sondern um sie als Schwimmringe zu benutzen und damit selig auf der Isar herumzutreiben.

Monika Greving – mit unserem »Agentur-Greving« nicht verwandt – stand eines Tages vor der »Schaubude«, Rudolf Schündler hatte sie zum Vorsprechen bestellt. Aber sie traute sich nicht herein, weil irgendein Witzbold ihr gesagt hatte: »Jetzt geht es nicht, die Kinder von Frau Herking sitzen im Zuschauerraum«, und auch weil sie vor Angst und Lampenfieber so geschüttelt war, daß sie am liebsten wieder umkehren wollte.

Sie war ein ungemein apartes Mädchen, mit schwarzen Haaren, blauen Augen und einer schmalen Figur. Sie sah aus wie ein verwegener Gamin. In diesem Augenblick war allerdings das einzig Verwegene an ihr eine kleine Baskenmütze, die rot und frech auf dem schwarzen Haar saß. Ich nahm sie bei der Hand und sagte: »Kommen Sie nur mit rein, kein Mensch frißt Sie, und wenn Rudi Sie sieht, schmilzt er sowieso hin. Meine Kinder sitzen oft im Zuschauerraum, das hat gar nichts zu sagen, die sind freundlich, und so weiß ich wenigstens, wo sie sind, und muß nicht Angst haben, daß sie wieder in den Ruinen herumwühlen.«

Sie sprach vor, sie sang ein kleines Lied, unmittelbar

und charmant, und wurde an die »Schaubude« engagiert. Als sie im Goldkleid ihr erstes Chanson »vorm Vorhang« sang – »Ja das mit der Liebe, das ist so« –, da eroberte sie alle Männerherzen.

Monika kam aus Breslau. Sie hatte als Assistentin bei ihrem Mann, einem Arzt, gearbeitet; die Ehe war geschieden worden. Moni, wie wir sie nannten, fügte sich schnell bei uns ein, und wenn Not am Mann war, half sie so gut wie ein Hausarzt, legte Kompressen auf, machte Verbände und gab vernünftige Ratschläge. Ich taufte sie losen Mundes »die Sanitätssoubrette«.

Damals war eine ziemlich hysterische Kuh bei uns engagiert, die zwar sehr hübsch, aber auch sehr unbegabt, dafür aber gerade die Favoritin von unserem leicht entflammbaren Rudi war. Sie sprach mit affektiertem amerikanischen Akzent, und wenn ihr was nicht paßte, flüchtete sie sich in einen Ohnmachtsanfall. Als das wieder einmal passierte, schmierte Moni ihr mit ihrer kleinen kräftigen Hand ein paar Ohrfeigen. Die war aber ganz schnell wieder da.

Moni erzählte die komischsten Dinge mit einer ungemein nöligen Stimme. Wenn sie so langsam und genüßlich jemanden »in der Luft zerriß« (ihre anfängliche Schüchternheit war längst verschwunden), schwammen die Pointen noch lange Zeit wie kleine Ölflecke auf dem »tiefen Wasser«. Sie lebte mit einem Schauspieler zusammen. Sie hatte eine Katze, die sie, in Verkennung des Geschlechtes und aus schierer Lust am Schrecklichen, »Adolf« genannt hatte. Eines Nachts wurde Adolf, auf den Dächern herumstreunend, geschwängert. Immer dikker wurde er. Es war ganz klar, Adolf würde werfen.

Als es soweit war, sagte Monika, die sich auch mit schwangeren Katzen auskannte, zu ihrem Freund: »Hör zu, ich muß jetzt zur Vorstellung. Wenn das erste Kätzchen da ist, nimmst du einen kleinen Wattebausch, tauchst ihn in Äther und hältst ihn Adolf vorsichtig vor die Nase, damit dann die anderen Kätzchen leichter kommen.« – »Jawohl«, sagte er, etwas befangen in seiner neuen Würde als Katzen-Hebamme, »dies werde ich tun.«

Am nächsten Abend erkundigten wir uns aufgeregt, wieviel Kinder Adolf nun zur Welt gebracht habe. »Fünf«, sagte Monika. »Als ich nach Hause kam, waren alle da, Adolf ging's prima. Nur Curt lag bewußtlos neben dem Körbchen. Entweder er hat den Äther nicht vertragen, oder er hat die Nasen verwechselt.«

Purzelbäume und andere Albernheiten. Die Hexe mit dem grünen und dem braunen Auge. Liebeszauber

Wir probierten ein neues Programm in der »Schaubude«, und ich sauste, enerviert von den Vorwürfen Annies, der die Kinder langsam entglitten, zwischen den Proben und der Suche nach den lieben Kleinen herum. Gott sei Dank tauchte Peter auf, er war Arzt und half, wo er konnte; alle in der »Schaubude« liebten ihn. Im Gegensatz zu »meinem« Peter besaß er keinen hilfreichen Jeep – dafür verband er den Kindern die zerschundenen Knie, kümmerte sich rührend um Annies böse Furunkulose, verteilte Aspirin, machte Umschläge und war immer da, wenn man ihn brauchte. Und Siegfried Brandl, mein kleiner hilfsbereiter Freund aus Deggendorf, kam nach München. Er hatte sich entschlossen, Schauspieler zu werden, und fühlte sich auch sonst für vielerlei verantwortlich: er stiftete Frieden zwischen den Kindern, wenn sie sich wieder mal in den Haaren lagen, beruhigte Annie, tröstete Hilli, wenn sie sich in einer ihrer üblichen ungeheuren Herzenskrisen befand, und verbreitete, wo er sich auch blicken ließ, Optimismus und gute Laune.

Wir gingen mit der »Schaubude« auf Tournee, überall jubelten uns die Menschen zu. Wir sahen zum erstenmal das Kom(m)ödchen aus Düsseldorf, das zu uns mit einem Gastspiel kam, und waren beeindruckt von der Präzision und dem scharfzüngigen Witz dieses Kabaretts. Wir erlebten Werner Finck und Walter Kiaulehn im Gonghaus in einer Darbietung, die sie »Schmunzelkolleg« nannten, und begrüßten ein ganz neues Kabarett: »Die Hinterbliebenen«. Aus Berlin hörten wir von einem Kabarett, das einen ausgezeichneten Ruf hatte, es hieß »Der schwarze Jahrmarkt«. Aus ganz Deutschland hörten wir von großartigen Theateraufführungen, von beispielhaften Inszenierungen von Fehling und Gründgens, und in München sahen wir eine unvergeßliche Aufführung von Thornton Wilders »Wir sind noch einmal davongekommen«.

Auf den Autobahnen waren überall Schilder angebracht, auf denen stand: »Drive carefully, death is so permanent.« Der Verlag Kurt Desch brachte seine ersten Bücher in Form von losen Blättern heraus, was Helmuth Krüger kommentierte: »Read carefully, Desch is so permanent.« Es war ja wirklich egal, wie die Bücher aussahen. Wichtig war allein, daß wir wieder lesen durften, was wir wollten.

Alle diese Dinge stimmten uns zuversichtlich, bestärkten uns in der Hoffnung, wir dürften uns zu Recht als Mitbegründer und Mitstreiter eines neuen »freien Zeitalters« fühlen.

Ich hatte mir eine Nummer geschrieben, von deren einmaliger Qualität ich als einzige überzeugt war. Eine Art »surreal-humoristische«, tief hintergründige Angelegenheit. Ich stellte mir vor, daß ich von der Mitte der Bühne mit Purzelbäumen bis vorn an die Rampe rolle, mich erschreckt aufsetze und sage: »Ah, da ist ja auch das Meer.« Mich sodann erhebe, in die leere Luft sage: »Wie bitte? Ach so, Garderobenzwang.« Sodann mein Nachthemd ausziehe – aber darunter ein schwarzes Trikot anhabe. Nun schwebt ein roter Strumpf vom Bühnenhimmel auf mich zu.

Was ich mir dabei eingebildet habe, weiß ich heute auch nicht mehr, es sollte wohl eine politische Hintergründigkeit haben, die außer mir keiner begriff und auch nicht begreifen konnte. Jedenfalls gipfelte dieser Unsinn in dem mehrmalig gesungenen, von grotesken Hupfern begleiteten Bekenntnis: »Ach wie gut, daß niemand weiß, daß ich Rumpelstilzchen heiß.«

Niemand traute sich so recht, mir ehrlich zu sagen, was ich da für eine Scheiße gebaut hatte. Und so mußte ich mal wieder Annies Lieblingssatz befolgen: »Was du dir da eingebrockt hast, mußt du jetzt auch selber auslöffeln.« In der Premiere lachten ein paar »Herking-Fans«. Höflicher Beifall.

Und was für Vorbereitungen hatte diese Nummer erfordert! Vier Wochen lang war ich jeden Tag zu einem Sportlehrer gegangen, hatte verbissen auf der Matte Purzelbäume und Überschläge probiert, und während mir das Blut überreichlich in den Kopf stieg, hatte ich immer neue Einfälle, die ich dann sofort zu Papier brachte.

Mir ist in dieser Zeit überhaupt einiges zu Kopf gestiegen. In der Zeitung stand plötzlich »die« Herking.

Manche fanden mich sogar »einmalig«. Das bekam mir nicht. Höchste Zeit, daß ich wieder auf die Erde zurückkehrte.

Ich spielte diese Nummer ein ganzes Programm lang. Jeden Abend. Ich hatte begriffen, daß sie schlecht war, aber anstatt Rudi Schündler zu bitten, sie streichen zu dürfen, war ich bockig und machte weiter. Am meisten genierte ich mich vor Erich Kästner, weil ich während meiner »dichterischen Phase« oft gedacht hatte: »Na, gar nicht so schlecht, Erichs Sachen sind doch viel zu vordergründig, man muß den Menschen mit ›Phantasie‹ kommen.« Von Phantasie habe ich damals überhaupt viel gequasselt. Es gab ja immer welche, die mir zuhörten.

Nun hatte ich also diese Nummer am Hals, und statt zu versuchen, sie mit äußerster Präzision zu spielen oder wenigstens den guten Verbesserungsvorschlägen von Herbert Witt zu folgen, pflegte ich fortan, um die Angst vor meinem Auftritt zu betäuben, in der Pause einige zu kippen. Ich fühlte mich dann freier und kam mir gelegentlich sogar hervorragend vor. Alle bessere Einsicht verflüchtigte sich im Alkohol, und ich purzelte, hopste, sprang, schlurte mit der Sprache, und nun begriff überhaupt niemand mehr, was ich meinte.

Eines Abends rollte ich also wieder nach vorn an die Rampe, rollte weiter und fiel in den eineinhalb Meter tiefen Orchestergraben. Einer der Musiker hob mich auf und setzte mich auf die Rampe. Ich sagte: »Ach, da ist ja auch das Meer«, und bekam das erste Mal richtigen Applaus. Wie ich die Nummer zu Ende spielte, weiß ich nicht mehr. Von da an aber habe ich nie mehr vor der Vorstellung auch nur einen einzigen Tropfen Alkohol getrunken. Ich konnte mal wieder auf meinen Knien danken, daß ich mir nichts gebrochen hatte. Nur mein verlängerter Rücken färbte sich, wie nach einer unbeschreiblichen Tracht Prügel, von Rot über Blaugelb bis Lila. Ich schämte mich entsetzlich. Helmuth Krüger legte seine Hand auf meine Schulter und sagte: »Das war höchste Zeit, Ursula!«

Beate von Molo sah als erste, daß ich in der »Schaubude« nicht mehr ganz das leistete, was ich eigentlich hätte leisten müssen. Alle jubelten mir zu, sie aber meinte: »Du schlampst.« Das hört man nicht gern, vor allem dann nicht, wenn alle anderen das Gegenteil behaupten.

Beate hat ein grünes und ein braunes Auge und die Fähigkeit, sehr beharrlich zu sein, wenn sie sich mal was in den Kopf gesetzt hat. Ich nannte sie heimlich »die Hexe«. So hatte sie sich zum Beispiel in den Kopf gesetzt, daß ich gefälligst, wie früher, gründlich über das nachdenken sollte, was ich auf der Bühne zu sagen hatte. Das klingt so einfach und selbstverständlich, ist es aber keineswegs. Dieses Nachdenken über Rolle und Text wird nur allzu oft, sozusagen vor lauter Begabung, vergessen. Mit Begabung, mit Temperament und »Röhre« kann man sich und auch anderen eine ganze Weile lang etwas vormachen. Aber das ist gefährlich, es führt dazu, daß man die Unmittelbarkeit verliert und sich in die Routine rettet. Und das sah Beate kommen, und deshalb begann sie, mit mir zu arbeiten.

Geduldig, immer wieder unterbrechend, jeden Satz, jeden Vers auf ihren Inhalt abklopfend, erarbeitete sie mit mir das herrliche Chanson von Kästner: »Drei Jahre sind es jetzt im Mai, da war der Totentanz vorbei, da starb das große Sterben.« Ich war bockig, ich sperrte mich, aber ich habe es dann doch, glaube ich, sehr gut »gebracht«. Es ist immer wieder dasselbe: ohne Regisseur bleibt die Hälfte unterwegs liegen, weil man sich ja nicht selber zuhören und zusehen kann. Beate hat mich ein ganzes Stück weitergebracht.

Einmal gab sie mir einen herrlichen Rat. Ich hatte mal wieder Liebeskummer mit meinem amerikanischen Freund Peter, dem überaus netten mit dem Jeep. Ich litt darunter, daß er »fremd« ging. Ich arbeitete ohne Konzentration, seufzte wie ein Mädchen bei Hofmannsthal und war bereit, jeden Augenblick in Tränenfluten zu versinken. Beate nahm davon überhaupt keine Notiz. Nach der Arbeit sagte sie zu mir:

»Benimm dich nicht wie ein Dienstmädchen, wenn du schon unbedingt deinen Peter haben willst. Ich sehe schon, wie du, ausgerechnet du, in einer amerikanischen Musterküche mit Blumenvorhängen ihm morgens den Tee eingießt – lächerlich! Aber bitte, wenn du ihn schon haben willst, dann mußt du das anders anstellen. Wenn er dich heute abend nach der Vorstellung besucht, bist du einfach nicht zu Hause, dann wird er weggehen und sich nichts dabei denken. Das wirst du vier Abende hintereinander tun. Spätestens am dritten Abend wird er anfangen, dich zu suchen. Während dieser Zeit schläfst du bei uns. Wenn er dann kommt, werde ich behaupten, ich wüßte auch nicht, wo du steckst, und wenn er am Bühnenausgang wartet, werden wir ihm sagen, du seist schon weggegangen.«

So geschah es: Ich saß heimlich in der Garderobe, immer drauf und dran, herauszustürzen und ihm mit einem »Alles erlogen! Hier bin ich!« in die Arme zu sinken. Aber ich hielt durch. Am nächsten Abend erschien er dann mit zitternden Knien und einem großen Blumenstrauß und war mir von jetzt an treu – zumindest für die nächsten vier Wochen.

HOFFNUNGSVOLLE LIEBESKLAGE

Ich liebe dich
und schmiege mich
an deine breite Brust,
du bist gefaßt
und leicht erblaßt
erträgst du meine Lust.
Du denkst dabei
an »Loreley«,
dein blondes Liebesglück,
sie war gemein
und gar nicht fein,
doch du wünschst sie zurück!
Nun leidest du,
oh, diese Kuh
war ekelhaft zu dir,
doch stundenlang
ertönt dein Sang
von ihr, von ihr, von ihr!
Ich bin dein Müll,
ich halte still
und hör geduldig zu.
Mal ist's soweit,
mal kommt die Zeit,
Dann, lieber Mann, sagst du:
»Ich liebe dich
und schmiege mich
an deine kleine Brust.«
Und nicht gefaßt,
Doch leicht erblaßt
Ertrag ich deine Lust?

Ursula Herking

Neues Geld und alte Wünsche. Endlich Herking 1 x klingeln. Und wieder eine Auslöffelei

Und plötzlich war die Währungsreform da. Das Geld wurde knapp, dafür gab es nach und nach wieder alles zu kaufen. Und nach und nach wurde die Bereitschaft des Publikums, »ins Theater zu gehen«, sich erschüttern oder begeistern zu lassen, schwächer. So nach und nach wollte sich kaum einer mehr so recht für »Demokratie« interessieren oder gar engagieren. Geld floß in die Wirtschaft; Deutschland, oder besser der Bundesrepublik, wurde wieder auf die Beine geholfen. Man baute auf, aus, an, war fleißig und emsig. Ob einer Nazi gewesen war, interessierte eigentlich nicht mehr. Die Bereitschaft, zu vergessen, war begreiflich, war menschlich – aber Hand in Hand mit dieser Art von Vergeßlichkeit ging die Gleichgültigkeit. Wer sich gestern noch leidenschaftlich dafür eingesetzt hatte, zu unserem Teil wiedergutzumachen, was in unserem Namen verbrochen wurde – der sagte nun: Laßt mich in Ruhe, ich muß erst mal zusehen, wo ich bleibe. Schließlich will auch ich ein Stück von dem Kuchen haben.

Und wir standen nicht etwa abseits, wir machten da ganz schön mit, wir wollten keineswegs leer ausgehen. Und so nach und nach, klanglos, ohne viel Aufsehen zu erregen, ging die »Schaubude« ein und lebte fortan nur noch bei wenigen in der Erinnerung.

Natürlich wurde weiter Kabarett gemacht. Woanders. Viele neue Kabaretts wurden gegründet. Nur das Kom(m)ödchen in Düsseldorf blieb und ist heute noch da mit seinem ganz eigenen, unverwechselbaren Stil, der ohne Kay und Lore Lorenz nicht denkbar wäre.

Ich hörte auch nicht auf, Kabarett zu machen. Nur

mußte ich jetzt klar und unsentimental erkennen: Was ich mir als »Botschaft des Kabaretts« eingebildet hatte, war Quatsch. Ich mußte kapieren, daß man sich bescheiden muß, daß man keineswegs der Nabel der Welt ist, daß es immer nur einen kleinen Kreis von Menschen geben wird, der sich für diese Art des literarisch-politischen Kabaretts interessiert, und daß dies völlig natürlich und begreiflich ist. Und daß man sich eben mit kleinen Schritten auf einen neuen Weg wagen muß, statt sich und seine verdammte »Botschaft« zu bemitleiden.

Helmuth Krüger, dem man das alles hätte sagen, den man um Rat hätte bitten können, war eigentlich schon nicht mehr da. Er war von einem bösen Unfall – man hatte ihn überfahren – so furchtbar betroffen worden, daß er, der so schnell, so gut zu Ende dachte, kaum noch denken konnte und seinem Tod entgegendämmerte, gepflegt von seiner Frau und seiner Lieblingstochter Hella.

Ich spielte auch wieder Theater. Es blieb beim Boulevard. Nicht daß ich darunter gelitten hätte, aber allzu gern hätte ich mich als Elisabeth von England, als große Charakterdarstellerin an einem ernst zu nehmenden Theater gesehen. Vielleicht ist es ganz gut, daß es nicht dazu kam.

Wir hatten endlich eine eigene Wohnung in der Maximilianstraße, hoch oben im sechsten Stock, aus den Ruinen aufgebaut. Fünf Zimmer, wenig Möbel und dreißig Bündel! Die Kinder gingen nicht mehr »Kümmelblättchen« spielen, der schwarze Markt war sanft entschlafen, sie sammelten auch keine Waffen mehr, gingen nicht mehr auf »herrliche Abenteuer« aus, sondern hatten ein Zuhause mit Herking 1 × klingeln.

Christian las, was er in die Finger bekam, spielte selbsterfundene Spiele mit Knöpfen aus einem Annie-Bündel und unterhielt sich mit einem unsichtbaren Herrn, oder wer immer das gewesen sein mag, indem er des öfteren den eindrucksvollen Ruf »Hill, hill, Katz, Katz« vernehmen ließ. Susanne hatte ihre ersten Eitelkeitsanfälle und ihre ersten, stets wechselnden »besten« Freundinnen. Manchmal prügelten sich Bruder und Schwester, wie das so üblich ist, und nach wie vor hatten wir selbstverständlich alle einen Heidenrespekt vor Annie.

So langsam begann man auch wieder Filme zu machen. Das waren keine künstlerischen Offenbarungen, jedenfalls nicht die, in denen ich mitspielte. Aber es war wieder Geld da, mehr als nur für die Miete und fürs Essen. Man konnte sich mal wieder ein bißchen was leisten, man war schon zu lange nur noch in Hosen und abgetragenen Jacken herumgelaufen: die ersten hübschen Kleider – und endlich mal wieder zum Friseur. Die ersten eleganten Schuhe und für Annie ein piekfeines Kostüm – »Ach geh, wann soll i' das denn trag'n!« Aber gefreut hat sie sich doch. – Ein hochelegantes »Ausgehkleid« für Susanne. Der einzige, dem Kleidungsstücke jeglicher Art völlig Wurscht waren, war Christian.

Und nun war es mal wieder soweit. Wie konnte es auch anders sein!? Ich tat mich wieder mit einem Mann zusammen. Das Merkwürdige war, daß Annie sagte: »Den nimm, der ist gut für dich.« Und das war eins der wenige Male, wo sie unrecht hatte, denn auf seine Veranlassung hin schickte ich Annie zu ihrer Schwester nach Nürnberg, und es hat vier Jahre gedauert, bis ich sie zurückholte, und das verzeihe ich mir bis heute nicht.

Und vier Jahre lang mußte ich wieder mal auslöffeln,

was ich mir eingebrockt hatte. Ich hätte erwachsen genug sein müssen, um zu wissen, was ich tat. Ich mit meiner verantwortungslosen Impulsivität.

In Hamburg mit Wolfgang Neuss. Eine zarte hilflose Dame lockt mich nach München. »Die große Freiheit ist es nicht geworden, die kleine – vielleicht«

In Hamburg gab es ein Kabarett »Die Bonbonniere«. Dort spielte ich mit Wolfgang Neuss in einem Programm, dessen Titel von Wolfgang stammte: »Narrkose muß sein.« Den Wolfgang Neuss hatte ich in einer irrsinnig komischen Nummer mit seinem Partner Abi von Haase im Varieté gesehen und dem Direktor der »Bonbonniere« gesagt: »Den mußt du nehmen, der ist Klasse!«

Es war nicht einfach mit ihm. Aber er hatte Einfälle, er platzte aus allen Nähten vor Energie, seine Schnodderigkeit konnte ungeheuer verletzend sein, aber er war da! Lieber mit jemandem spielen, der in der Lage ist, »einen an die Wand zu spielen«, als mit einem mittelmäßigen Partner, bei dem man nur träge wird und in Routine verfällt. Das jedenfalls war bei Wolfgang ausgeschlossen. Man mußte immer ganz schön wach sein, um diesem Brocken – damals war er noch von fester Stämmigkeit – standzuhalten.

Eines Abends bekam ich einen Zettel hinter die Bühne: »Ich würde mich gern nach der Vorstellung mit Ihnen unterhalten, Trude Kolman.«

Herrjeh, dachte ich, die hatte doch damals in Berlin ein Kabarett? Wie hieß es nur? Vergessen. Sie war die Freundin von Rudolf Platte, blond, sehr hübsch, blitzgescheit.

Nach der Vorstellung ging ich an ihren Tisch. Eine jetzt dunkelhaarige Dame mit großen, sehr reizvollen, etwas strengen Augen, neben ihr ein Mann, bei dessen Anblick man spontan dachte (und sich ungemein täuschte): Was ist das für ein gemütlicher Mensch! Das war die Trude von heute und ihr Ehemann, Dr. Egon Goliat.

Sie sagte: »Ich bin aus England zurückgekommen und möchte in München Kabarett machen. Wollen Sie bei mir auftreten? Würden Sie mir ein Entree – ich kenne ihn natürlich, aber es würde die Dinge vereinfachen – bei Erich Kästner verschaffen, indem Sie ihm ein paar Zeilen schreiben? Ich habe nicht viel Geld. Ich kann Ihnen keine Phantasiegage zahlen, aber das Kabarett wird gut.«

»Haben Sie denn schon ein Haus?« fragte ich sie.

»Nein – aber ich werde eins bekommen.«

»Ja, aber ich bin doch von München weg, und die ›Schaubude‹ war doch grade, und ...«

»Eben«, sagte sie, »Sie sind ausgezeichnet. Hamburg ist keine Stadt für Kabarett. Dieses hier hält noch etwa zwei Programme durch, und ich beabsichtige, wesentlich länger durchzuhalten.«

Zielsicher war sie und durch nichts zu beirren.

Die »Bonbonniere« hielt tatsächlich nur noch zwei Programme durch. Und ich ging wirklich nach München, obwohl ich eigentlich kein Kabarett mehr machen wollte – nicht weil ich so enttäuscht war, daß wir nicht »die Welt aus den Angeln gehoben hatten«, sondern aus

Angst. Wenn ich Theater spiele, habe ich nur bei der Premiere Lampenfieber, und auch das nicht so schlimm, daß ich mir vor lauter Nervosität alles verpatzen würde – aber beim Kabarett überfällt mich das Lampenfieber jeden Abend, und man müßte mir eigentlich einen Tritt geben, damit ich überhaupt auf die Bühne komme. Wenn ich dann erst mal draußen bin, ist es gut. Aber vor jeder neuen Nummer kommt es immer wieder. Noch dazu fingen zu dieser Zeit ganz unerklärliche, fürchterliche Kopfschmerzen an, die nur nachließen, wenn ich mich flach auf die Erde legte. In dieser Position kann man nicht so gut Kabarett machen. Nach jeder Darbietung – Nummer klingt so komisch und kann auch ganz etwas anderes heißen –, nach jeder Darbietung also legte ich mich auf den Boden, wo hinter der Bühne gerade Platz war. Die Kollegen hatten sich schon daran gewöhnt und stiegen vorsichtig über mich hinweg.

Trotz dieses Handikaps und des besonderen Kabarett-Lampenfiebers ging ich also zu Trude nach München. Im übrigen hätte ich es mir gar nicht leisten können, nicht zu arbeiten. In der Elisabethstraße, in einem Mietshaus im vierten Stock, wurde in einem großen Zimmer – die Zuschauer saßen wie in einem Amphitheater, die »Bühne« war zu ebener Erde – »Die kleine Freiheit« aus der Taufe gehoben. Und sie besteht, nach manchen Umzügen und vielerlei Wandlungen ihres Stils, trotz Trudes Tod, noch heute.

Kästner hatte für uns geschrieben: »Die große Freiheit ist es nicht geworden, die kleine – vielleicht!« Ein neuer Mann, Martin Morlock, formulierte jetzt böse, treffsichere Pointen. Tschampi Schönböck und Bum Krüger waren dabei, und ein junger Mann mit einem riesigen Schopf schwarzen, gekräuselten Haares und einem ganz eigenen, »vibrierenden« Humor, Oliver Hassencamp, allgemein »der Negus« genannt.

Es gab nur eine winzige Garderobe für uns alle, und die war nur durch einen Rundvorhang von der Bühne getrennt. Damals spielten wir noch in vielen Verkleidungen, und bei der Schnelligkeit und Präzision, mit der dieses Programm ablief, ergaben sich oft die seltsamsten Situationen. Kaum hatte man das Germanenfell abgeworfen, mußte man schon wieder ins lange Schwarze, jeder half jedem. Kein Schmerzensschrei durfte laut werden, wenn beim hastigen Hochziehen des Reißverschlusses ein Stückchen Haut mitging. Es war ja schon ein Segen, wenn der Reißverschluß das überstanden hatte! Der kleine Bum rannte verzweifelt in der Unterhose von einem Stuhl zum anderen, um die Beinkleider seines Smokings ausfindig zu machen, die der lange Tschampi gerade mit einem verwunderten »Nanu, so kurz?« anziehen wollte. Lautlose groteske Pantomimen. Aber es klappte.

Die Leute stiegen gern die vier Treppen hinauf, der Fahrstuhl faßte ja nur vier Personen und hatte bereits nach einer Woche sein Leben ausgehaucht. Der Erfolg war groß. Trude und ihr Mann Egon, Pumpi genannt, sahen weiter, dachten über neue Möglichkeiten, über Verbesserungen nach, arbeiteten schon jetzt daran. Egons scheinbare Gemütlichkeit und Trudes gelegentliche, klug eingeprobte, mit sehr viel Charme gepaarte Hilflosigkeit ergaben eine ideale Mischung. Nach kurzer Zeit zogen wir in ein anderes Theater um, eins mit richtiger Bühne.

Ohne welche es nicht ginge: Die Schmittchens und die Gustis

Ich sprach von hastig hochgezogenen Reißverschlüssen ...

Eine gute Theatergarderobiere ist das Salz des Theaters, der Trost der Schauspieler, der Blitzableiter ihrer gelegentlichen Verzweiflungsausbrüche, die Kaffee-Amme des Ensembles. Sie ist die schnelle Knopfannäherin, die Hemdenbüglerin, die Reißverschlußreparierererin, die Umzieherin hinter den Kulissen. Gute Theatergarderobieren sind im Aussterben (ich spreche nicht von den Staatstheatern, davon weiß ich zu wenig, sondern nur von denen, die ich kenne). Ich meine, man müßte ihnen, die stets im Hintergrund emsig und mit Liebe werkeln, ein kleines Denkmal setzen, und sei es auch bloß mit diesen Zeilen.

Meine beiden sind an zwei verschiedenen Theatern. Die eine heißt Schmittchen. Schmittchen ist rund und gemütlich, nichts kann sie aus der Fassung bringen. Eine schwäbische, bedächtige, das Theater liebende Mutter, die in ihren Kisten und Kästen alles wohlgeordnet hat, jeden Abend, oder schon am frühen Nachmittag, mit im Omnibus sitzt, am Abstecherort alles auspackt, die Sachen aufhängt, die Schminktische zurechtmacht, aus einer Extraschachtel, die sie immer bei sich hat, Bonbons und kleine Nüsse auf Schälchen verteilt und sich dann, ruhig und aufmerksam, erst mal in die Ecke setzt.

Bei Schmittchen stelle ich mir vor, daß sie justament auch noch einen Korb Äpfel hervorzaubern könnte, um sie, schön poliert, ihren Mimen zu überreichen. Immer weiß sie, wo alles ist. Manchmal denke ich, Schmittchen hat lautlose Rollschuhe unter sich. Wo sie gebraucht wird, ist sie zur Stelle, nie wird sie laut. Hysterische

Ausbrüche würde sie an sich abgleiten lassen, aber bei Schmittchen leistet man sich keine hysterischen Ausbrüche. Sie ist der Inbegriff der Mamma, mit zwei m.

Als sie plötzlich, sie, die nie krank wird, die Grippe bekam, fehlte sie uns an allen Ecken und Enden. Schmittchen ist die ideale Garderobiere für ein ruheloses Landestheater, das fast jeden Abend in eine andere Stadt ziehen muß. Es kann sein, daß Schmittchen sich auch mal das Stück ansieht, ich nehme es sogar an, aber sie spricht nie darüber.

Ich habe keine Ahnung, was Schmittchen privat macht. Wo sie wohnt, wie sie wohnt. Außerhalb des Theaters ist Schmittchen Frau Schmitt, hat sicher eine blitzblanke Wohnung und kümmert sich um das Ihre. Innerhalb des Theaters ist sie Schmittchen.

Einmal, als ein Beleuchter ausgefallen war, sah ich zu meinem Erstaunen, wie sie unten an den Hebeln saß und, nach den von oben kommenden Anweisungen des Oberbeleuchters, die ganze Vorstellung »lichtmäßig gefahren« hat. So nennt man das. In der Pause erwartete sie uns dann wieder in der Garderobe und zog aus und um.

Schmittchen hat keine Launen, keine Temperamentsausbrüche, sie verbreitet gleichmäßige Freundlichkeit. Sie ruht in sich. Sie zeigt auch nicht, ob sie jemanden besonders gern mag. Ich könnte mir Schmittchen ebensogut in einem Bauernhof vorstellen, so umsichtig waltend wie in den Garderoberäumen des Landestheaters.

Gusti ist das Gegenteil von Schmittchen. Gusti ist schmal, schlank, ständig auf dem Sprung. Gusti ist, so sagt man, schon über siebzig. Aber Gusti wird stets ein Mädchen bleiben. Sie hat durchaus ihre Lieblinge. Ununterbrochen verzehrt sie sich für das Theater. Gusti holt nicht nur Kaninchen aus dem Hut, nein, etwas atemlos, mit blitzenden Augen, bringt sie ein Zauberkunststück nach dem anderen fertig. Schnelle Umzüge weiß sie mit kleinen Erleichterungen, die sie sich selbst ausdenkt, noch schneller zu machen. Wehe, wenn einer ihrer Darsteller kein sauberes Hemd hat! Ganze Sturzbäche der Empörung über die Verantwortlichen, die da nachlässig oder aus Sparsamkeit davon abgesehen haben, die Hemden zur Reinigung zu geben, sprudeln von ihren Lippen. »Mein Gott, soll ich denn alles allein machen!! Diese Schneiderei.« Und dann wäscht sie selbst mit Inbrunst die Hemden, bügelt sie auf dem Bügelbrett, das auf zwei Stühlen liegt, in ihrem Kabäuschen, das auch noch als Umkleideraum für zwei Darsteller dienen muß. Sie spricht mit den Hemden. »Na, euch werde ich schon noch glatt kriegen!« Und ihr todwunder Blick, wenn das nicht durch ein Kompliment honoriert wird...

Gusti ist schneller als die Jüngsten. Wutsch, läuft sie an die Ecke, wo die Stammkneipe ist, bringt einen kleinen Piccolo, sst ... ist sie wieder da. Sorgt in der einzigen Garderobe, in der alle Damen sitzen, absolut autoritär für peinliche Ordnung. »Also, meine Lieben, hier nichts dazwischenhängen, sonst kommen wir durcheinander, heben Sie das auf, das gehört nicht auf den Boden.«

Jeden Abend ist sie bereits zwei bis drei Stunden vor der Vorstellung da. Ein Verehrer, ein weißhaariger Komparse, bringt ihr Blumen aus seinem kleinen Vorgarten. Sie verteilt sie in Vasen auf jeden Platz, damit alle etwas davon haben. Sie sieht sich jedes Stück an und hält mit Kommentaren keineswegs zurück.

Ich kann mir auch genau ausmalen, wie es bei Gusti

zu Hause aussieht. Sie erzählt sprudelnd, bereitwillig und lebendig. Auch ihren Mann kann ich mir vorstellen. Beide waren früher ein sehr gefragtes und berühmtes Artistenpaar. Ich weiß auch, wie Gustis Hund sich benimmt, obwohl ich ihn nie gesehen habe. Sie hat ein dikkes Album, und da sieht man dann die zwölfjährige Gusti als Ballettmädchen im Frühlingswalzer oder die plötzlich mondän gewordene Gusti mit ihrem feschen Mann, den sie »Herrchen« nennt.

Ihre Leidenschaft sind hübsche Kleider. Gusti weiß, mit ein paar Änderungen, jedes Kleid zu modernisieren. Ich glaube, sie hat mittlerweile vierzig bis fünfzig todschicke Kleider, nichts wirft sie weg. Immer sieht sie wie aus dem Ei gepellt aus.

Und wenn sie abends nach der Vorstellung, bevor ihre Stadtbahn geht – »Nein, Kinderchen, länger kann ich nicht bleiben, sonst ängstigt sich Herrchen« –, mit uns am Tresen sitzt, ist sie von uns allen die Jüngste ... Gusti mit dem gewissen französischen o lala, diesem leichten Hauch vom Frühlingswalzer der Zwölfjährigen, dieser großen Leidenschaft fürs Theater.

Aus der Freiheit in den Trichter. Es wird weiter ausgelöffelt. Zahn um Zahn

Ich verließ die »Kleine Freiheit« unter unguten Umständen, an denen Trude nicht schuld war, und ging nach Berlin, um dort, zusammen mit Wolfgang Neuss und Wolfgang Müller, ein neues Kabarett gründen zu helfen. Die beiden waren nunmehr, zumindest in Berlin, ein fester Begriff geworden, waren »die beiden

Wolfgangs«; der eine still und passiv, der andere frech und aktiv. Mit Thiery, Walter Gross und vielen anderen gründeten wir den »Nürnberger Trichter«.

Das Programm setzte sich zusammen aus einer Art Show – in bescheidenem Ausmaß natürlich, aber wir hatten sehr hübsche Mädchen dabei – und politisch engagiertem Kabarett. Auch hier blieb uns der Erfolg treu. Meine Kopfschmerzen waren, so wie sie gekommen waren, nach einem Jahr plötzlich verschwunden. Aber vielerlei Kümmernisse, die ich mir einbrockte – ich war eigentlich ununterbrochen am »Auslöffeln« –, führten dazu, daß ich schlechter wurde. Mir war nicht wohl in meiner Haut.

Mein zweiter Mann befand sich damals in einer schweren Krise; er hatte Schwierigkeiten im Beruf. Meine Versuche, ihm da herauszuhelfen, waren ebenso bemüht wie erfolglos. Das wenige, was ich vielleicht hätte richtig machen können, machte ich auch noch falsch, da ich von seinem Beruf, der Juristerei, so gut wie nichts verstand.

Wir lebten in einem gemieteten Haus in Berlin. Meine beiden Kinder holte ich aus einem bayerischen Internat, seine beiden Kinder aus erster Ehe kamen auch zu uns, und seine Mutter, mit der ihn eine Haßliebe verband, lebte ebenfalls im Hause. Nun besaß ich ja das, wonach ich mich immer gesehnt hatte: eine Familie ...

Der ungute Zustand meines Mannes äußerte sich in heftigen Gemütsschwankungen. Wir hatten Geldsorgen; mein Verdienst reichte nicht aus, um für alles und alle aufzukommen. Ich bemühte mich, allen gerecht zu werden, keinen zu benachteiligen und keinen vorzuziehen. Aber mein Mann (der auch ganz bezaubernd sein konnte) verfügte über große Beredsamkeit und konnte brillant formulieren. Scheinbar logisch und stets mit psychologischem Geschick, brachte er es fertig, mich immer ins Unrecht zu setzen. Allmählich kam ich mir minderwertig vor, ich war offenbar ein völliger Versager.

Hätte ich nun souverän reagiert, wäre es wohl nie zu dieser düsteren Atmosphäre gekommen, in der ich mich als permanent Angeklagte fühlen mußte. Aber souverän reagieren – das konnte ich nun einmal nicht. Wenn mir lange genug jemand einredet, daß ich an allem Pech schuld sei, dann glaube ich es auch. So wurde ein winziges Körnchen Wahrheit zum zentnerschweren Stein. Mein Mut, meine Lebensfreude, mein Humor – alles schwand dahin. Ich drohte nun selber in eine schwere berufliche Krise zu geraten.

Eines Tages faßte ich mich am eigenen, bereits absinkenden Schopf und zog mich heraus, verließ das Haus, verließ den Mann, dessen Mutter, die beiden anderen Kinder, die ja nun wirklich nichts dafür konnten, und sprach mit meinen Kindern, die sehr verständig waren. Ich wollte sie nicht schon wieder in eine andere Schule bringen, im übrigen hatte ich so viele Schulden, daß das gar nicht möglich gewesen wäre. Sie kamen in Pension, in eine Schauspielschule, die Kirchhoffschule, ein gemütliches, weitläufiges Haus mit einem großen Garten.

Die Lehrerin, Chefin oder Direktorin, war eine Frau wie aus einem Stück von Hofmannsthal, mit einem schweren Kranz rot leuchtender Haare über einem vollen, weißen Gesicht, stets wie auf Wattewolken gehend, lieb und freundlich, immer etwas vage. Erziehungsprobleme interessierten sie wohl nicht sonderlich.

Geschadet hat sie den Kindern jedenfalls nicht, denn soweit ich das heute überblicken kann, sind beide – nunmehr längst erwachsen – offen, voller Humor, gescheit und ohne Komplexe, wenn auch gelegentlich von Temperamentsausbrüchen heimgesucht. Aber so geht's mir auch.

Nach vier Jahren, die mich beinahe an den Rand der Verzweiflung gebracht hatten – ganz bestimmt auch durch meine Schuld, einer allein ist nie schuld –, konnte ich endlich geschieden werden.

Zunächst fuhr ich mal zu Annie, das mußte ich loswerden. Sie wohnte in einem kleinen möblierten Zimmer, und als ich wieder all die vertrauten Bündel sah, fing ich an zu heulen. Am liebsten hätte ich sie gleich gepackt und mitgenommen. Aber wohin? Ich mußte ja wieder von vorne anfangen. Und so schnell ging das bei Annie auch nicht. So schnell war sie gar nicht wieder gut.

In einer Ecke ihres Zimmers fand ich eine Schublade, in der hatte sie alle Zeitungsnotizen und Kritiken über mich, säuberlich ausgeschnitten, aufbewahrt, auch die wenigen Briefe und Postkarten, die ihr die Kinder geschrieben hatten, dazu meine vielen ihr sicher ganz unverständlich gebliebenen Briefe und drei glatte Hundertmarkscheine, die ich ihr heimlich geschickt und die sie nicht angetastet hatte.

Nach drei Tagen fuhr ich, mit ihrem Segen, beglückt wieder ab, und als ich im Zug die Handtasche aufmachte, lagen in einem Seitenfach die drei Hunderter.

In München ging ich zu Trude, machte auch da »reinen Tisch«, und sie sagte, sie sei glücklich, daß ich wieder da sei, und selbstverständlich sei ich »drin« im nächsten Programm, zusammen mit Helen Vita. Und vor lauter Freude drückte sie gleich ein bißchen die Gage runter. Wenn sie einen mit diesen großen braunen Augen ansah, die plötzlich einen so schmerzlich-entsagenden »Ich-bin-doch-nur-eine-arme-kleine-hilflose-Frau«-Ausdruck bekamen, war es beinahe unmöglich, auch nur eine müde Mark mehr zu verlangen. Mir war das auch Wurscht. Ich spürte nur: Ich kann wieder!

Und so fing ich bei Trude Kolman in der »Kleinen Freiheit«, die nun in der Maximilianstraße beheimatet war, zum x-ten Male neu an.

Als wieder einmal Weihnachten heranrückte, fuhr ich mit den Kindern nach Nürnberg, um das Fest mit Annie zu feiern. Noch war an eine eigene Wohnung nicht zu denken, und wir wollten Annie zu Weihnachten nicht allein lassen. Nach München wollte sie auf keinen Fall kommen.

Ich hatte nur den Heiligen Abend und den ersten Weihnachtsfeiertag spielfrei, dann ging's in der »Kleinen Freiheit« wieder weiter. Ich holte die Kinder in Berlin ab; sie müssen damals so etwa vierzehn und fünfzehn Jahre alt gewesen sein.

Wir mieteten uns in einem schlichten Hotel ein. Annie wohnte gleich um die Ecke. In der kahlen Diele, die zugleich Frühstücksraum war, stand ein mickriger Baum, an seinen dürren Zweigen hingen spärliche Lamettafäden, schwankten ein paar elektrische Kerzen. Das Radio spielte ab fünf Uhr nachmittags Weihnachtslieder. Aber zu Weihnachten gehört auch ein richtiger Tannenbaum, gehören Kerzen und Christbaumschmuck. Jedoch auch in Annies kleinem Zimmer war kein Platz für einen Weihnachtsbaum. In der Ecke, über einem ihrer Bündel, hatte sie ein kleines Tannen-Arrangement an die Wand genagelt, zwei Kerzen flackerten. Die Kinder waren befangen, sie hatten Annie so lange nicht gesehen. Annie weinte – weil die Kinder nicht mehr klein waren.

Wir saßen alle um einen viel zu kleinen Tisch herum; es gab harten Gänsebraten. Ich fühlte mich miserabel und schuldig bis auf die Knochen. Die Kinder benahmen sich höflich und schluckten die Enttäuschung über ein Weihnachten, das gar kein Weihnachten war, tapfer herunter. Annie packte die Geschenke nicht aus. Da saßen wir nun, im schwachen Schein von zwei Kerzen, und jeder war jedem fremd.

Da schwor ich mir: Nächstes Weihnachten gibt es einen Weihnachtsbaum, und nächstes Weihnachten haben wir ein Zuhause, und dann wird es so sein, daß wir uns nie, nie mehr fremd sein werden.

Um zehn Uhr stampften wir durch den matschigen Schnee wieder zurück ins Hotel, setzten uns unter den mickrigen Baum, und dann haben wir uns in der Heiligen Nacht höchst unheilig benommen. Ich fragte nach Spielkarten, der einzige, trübsinnig blickende Ober hatte welche, und dann haben der Ober und ich den Kindern Poker beigebracht. Es wurde ein hübsches Spielchen. Christian nahm mir drei Mark, Susanne fünf Mark ab. Der Ober und ich verloren. Er hat es dann aber als Trinkgeld wiederbekommen.

Die Kinder gingen vergnügt ins Bett, und weil man in der Heiligen Nacht nicht Poker spielen soll, bekam ich ab zwei Uhr nachts solche Zahnschmerzen, daß ich nicht mehr schlafen konnte. Am ersten Feiertag einen Zahnarzt zu finden war auch nicht einfach. Schließlich erbarmte sich einer. Die Kinder schickte ich zu Annie.

Als ich nach zwei Stunden mit gezogenem Zahn und geschwollener Backe zu ihr kam, um mich zu verabschieden und die Kinder abzuholen, hockten alle drei mit strahlenden Gesichtern um den Tisch und spielten Poker. Annie hatte ihnen schon fast vier Mark abgenommen.

Ein Künstler hat, zumal beim Zahnarzt, weit mehr als andere Sterbliche, unter dem Übermaß an Phantasie zu leiden. Sie zwingt ihn, Schmerzen zu erdulden, die anderen Menschen in einem solchen Ausmaß selbst von der brutalen Wirklichkeit nicht zugemutet werden.

Jedesmal, wenn die Assistentin mir mit der einen Hand besonders fest den Kopf hält, während sie mit den geschickten Fingern der anderen die Oberlippe über das von Spritzen betäubte Zahnfleisch zieht, bilde ich mir ein, jetzt tut es gleich scheußlich weh, trotz der Spritzen.

»Mei, Sie sind braun«, sagt die kleine Sprechstundenhilfe, als sie mir öffnet. »War's schön in den Ferien?« – »Ja«, sage ich, »sehr schön, die ganze letzte Woche habe ich schon Angst gehabt.« Sie lächelt mich mit großen, weißen, gesunden Zähnen vergnügt an.

Nach einer halben Stunde, in der ich versuche, einen Krimi zu lesen, werde ich ins Sprechzimmer gebeten. Ich setze mich in den Stuhl. Ich werde nach hinten gekippt. Der zierliche Zahnarzt mit dem lustigen Vogelkopf, scharfer Nase, schmalem Mund, sich lichtenden dunklen Haaren, die sich zu beiden Seiten weit über die Ohren als buschige Koteletten kringeln, sieht mich über die Brille an. In seinen Augen können plötzlich, ohne Übergang, tausend kleine Lachteufelchen explodieren. Dann werden sie wieder autoritativ und streng. Er ist sparsam mit Worten: »Braun! Gut! Kräfte gesammelt?«

Ich sage mit bereits verkrampften Muskeln: »Ich habe Schiß!«

Er: »Na, jetzt hat's die Ursel gleich überstanden! An die Arbeit!«

Schnell, geschickt eine, zwei, drei, vier Spritzen. Der Bohrer, der bereits wie das Schwert des Damokles über mir geschwebt hat, tritt in Tätigkeit. Das Innere meines

Mundes verwandelt sich in ein Bergwerk. Ich höre es knacken, bohren, brechen, knirschen, ich spüre die leidenschaftliche Intensität, mit welcher der Doktor und seine Assistentin arbeiten. Ein letztes gewaltiges Brechen. O verdammt, denke ich, das ist ja schlimmer als Kinderkriegen!

Ich sinke zurück. »Zahnfleisch-Schere!« Ich bekomme eine kleine Röhre in die Hand gedrückt. Irgend etwas Elektrisches wird angeschlossen. Die Assistentin drückt meinen Kopf fest nach hinten, ich bäume mich auf. »Ausschnauffe und alles vergesse, was Sie g'lernt hawe«, sagt er. Ich atme tatsächlich aus. Der Schmerz läßt nach.

Nach einer Dreiviertelstunde schneller und präziser Arbeit reicht er mir den Spiegel, und ich darf mir mit etwas schiefem Lächeln, denn die Oberlippe ist noch geschwollen, das Ergebnis besehen. »Braves Mädle«, sagt er und schenkt mir eine Zigarette, die nur nach Medizin schmeckt. Aber ich bin froh, daß es vorbei ist, und rauche sie, als sei es die erste nach sechzehn Jahren verbitterter Enthaltsamkeit.

Abends sitzen wir vor dem Fernseher, ein Bierchen und ein Schnäpschen als »Belohnung«, man muß doch immer eine Ausrede haben, neben uns. Auf dem Bildschirm springt ein putzmunteres, frisch gewaschenes Mädchen der ebenso putzmunteren, frisch gewaschenen Mutti entgegen und jubelt: »Du, Mutti, Mutti, er hat überhaupt nicht gebohrt!« Und eine gütige, tenorale Stimme verheißt: »Auch Ihnen wird der Zahnarzt gar nicht weh tun, wenn Sie Ihre Zähne täglich zweimal mit Antibohr-Zahnpasta pflegen.«

Das hätte man eben vorher wissen sollen.

Überlistung eines Varietédirektors. Kinder, Mütter und ein General

Wieder einmal war ich um eine Enttäuschung reicher geworden, denn meine Karriere als »große Charakterdarstellerin« sollte ins Wasser fallen. Ich drehte in Wiesbaden irgendeinen pseudokomischen Film mit Zaza Gabor und dem international gerüchteumwitterten Porfirio Rubirosa – wie üblich als Kammerzofe. Um diese Zeit lief in einer Illustrierten ein verdammt guter Fortsetzungsroman von Herbert Reinecker (der heute die Kommissar-Serie schreibt): »Hau ab mit Heldentum.«

Alice Treff und ich aßen nach den Dreharbeiten in einem Restaurant zu Abend. Sie sagte: »Du, stell dir vor, das wird verfilmt, ich habe gerade für eine Rolle abgeschlossen. Eric Pommer ist Produzent, Regie führt Laszlo Benedikt, weißt du, der ›Tod eines Handlungsreisenden‹ gemacht hat.«

In diesem Roman, »Hau ab mit Heldentum«, geht es darum, daß fünf Frauen ihre Söhne, die sich kurz vor Kriegsschluß freiwillig zum Militär gemeldet haben – keiner ist älter als fünfzehn Jahre, und alle sind aus der Schule ausgebüchst –, zurückholen wollen, ehe sie an der Front eingesetzt werden. Nach vielen Mühen gelingt ihnen das auch. Eine ist eine unverheiratete Ärztin, die trampt mit den anderen mit, um zu helfen, wo sie kann, und natürlich auch, um ihr uneheliches Kind zurückzubekommen. Schon während ich den Roman las, wünschte ich mir: Wenn das mal verfilmt wird, dann möchte ich die Ärztin spielen. Und Alice wußte, daß diese Rolle noch nicht besetzt war.

Ich stand auf, ließ das Abendessen stehen und sagte: »Du, entschuldige, da muß ich mich drum kümmern.«

Ich schrieb einen Eilbrief an meinen Agenten in München, damals hatte ich noch einen: »Bitte, tun Sie etwas, fahren Sie nach Geiselgasteig, sprechen Sie mit Pommer! Ich *muß* diese Rolle spielen.«

Nach zwei Tagen bekam ich ein Telegramm: »Pommer erwartet Sie am Freitag zu Probeaufnahmen.«

Komplikationen über Komplikationen. Ich steckte doch mitten in diesem »Bubirosaquatsch«. Der Produktionsleiter war ein Schatz, er richtete es so ein, daß ich an diesem Freitag drehfrei war. Nachts mit dem Zug von Wiesbaden nach München. Raus nach Geiselgasteig. Dem Regisseur vorgestellt. Der sah mich lange an, dann sagte er: »Ich weiß nicht recht, Sie sind eigentlich für diese Rolle zu hübsch.« Das war das erste Mal, daß mir ein Regisseur gesagt hat, ich sei hübsch, und das ausgerechnet, um mich abzuwimmeln. Dann sah er mich noch mal an: »Gut, wir machen eine Probeaufnahme.«

Bis fünf Uhr nachmittags mußte ich warten. Die letzte, die vor mir drankam, war Maria Becker. Sie war so gut, daß ich dachte, das hat doch alles keinen Zweck, was soll ich hier noch. »Nächste Aufnahme, Frau Herking.«

Der Schauspieler, der bei allen Probeaufnahmen die Stichworte gegeben hatte, war schon weg, er mußte abends Theater spielen. Da sagt diese Himmelsperson, die Becker: »Ich gebe Ihnen die Stichworte, Ursula Herking.« Nach der Probeaufnahme drückt mir einer die Hand und sagt: »Das war gut.« Maria Becker sagt: »Sie werden die Rolle bekommen.« Pommer und Benedikt sagen: »Sie werden von uns hören.« Na ja, denke ich mir, das kenne ich: »Sie werden von uns hören ...«

Bedeppert fahre ich nach Wiesbaden zurück. Dort wird der Film zu Ende gedreht. Ich höre nichts. Ich rufe meinen Agenten an. Es ist noch nichts entschieden. Es vergehen vier Wochen.

Ich nehme, weil ich überhaupt nichts mehr höre, ein vierzehntägiges Engagement in einem Nürnberger Varieté an. Das gab's damals noch: daß die Varietés inmitten eines rein artistischen Programms eine halbe Stunde »Literarisches« boten. Ich bot zwei Tage »Literarisches«, die Zuschauer waren zwar freundlich, begriffen aber, verständlicherweise, nur die Hälfte, es war keine leichte Arbeit.

Da kommt ein Telegramm: »Drehbeginn Montag Hamburg.« Es war Freitag. Ich stürze zum Direktor des Varietés: »Bitte, Sie müssen mich aus dem Vertrag herauslassen! Es ist die Chance meines Lebens!«

Erst ist er eisern, dann spricht er von Konventionalstrafe, dann läßt er sich endlich so weit erweichen, daß er sagt: »Wenn Sie mir einen ebenbürtigen Ersatz verschaffen, lasse ich Sie aus dem Vertrag.« – Ich verspreche besinnungslos alles.

Gott sei Dank war Siegfried Brandl gerade zu dieser Zeit in Nürnberg engagiert und holte mich fast jede Nacht nach meinem Auftritt ab. Ich sage: »Siegfried, du mußt mir helfen.« Er antwortet: »Was Ebenbürtiges finden wir sowieso nicht, dann müssen wir eben etwas dazu ernennen. Paß mal auf, ich kenne da zwei Kollegen, die treten morgen das letzte Mal in einem amerikanischen Club auf, die machen so 'ne Nummer, wo hinten eine Grammophonplatte läuft, und vorne tun sie so, als ob sie singen, und dazu machen sie Faxen.«

»Das nimmt der Direktor nie ab«, sage ich.

»Nu laß mal«, meint er, »erst frage ich mal die beiden, und dann sehen wir weiter.«

»Was heißt hier weiterseh'n, Siegfried, es sind nur

noch zwei Tage! Sonntag nacht muß ich fahren, und Sonntag müssen die dann schon auftreten, und wenn sie dem Direktor nicht gefallen, bin ich im Arsch des Propheten.«

Er winkte lässig ab. Die beiden sagten ja. Siegfried bestach alle Kollegen vom Theater, die an diesem Abend frei hatten, und noch ein paar Freunde, ins Varieté zu gehen und bei der Darbietung der beiden wie von Sinnen zu lachen und einen donnernden Applaus zu inszenieren. Ich stand mit Herzklopfen an der Seite, Siegfried zwinkerte mir zu, die beiden traten auf und hatten mit dieser, Verzeihung, etwas mageren Nummer einen solch rasanten Erfolg, daß der nun völlig beruhigte Direktor mich in Ehren entließ.

Mit Siegfried im Taxi zum Bahnhof, hinein in den Zug, und am nächsten Morgen, in Hamburg, fing ich »meinen« Film an.

Wie Siegfried mir schrieb, war jener Abend der einzige große Publikumserfolg meiner beiden »Retter« geblieben...

Es war eine herrliche Arbeit, der Regisseur war hervorragend, Hilde Krahl, Bernhard Wicki, Ewald Balser und Maximilian Schell spielten die Hauptrollen. Alice Treff und ich durften mit Therese Giehse zusammen spielen. Die ersten Muster wurden gezeigt. Pommer nahm mich zur Seite und sagte: »Das wird dein Durchbruch als Charakterspielerin, du bist großartig.« Da soll einem nicht der Kamm schwellen.

Der Film wurde ein Mißerfolg, geschäftlich. Nicht weil er schlecht war, im Gegenteil – er war zu gut, und er kam zu früh. Er erhielt in- und ausländische Kritikerpreise und wurde zehn Jahre später dreimal im Fernsehen ausgestrahlt. Aber er war zu ehrlich. Zur gleichen Zeit liefen damals in den Kinos »Des Teufels General« und »Canaris«. Beides gute Filme. Aber sie vermittelten eben auch ein so angenehmes, nervenkitzelndes Gefühl: der Zuschauer glaubte, hinter die Kulissen sehen zu dürfen, er meinte zu erfahren, was die großen Goldfasane und Militärs des Krieges so alles getrieben hatten. Dagegen nun das Schicksal von fünf Frauen, die nach einer Odyssee durch Dreck und Elend endlich ihre Söhne finden – und dann war es doch umsonst: das war dem Publikum doch zu nah, davon wollte es nichts mehr wissen.

Noch dazu hatte der Film statt des guten, knappen Titels »Hau ab mit Heldentum« einen neuen bekommen: »Kinder, Mütter und ein General«. Viel zu hochgestochen und unrealistisch. In Berlin machten sie »Kinder, Mutter wird General« daraus.

Da also die Kinos, die diesen Film spielten, ziemlich leer blieben, wurde es denn auch nichts mit meinem »Durchbruch« zur Charakterspielerin.

Die tapfere Trude. Ein frecher Mensch mit kugelrunden Augen. Zweimal zwei ist fünf

In der »Kleinen Freiheit« spielte ich mit Helen Vita, mit Klaus Havenstein, Monika Greving, Hans Nielsen, Beppo Brem, Alois Maria Giani, Eva-Maria Meinecke. Trude brachte es fertig, jene, die immerhin schon einen Namen hatten, weit unter ihrer sonstigen Gage zu verpflichten. Trude Kolman war man einfach ausgeliefert.

Fairerweise muß ich aber sagen, daß das Kellergewölbe, so anziehend es auch war, gar nicht so viele Zuschauer faßte, daß eine »normale« Gage drin gewesen wäre. Aber trotzdem. Sie verstand es. Und das mußte sie ja auch. Mit dieser Mischung aus Tüchtigkeit, Besessenheit, gelegentlich geradezu unbeschreiblicher Ungerechtigkeit, unbeschreiblichem, nicht nur gelegentlichem Charme und »rührender Hilflosigkeit« hat sie es geschafft, daß man ihr – und wenn man einen noch so großen Zorn im Bauch hatte – immer wieder unterlag. Und war die »Kleine Freiheit« auch nur eine »Kleinkunst-Bühne« – *sie* war eine große Theaterdirektorin.

Ihr Mann, Dr. Egon Goliat, wurde, leider für viel zu kurze Zeit, Verwaltungsdirektor des Staatlichen »Theaters am Gärtnerplatz« und brachte dieses Unternehmen, das jahrelang in den roten Zahlen herumgewurschtelt hatte, ins Plus. Noch vom Krankenbett aus, an das er über ein halbes Jahr gefesselt war und das er nicht mehr lebend verlassen sollte, erledigte er alle Geschäfte.

Trude schlief fast jede Nacht hinter einem aufgestellten Paravent in seinem Zimmer. Falls er sie brauchte. Morgens war sie auf der Probe, ließ sich nichts anmerken und leitete mit eiserner Energie ihr kleines Theater, trieb Geld auf, wenn Not am Mann war, kämpfte um ihre »Kleine Freiheit« und hat sich, weil sie auf ihre Gesundheit überhaupt keine Rücksicht nahm, zu früh verbraucht. Der Körper konnte, als sie 1969 schwer erkrankte, keinen Widerstand mehr leisten.

Damals, zur Zeit der »Kleinen Freiheit« in der Maximilianstraße, gingen wir nach der Vorstellung fast jeden Abend aus. In diese Kneipe, in jene Kneipe. Eins meiner

Lieblingslokale war »Meine Schwester und Ich«. Ein bunter Haufen saß da am Stammtisch: Ärzte, Rechtsanwälte, Häusermakler, Maler, Autoverkäufer, Journalisten, Schauspieler mit ihren Frauen und Freundinnen. Es war eine fröhliche, entspannte Runde. Man machte Blödsinn, gelegentlich kam man auch mal zu ganz ernsthaften Gesprächen, und vor allem: man sprach, was mir höchst angenehm war, nicht übers Theater.

Eines Abends, als ich dort hinkam, quoll der Stammtisch über, und weil ich mich nicht dazwischendrängeln wollte, setzte ich mich, gleich um die Ecke, an einen kleinen Tisch, an dem auch ein Versprengter saß, der Zeichner, Graphiker und Karikaturist Henry Meyer-Brockmann, mit seinem breitausladenden Westfalenschädel und seinem stets großen Durst. Seine Karikaturen waren bestes politisches Kabarett »on the point«; er arbeitete so lange und verbissen daran, bis er die endgültige Fassung fand. Er hat es sich wahrscheinlich nie leichtgemacht. Mich mochte er leiden, obwohl er sonst mit seiner Gunst sehr sparsam umging und es eher liebte, die Menschen vor den Kopf zu stoßen.

Neben ihm saß ein untersetzter Mensch mit bräunlichem Teint, buschigen Augenbrauen und höchst lebendigen schwarzen, kugelrunden Augen – sie erschienen mir jedenfalls kugelrund –, später merkte ich, daß sie auch ganz schmal und böse werden konnten, synchron mit seiner Oberlippe. Henry, den alle Olaf nannten, weil er der Meisterschüler von Olaf Gulbransson gewesen war, sagte: »Das ist mein Freund Ully – das ist Ulla, nette Frau, gute Klasse, hervorragende Kabarettistin, setz dich zu uns.« Ich tat es.

Der Freund Ully fragte etwas knapp: »Was wünschen Sie zu trinken?«

Ich sah Olaf erstaunt an. »Laß man«, meinte er, »der meint's nicht so, der ist Preuße – mein bester Freund.«

Ich »wünschte« also ein Bier und einen klaren Schnaps.

Ich weiß nicht, wieso, aber plötzlich fingen Freund Ully und ich an, uns fürchterlich zu streiten, und zwar behauptete ich, daß 2 mal 2 ebensogut 4 als auch 5 oder 3 sein könnte. Das meinte ich natürlich »weltanschaulich«. Er wußte auch genau, was ich meinte, aber er dachte gar nicht daran, so ein bißchen höflich und verbindlich ins Gespräch einzusteigen und vielleicht meinem so wesentlichen und tiefschürfenden »Symbolgehalt« Nahrung zu geben. O nein. Er nicht. Was dieser hassenswerte Mensch mit nun schmalen Augen und dito Oberlippe sagte, war: »Meine liebe gnädige Frau (!), Sie mögen ja eine ganz (!) gute Kabarettistin sein, aber von Logik haben Sie keine Ahnung, 2 mal 2 ist und bleibt 4. Beweisen Sie mir sonst doch, bitte, das Gegenteil.«

Ich hätte ihn auf der Stelle erwürgen können. Olaf Meyer-Brockmann lächelte breit, ja geradezu erlöst und sagte: »Na, da haben sich ja zwei gefunden.« Und er prostete sich selber zu: »Olaf, da hast du was Erstklassiges angestiftet.«

Dieser Freund Ully fragte mich, nachdem wir uns noch eine Weile herumgestritten und die Fronten sich immer mehr verhärtet hatten: »Hätten Sie etwas dagegen, wenn ich Sie mit dem Wagen nach Hause bringe?«

Ich war drauf und dran, ihm das reichlich abgegriffene Götz-Zitat an den Kopf zu werfen, als mir einfiel, daß keine Bahn mehr ging und ein Taxi zu teuer war, denn ich wohnte damals am Ende des Englischen Gartens, und zu Fuß hätte ich eine gute Stunde gebraucht. »Wenn Sie unbedingt wollen, bitte.«

»Ich will keineswegs unbedingt, aber ich halte es für

meine Pflicht, eine Dame, mit der ich mich den ganzen Abend so amüsant unterhalten habe, nach Hause zu bringen.«

Mir blieb vor Zorn die Spucke weg. In eisigem Schweigen, jedenfalls was mich betraf, er saß munter vor sich hin summend hinter dem Lenkrad, brachte er mich bis zur Pension. Stieg aus, lief um das Auto herum, machte die Tür auf, half mir beim Aussteigen, als ob ich gebrechlich sei, machte eine anmutige kleine Verbeugung, küßte mir die Hand, ehe ich sie wegreißen konnte, und sagte, mit nun wieder kugelrunden schwarzen Augen: »Schlafen Sie gut, gnädige Frau, es war mir ein Vergnügen.«

»Mir nicht«, sagte ich höchst witzigerweise und schlug die Tür hinter mir unnötig laut zu.

Am nächsten Vormittag brachte ein Bote mir ein Paket. Darin befand sich eine Flasche Whisky, um die Flasche herum war eine Banderole geklebt. Auf der Banderole stand: »2 mal 2 ist 5 – Ihr Ully.«

Das war vor achtzehn Jahren. Er behauptet, durch meinen Einfluß habe er sich schon ungeheuer geändert, ja, er sei nunmehr die Güte und Toleranz in Person. Wir streiten uns noch heute gelegentlich wie die Besessenen. Die Fronten verhärten sich. Der Himmel bezieht sich. Sturmwolken kommen auf – und plötzlich ... Eine höchst überraschende, bezaubernde Geste. Man schmilzt.

Ully macht Ordnung, Annie flirtet mit dem Stiermenschen, und unsere Wohnung gefällt ganz allgemein

Ully und ich nahmen uns eine kleine möblierte Wohnung. Je mehr wir immer wieder »grundsätzlich« anderer Meinung waren, um so weniger gelang es uns, uns zu trennen. Ich knallte die Tür zu und ging schluchzend im Englischen Garten spazieren, heimlich hoffend, er würde mir verzweifelt nachrennen. Denkste, er blieb stur, länger als zehn Minuten hielt ich es sowieso nicht aus, dann kam ich zurück, bereit, den Kampf von neuem aufzunehmen; es handelte sich immer um »weltanschauliche« Dinge.

»Gut, daß du wieder da bist«, sagte er, »hast du eigentlich in den letzten Jahren Steuern bezahlt? Ich habe da einen ungeöffneten Brief vom Finanzamt gefunden.«

Er brachte Ordnung in meine völlig verschlampten und verfilzten »Geldangelegenheiten«. Wir hatten beide nicht viel, aber er nahm jetzt sozusagen Annies Stellung ein, und es wurde eisern abbezahlt.

Ully sagte: »Was ist mit deinen Kindern? Susanne ist bald mit der Letteschule in Berlin fertig, laß sie nach München kommen, dann müssen wir uns eben eine größere Wohnung nehmen, und Christian macht auch bald das Abitur. Den möchtest du doch sicher auch gerne hier haben? Wir werden das schon schaffen.«

Fast jeden Monat besuchten wir Annie in Nürnberg. Langsam gewöhnte sie sich daran, daß ich einen »neuen Herrn« hatte, nannte ihn Herr Doktor, war von äußerster Reserviertheit und meinte, sie habe die Nase von meinen Männern voll. Sie war auch nicht dazu zu bewegen, uns wenigstens einmal in München zu besuchen.

Ully lernte meine Kinder kennen. Die großen Ferien waren da, und wir beschlossen, alle zusammen nach Kampen auf Sylt zu fahren. (Damals konnte man noch nach Kampen fahren, ohne »in« zu sein.) Wir hatten den ganz kleinen Fiat 500. Hinten war eine schmale Bank. Wir legten ein dickes Schaumgummikissen darauf und fuhren, zwei baumlange »Kinder«, Ully und ich, nach Kampen.

Natürlich war ich aufgeregt. Ob die sich wohl vertragen würden? Es ging. Ully machte das gescheit, er siezte sie beide und nannte sie beim Vornamen, und sie nannten ihn auch »Sie« und Ully.

Ich fand das natürlich in meiner Ungeduld – liebt euch gefälligst, und zwar plötzlich! – blöde, aber es war genau richtig.

Nach einem Jahr, zu Susannes 17. Geburtstag, bot er beiden das Du an, und da hatten sie sich ja schon gründlich kennengelernt. Selbstverständlich gab es auch Auseinandersetzungen, denn drei Dickköpfe auf einem Haufen ...

Ich selbst kam mir natürlich nicht als Dickkopf vor, sondern als ausgleichende Gerechtigkeit, die über den brausenden Wogen schwebt.

Für kurze Zeit lebten wir nun in einer etwas größeren Wohnung. Christian hatte bereits mit siebzehn sein Abitur gemacht, und Susanne ging in München auf die Meisterschule für Graphik.

Manchmal überraschte ich sie vor dem Spiegel, wenn sie sich, wie Ully und ich das nannten, »die japanische Wundermaske« machte. Es hatte gar keinen Sinn, ihr einzureden, daß etwas weniger mehr sein könnte. Ihr kleines Zimmer war mit Plakaten vollgeklebt. Es war, um es freundlich zu sagen, nur sehr oberflächlich aufgeräumt. Die »Schwabinger Masche« war ausgebrochen. Sie besuchte unsere Wohnung eigentlich nur zum Schlafen und Umziehen.

Christian hatte seine Leidenschaft für die Trombone entdeckt, was nichts mit Thrombose zu tun hat, und blies täglich zwei bis drei Stunden auf ihr. Eine Trombone, ganz für sich allein und noch dazu anfängerhaft geblasen, ist kein Ohrenschmaus. Die Hausbewohner beschwerten sich, und meine Versicherung, das ginge in spätestens einem Monat vorbei, stieß auf bereits halb taube Ohren.

Wir mußten einfach eine andere, *eigene* Wohnung haben. Die Kinder sollten ihre Freunde einladen können, und endlich sollte Annie wieder zu uns kommen. Aber bis es soweit war, passierte noch einiges.

Ully und Susanne gingen auf Wohnungssuche. Ich spielte in Berlin Theater und konnte mich nicht daran beteiligen. Christian studierte Jura in Freiburg. Eines Tages bekam ich die Mitteilung, daß sie eine Fünfeinhalbzimmerwohnung, über 200 qm, Altbau, in Schwabing in der Georgenstraße, gefunden hätten. Und ohne Abstand zahlen zu müssen. Vorsichtshalber hatten sie mir verschwiegen, daß die Wohnung völlig renoviert werden mußte. Neue Heizkörper mußten auf unsere Kosten angeschafft werden, bisher waren nur Kanonenöfen drin, ein neuer Gasherd, eine neue Spüle, Fensterstöcke mußten zum Teil erneuert, der Boden mußte abgezogen werden. Beim zweiten Mal stellte sich dann heraus, daß der Grundboden herrliches Parkett war.

Wir hatten keine Möbel, nicht einmal Betten, wir hatten keine Teppiche, keine Vorhänge – nichts. Dafür bestand die Aussicht, daß bald Annie, mit ihren Bündeln als einziger Dekoration, einziehen würde. Nun hatten wir einen ganz und gar netten Menschen, der in Miesbach en gros mit »Antiquitäten« handelte, kennengelernt. Er sagte: »Sucht euch bei mir aus, was ihr braucht, und zahlt es mir monatlich ab.«

Es kam auch wieder ein hilfreicher Film. Ich bin nicht das, was man einen »Star« nennt, aber was ich beim Film bekam, war eben doch viel mehr, als die Boulevardtheater bezahlen konnten.

Es ging dann noch ein bißchen schneller. Ein alter Verehrer legte mir nagelneue Vorhänge zu Füßen. Wir gewannen im Lotto dreihundertfünfundachtzig Mark. (Das war allerdings das einzige und letzte Mal.) Ein Teppich wurde daraus. Und eines Tages wurde die Wohnung tatsächlich fertig.

Wir holten Annie aus Nürnberg. Erwarteten, daß sie beim Anblick unseres Domizils in Jubel ausbrechen würde. Sie ging, wie der Alte Fritz auf einen Stock gestützt (sie hatte sich vor sieben Jahren einen Oberschenkelhalsbruch zugezogen, der völlig verheilt war, aber an ihrem Krückstock hielt sie eisern fest), durch die Räume, sagte: »Ja mei, da fehlt ja noch eine Menge«, ging in ihr Zimmer, verteilte, vor sich hin murmelnd, ihre Bündel, kam wieder, hatte einen Briefumschlag in der Hand und sagte:

»Das nehmt ihr jetzt und kauft noch anständiges Geschirr, von dem Zeug hier kann ja kein Mensch essen.«

In dem Umschlag waren fünfhundert Mark.

Ully wollte das auf keinen Fall annehmen, er wurde sogar böse, aber gegen Annies Zorn und gegen Annies Sturheit kämpften selbst Götter wie Ully vergebens. Das Geschirr wurde gekauft. Von Annies Geld.

Christian übersiedelte von Freiburg nach München und studierte dort weiter. Jedes der Kinder hatte jetzt sein eigenes großes Zimmer. Und Ully eins, ich eins, Annie eins. Dazu eine Riesenküche, in der Ecke ein saugemütlicher Bauerntisch mit Sitzbank und Stühlen, ein Wohnzimmer mit Biedermeiermöbeln. Heureka. Wir waren komplett. Die Abzahlerei hörte zwar nicht auf, aber daran waren wir ja gewöhnt.

Und nun begann in unserer Wohnung das »gesellschaftliche Leben«. Heute noch treffe ich zuweilen mir wildfremde Menschen im Alter von Susanne und Christian, die mir versichern, in der Georgenstraße 19 die herrlichsten Parties gefeiert zu haben. Wir, der Ully und ich, waren ja meistens nicht dabei; unser Gewerbe trieb uns nach wie vor durch Deutschlands Gaue.

Einmal kamen wir, ziemlich erschöpft, von einer Tournee zurück, es war so gegen sechs Uhr abends im Winter, alle Fenster der Wohnung waren hell erleuchtet. Ully sagte: »Packen wir erst mal nicht aus, gehn wir erst mal rauf.«

Ully fand nicht gleich sein Schlüsselbund und klingelte. Ein stämmiger, braungebrannter Mann mit schwarzen Kräuselhaaren und einem kleinen goldenen Ring im rechten Ohr, in der Hand einen Kochlöffel, machte uns auf und fragte in gebrochenem Deutsch: »Sie wünschen?« Wir sagten, daß an sich *uns* die Wohnung gehöre. Er strahlte: »Sie kommen in Küche, Sie probieren mein Essen.«

Es war ein spanischer Stierzüchter, den Christian bei einem Aufenthalt in Andalusien kennengelernt hatte. Er hatte ihn eingeladen, und nun wurde ihm von Susanne und Christian eine Party gegeben, die mit der Geburtstagsfeier einer Freundin von Susanne zusammenfiel. Die Wohnung quoll über von jungen, vergnügten Leuten. Auf unseren Betten lagen Mäntel. Wir standen verloren in der Küche herum und probierten das Essen vom Stierzüchter.

Annie saß selig lächelnd, bereits mit einem kleinen Schwips, auf der Bauernbank und flirtete mit dem Stiermenschen, den Krückstock hatte sie lässig auf den Tisch geworfen. Er bedachte sie mit spanischen Koseworten, aus Freude, ohne jede Ironie.

Das alles sah ich, nahm ich auf und dachte nur entsetzt: Um Gottes willen, gleich platzt Ully, gleich wirft er alle raus. Aber wie schon so oft hatte ich mich geirrt. Nur ganz vorübergehend zeigte er die schmalen Augen, die schmale Oberlippe. Dann entspannte sich sein Gesicht, er lachte. Im gleichen Augenblick kam auch schon Susanne: »Bitte, bitte seid nicht böse, wir haben euch, damit ihr auch schön schlafen könnt, ein prima Zimmer in den ›Vier Jahreszeiten‹ bestellt.«

Hierauf ließ sich nun wirklich nichts mehr sagen. Ully gab Susanne einen Kuß. »Amüsiert euch gut, wir hauen ab.« Nahm mich bei der Hand, winkte allen zu, und so verließen wir die unlängst erworbene, uns gehörende, eben erst betretene Wohnung und fuhren gleich weiter nach Frankfurt, wo wir am nächsten Tag sowieso sein mußten. Zwar kamen wir einige Stunden später ins Bett, aber wahrscheinlich immer noch früher als die »spanische Party«.

Eine der wenigen, die bis morgens um sechs durchgehalten haben, war Annie. Sie hat für alle Kaffee gemacht.

Die Geschichte von Herrn Ebermann, den Enten Ludmilla und Eugénie, dem Pferd Schwalbe V, dem kleinen braunen Bären »La Paloma« und den sieben Zwergen

Das ist eine Geschichte, die überhaupt nicht hier hereinpaßt. Aber am Ende der Geschichte wird man schon sehen, warum sie im Buch steht.

Im sechsten Stock Ludwigstraße 14 wohnt Herr Ebermann. Mit ihm wohnen die beiden Enten Ludmilla und Eugénie (Betonung auf ie). Die Enten baden im Bidet, sind ordentlich und Herrn Ebermann sehr zugetan. Es ist eine Vierzimmerwohnung.

Abends, wenn Herr Ebermann aus dem Büro kommt, leisten ihm die Enten Gesellschaft. Gelegentlich sehen sie sich auch gemeinsam das Fernsehprogramm an.

Eines Morgens, so gegen sieben Uhr, Herr Ebermann und die Enten sind gerade beim Frühstück, klingelt es. Herr Ebermann geht zur Wohnungstür und öffnet. Draußen steht ein Pferd, es ist etwas außer Atem und sagt: »Bitte tausendmal um Entschuldigung. Habe lange gebraucht, Sie zu suchen, endlich gefunden! Außerordentlich plötzlich. Haben mich im ersten kleinen Krieg geritten. Bin Schwalbe V. Erinnern Sie sich noch? Wollte mal fragen, ob Verwendungszweck – wie?«

Herr Ebermann erinnerte sich an Schwalbe V, freute sich und bat Schwalbe V einzutreten. Schwalbe V stellte sich den Enten Ludmilla und Eugénie vor, man geriet ins Plaudern, beinahe wäre Herr Ebermann zu spät ins Büro gekommen. Er sagte: »Schwalbe V, du kannst hierbleiben.«

»Außerordentlich erfreut«, sagte Schwalbe V und machte es sich anschließend im Herrenzimmer bequem.

Am ersten Vormittag brachte er Ludmilla und Eugénie einige stramme Rechts- und Linkswendungen bei, dann berichtete er von Hindenburg, Ludendorff und Kaiser Wilhelm II. und von der Schlacht bei Krimmichshausen. Eugénie und Ludmilla regten sich so auf, daß sie abwechselnd ins Bidet fielen. Aber dann faßten sie sich wieder und baten Schwalbe V, nichts mehr vom Krieg zu erzählen. Schwalbe V war erst beleidigt, aber dann legte er sich auf den Fußboden und lud Eugénie und Ludmilla ein, auf seinen Rücken zu klettern und einen kleinen Ritt durch die Wohnung zu machen.

Als Herr Ebermann aus dem Büro heimkam, waren alle sehr guter Laune. Am nächsten Tag bot Schwalbe V Herrn Ebermann an, auf ihm ins Büro zu reiten. Das ging auch gut. Aber Herr Ebermann konnte Schwalbe V nicht mit ins Büro nehmen. Schwalbe V wollte aber, »weil das anders gar nicht in Frage kommt«, bis abends warten. Also machte Herr Ebermann Schwalbe V an einem Laternenpfahl fest. Er mußte aber immer wieder aus dem Fenster gucken, dann wieherte Schwalbe V beglückt, und das nahm ihm alle Konzentration, die ja nun mal bei der Arbeit notwendig ist.

Als sie abends wieder nach Hause ritten, bat er Schwalbe V, doch lieber in der Wohnung zu bleiben und nur am Wochenende mit ihm ein bißchen ins Grüne zu reiten. »Gut«, meinte Schwalbe V, »dann werde ich mich im Hause nützlich machen.« Wenn das Telefon bei Herrn Ebermann läutete, ging Schwalbe V zum Apparat, nahm den Hörer ab und meldete sich: »Hier Pferd bei Ebermann.«

Am Mittwoch dem 16. nachmittags gegen fünf Uhr klingelte es an der Wohnungstür. Schwalbe V und die Enten spielten gerade »Ich sehe was, was du nicht siehst«

und wunderten sich, daß es klingelte, es kam ja nie jemand, und Herr Ebermann kam immer erst um sechs Uhr jeden Abend und hatte Schlüssel. Es klingelte und klingelte, immer so in kleinen Abständen.

»Trauriges Klingeln«, sagte Schwalbe V, »werde wohl mal nachsehen müssen, klingt ja jradezu unanjenehm!« Macht also die Wohnungstür auf, und da steht draußen ein kleiner brauner Bär. »Ach, verzeihen Sie«, sagt er und schluchzt beinahe, »können Sie mir nicht helfen? Können Sie mich nicht verstecken? Ich werde von so einer Milchfirma verfolgt, ich bin ausgerissen, weil ich die Arbeit nicht mehr aushalten kann, ich will nicht mehr fo-to-to-gra-fiert werden, und eine Schwalbe hat mir unten auf der Straße gesagt, hier bei Herrn Ebermann wären Sie und noch zwei Enten, bitte, bitte, darf ich hierbleiben, ich heiße ›der kleine Bär, La Paloma‹.«

»Nun, nun, erst mal beruhigen«, sagte Schwalbe V, »komm mal rein. Aber ich weiß selbstverständlich nicht, ob du hierbleiben darfst, müssen Entscheidung von Herrn Ebermann abwarten.«

Die beiden Enten stürzten sich ganz verzückt auf »La Paloma« und quakten: »Nein, so ein niedlicher kleiner brauner Bär, bleib, bleib, bleib!«

Natürlich war Herr Ebermann einverstanden. Nun waren es bereits, mit Herrn Ebermann, fünf Personen in der Wohnung, und sie teilten sich die Arbeit ein. Die Enten machten sauber. Schwalbe V machte das Bett von Herrn Ebermann. Schwalbe V kochte auch, aber er konnte nur Buletten machen. Herr Ebermann aß gerne Buletten, aber jeden Tag, das schlägt natürlich auch ein bißchen auf den Magen, und so ging Herr Ebermann manchmal auswärts essen. Der kleine braune Bär »La Paloma« wischte Staub, aber in die Ecken kam er nie.

Der Haushalt und die ganze Wohnung, das alles wurde ein bißchen liederlich, und Herr Ebermann, der an sich ein ordentlicher Mensch war, sah es mit leiser Betrübnis. Aber er sagte nichts, denn sowohl Schwalbe V als auch Ludmilla und Eugénie waren sehr empfindlich, ganz zu schweigen vom kleinen braunen Bären »La Paloma«, der sehr nahe am Wasser gebaut war und immer gleich schluchzte.

Eines Abends war Herr Ebermann gerade dabei, »La Paloma« das Abwaschen beizubringen. »La Paloma« hatte schon zwei Gläser zerbrochen und schluchzte. Eugénie war in einen Glassplitter getreten, und Schwalbe V hatte vergessen, das Bett von Herrn Ebermann frisch zu beziehen. Ludmilla quakte hysterisch, und Herr Ebermann wollte gerade in einen gewaltigen Fluch ausbrechen – da klingelte es – lange – anhaltend – gebieterisch.

Schwalbe V stürzte zum Telefon und sagte: »Hier Pferd bei Ebermann.« Aber es war gar nicht das Telefon, das geklingelt hatte. Es war die Wohnungsklingel. Herr Ebermann, der kleine braune Bär »La Paloma«, Eugénie, Ludmilla und Schwalbe V, dem der Kopfkissenbezug über die Augen gerutscht war, alle stürzten zur Wohnungstür. Herr Ebermann machte auf.

Draußen standen die sieben Zwerge, und der dritte von rechts verbeugte sich und sagte ganz selbstverständlich: »Wir kommen gerade von einer Verbeugungstournee für Schneewittchen aus Amerika. Mr. Disney, ich weiß nicht, ob er Ihnen bekannt ist, also jedenfalls unser Boß, sagte uns, er habe erfahren, hier wäre Not am Mann, der Haushalt wäre am Zusammenbrechen, und wir sollten mal nach dem Rechten sehen.«

»Na ja«, sagte Herr Ebermann, »das ist ja wirklich

sehr freundlich von Ihnen, na, dann kommen Sie mal alle rein.«

Danach stellten sich alle gegenseitig vor, und der kleine braune Bär »La Paloma« wurde von den Zwergen gestreichelt, da war er ganz glücklich. Erst waren die Enten eifersüchtig, aber als sie dann den Zwergen einige akrobatische Kunststücke im Bidet vorgemacht hatten und dafür großen Beifall ernteten, waren auch sie befriedigt. Nur Schwalbe V stand etwas gekränkt abseits.

Aber dann schlug Herr Ebermann einen kleinen Abendritt im Mommsenpark bei Mondschein vor. Das war vielleicht ein lustiges Bild! Herr Ebermann im Sattel, vor ihm und hinter ihm die sieben Zwerge, und auf der strammen Hinterhand von Schwalbe V der kleine braune Bär »La Paloma«, auf seiner linken Schulter Eugénie, auf seiner rechten Ludmilla.

Später wurde die Wohnung auf Hochglanz gebracht. Die Zwerge wuschen ab, putzten und werkelten, wie es eben nur Heinzelmännchen vermögen, und sie kochten so gut, daß Herr Ebermann in einer Woche drei Pfund zunahm. Alle waren sehr vergnügt, vertrugen sich prächtig und studierten kleine Nummern ein, die sie Herrn Ebermann abends nach dem Essen vorführten. Das ging so drei Wochen lang.

Aber plötzlich war Herr Ebermann nicht mehr so recht bei der Sache. Er stierte abwesend in die Ecke. Er irrte durch die Wohnung. Er sah niemanden mehr an. Er verkroch sich hinter seiner Zeitung und gab keine Antwort, wenn man ihn etwas fragte. Als der kleine braune Bär »La Paloma« bei dem Versuch, ihn mit einem Handstand zu ermuntern, aus Versehen mit der einen Pfote auf dem Schuh von Herrn Ebermann ausrutschte, schnauzte der ihn so an, daß eine ganz peinliche Stille eintrat. Ludmilla und Eugénie nahmen sich gegenseitig unter die Flügel. Schwalbe V tröstete flüsternd »La Paloma«, und die sieben Zwerge standen betreten herum. Niemand sprach mehr, und dann gingen alle bedrückt schlafen.

Am nächsten Vormittag, als Herr Ebermann im Büro war, lasen die sieben Zwerge in der Zeitung unter den Kinoanzeigen, daß im »Alhambra« abends »Schneewittchen und die sieben Zwerge« gegeben wurde, wo sie alle große Rollen gespielt hatten. »Wißt ihr was«, sagten sie, »heute abend gehen wir alle mit Herrn Ebermann ins Kino und sehen uns unseren Film an. Das wird ihn aufmuntern.«

Als Herr Ebermann abends nach Hause kam, hatte er viele Pakete unter dem Arm und auch einen Strauß Nelken. Er druckste herum und sagte schließlich: »Habt ihr keine Lust, heute abend mal wegzugehen, ich habe da gelesen, daß im Alhambra-Kino der Schneewittchen-Film läuft, das wäre doch was für euch, da könnt ihr euch mal ansehen, ihr Zwerge!«

»Ja, das wollten wir ja gerade, Herr Ebermann, und wir wollten dich dazu einladen!«

»Nee, nee, geht mal alleine, ich – also mich – also es interessiert mich nicht.« Und als er die traurigen Gesichter sah, schrie er: »Herrgott noch mal, nun haut schon ab!«

Na, da gingen sie also dann die Treppe herunter, und das Schluchzen vom kleinen braunen Bären »La Paloma« war das einzige Geräusch im stillen Treppenhaus.

Nach dem Kinobesuch waren sie aber alle wieder guter Laune, die sieben Zwerge wurden von Schwalbe V geradezu mit Komplimenten überhäuft, als sie zusammen nach Hause ritten. Der kleine braune Bär »La Paloma« schloß die Wohnungstür auf, er hatte den Schlüssel an einer langen roten Schnur um den Hals hängen, und dann platzten sie alle kichernd in die Wohnung und in Herr Ebermanns Zimmer, um ihm zu erzählen, wie schön es gewesen war.

Auf dem Schoß von Herrn Ebermann saß eine weibliche Person mit gelben Haaren. Herr Ebermann wurde abwechselnd rot und blaß. Der erste, der sich faßte, war Schwalbe V, er machte einen zierlichen Schritt auf die Dame zu, knickte den linken Vorderfuß ein und sagte mit vollendeter Höflichkeit: »Darf ich mich vorstellen, Schwalbe V. Pferd bei Ebermann.« Wandte den Kopf und stellte alle anderen der Reihe nach vor: »Der kleine braune Bär ›La Paloma‹, die Enten Eugénie und Ludmilla, na und die kleinen Herren dort sprechen ja wohl für sich, wie?«

Das weibliche Wesen mit den gelben Haaren sprang von Herrn Ebermanns Schoß, lachte hysterisch und schrie: »Bist du verrückt geworden, Pferd bei Ebermann! Was soll das Getier hier, ist ja ekelhaft!!!«

Herr Ebermann wurde nun ganz rot, er stand auf, hob die Hand, und mit zitterndem Zeigefinger fuchtelte er durch die Luft. »Könnt ihr nicht vorher anklopfen? Manieren sind das! Macht, daß ihr herauskommt, weg mit euch. Ich will euch nie wiedersehen!«

Da drehten sich alle um, waren ganz still, sagten kein Wort und gingen aus dem Zimmer und gingen aus der Wohnung und gingen aus dem Haus. Das einzige, was wieder zu hören war, war nur das Schluchzen vom kleinen braunen Bären »La Paloma«.

Und nun ist folgendes: warum ich diese Geschichte überhaupt geschrieben habe?! Ich war vergangene Woche bei Herrn Ebermann, er war unendlich traurig, er hat mir alles erzählt und hat mich gebeten, das doch alles aufzuschreiben, damit es vielleicht die sieben Zwerge oder Schwalbe V lesen könnten, um es dann auch den Enten und dem kleinen braunen Bären »La Paloma« zu sagen (denn sowohl Eugénie als auch Ludmilla und auch »La Paloma« sind leider des Lesens nicht mächtig).

Also, er, Herr Ebermann, bitte sie alle sehr um Verzeihung, er sei jetzt auch wieder alleine und würde sich sehr freuen, wenn sie recht bald alle wiederkämen!

Die Münchner Lach- und Schießgesellschaft. Maiglöckchenduft. Denn sie müssen nicht, was sie tun

Ein fixer junger Mann, ich will seinen Namen nicht nennen, er heißt Sammy Drechsel, Tausendsassa und Spürnase, kam eines Tages zu uns und sagte zu mir: »Ulla, hast du Lust, ein neues Kabarett mitzugründen?«

Erst einmal sagte ich: »Nee.« Ich hatte nämlich bei Trude aufgehört, dieses Mal nicht im unguten, aber nach drei Programmen wollte ich mal wieder Theater spielen.

Dann meinte er aber verschmitzt: »Wenn du mitmachst, dann macht der Dieter Hildebrandt auch mit.« Denn es war ihm wohl bewußt, daß ich für die Art, wie Dieter Kabarett machte, für seine Texte, eine große Schwäche hatte (und noch habe). Sammy drückte das so aus: »Du stehst doch auf ihn.« Zu Dieter aber hatte er bereits gesagt: »Die Herking macht mit.« Das haben wir erst hinterher herausbekommen.

Ich sagte: »Hör zu, Sammy, ich möchte so gerne mal

eine Art Chanson oder einen Sketch bringen, in dem eine Mutter einen Brief an ihre Tochter schreibt. Wenn Dieter das macht, mache ich mit.«

Dieter machte es. Dann arbeiteten wir beide ein bißchen daran herum, dann fanden wir es gut, dann mußte es nur noch besser gemacht werden, und dann brauchten wir noch weitere neunzehn Nummern.

Außerdem brauchten wir noch zwei Kabarettisten. Das einzige, was wir, dank Sammys Verhandlungskunst, immerhin hatten, war der Raum. Da, wo er heute noch ist, in Schwabing, Haimhauser-, Ecke Ursulastraße. Eine gemütliche Kneipe. Sie gehörte Fred Kassen, der dort jeden Abend vorzüglich das Pianoforte bearbeitete.

Sammy machte zunächst einmal Fred zum musikalischen Leiter, dann kriegte er Klaus Havenstein herum, auch mitzumachen. Klaus Peter Schreiner, Oliver Hassencamp und Max Colpet, und natürlich Dieter Hildebrandt selber, schrieben die Texte.

Einen Namen für unser neues Kabarett hatten wir auch noch nicht. Dafür hatten wir aber eine »Kostümbildnerin«, die immer hilfsbereite Brigitte Raydt, die einen sehr gut gehenden Modesalon hat und eine würdige Nachfolgerin in jener einst so vielfach geteilten Wohnung in der Reitmorstraße 30 geworden war, die ihr nun allein gehörte. Mit Eifer und Enthusiasmus bemühte sie sich, die schönsten und zugleich billigsten Sachen zu machen. Wir hatten nämlich beschlossen, mit dem vielen Kostümwechsel, dieser lästigen Umzieherei, aufzuhören, alle Nummern in einem gefälligen Einheitskostüm zu bringen und die Figur, die wir jeweils darzustellen hatten, nur durch kleine Veränderungen anzudeuten. Zu diesen kleinen Veränderungen gehörten aber doch Schwerter, Zylinder, ein Frackumhang, Sträuße aus künstlichen Blumen und vielerlei Krimskrams, der ins Geld geht, was wir selbstverständlich nicht hatten – doch die Brigitte zauberte alles, wie der Zauberer aus seinem Hut, hervor. Nur den dritten Mann hatten wir immer noch nicht.

Da fiel Ully »Dietsch« ein. Hans Jürgen Diedrich war bei den »Amnestierten« gewesen, trieb sich gerade in Paris herum, wie wir vermuteten ohne Geld. Wir riefen ihn dort an. »Wenn ihr mir die Reise zahlt, komme ich.«

Wir kratzten das Geld zusammen, Dietsch kam. Nach der dritten Probe sagte Sammy: »Wen habt ihr mir denn da angeschleppt, der bringt die Lippen nicht auseinander, Katastrophe!«

»Laß man«, sagte ich, »der blüht schon noch auf.«

Vorläufig sah ohnedies alles nach einer Katastrophe aus. Fred Kassen begriff langsam, in was er sich eingelassen hatte, und bekam vor lauter Aufregung Herzanfälle, die er mit Maiglöckchenpastillen bekämpfte. Der ganze Raum roch nach Maiglöckchen. Unser »neuer Stil«, den wir uns ausgedacht hatten, nämlich alles so zu spielen, als ob es uns justament in diesem Augenblick einfiele, geriet auch sehr oft ins Schwanken, da ja gerade diese Art des Spielens verlangt, daß man souverän »über dem Text steht«, sich's also leisten kann, gelegentlich mal ein witziges, aktuelles Aperçu einzufügen – aber wem fallen schon in einem gähnend leeren, nur von Sammy, Ully und Fred samt Maiglöckchenduft bevölkerten, in diffuses Tageslicht getauchten Lokal witzige Aperçus ein!

Trude Kolman schüttelte den Kopf: »Ich verstehe dich nicht, wie kannst du nur in so einer rauchigen Kneipe auftreten!« Klaus Havenstein wurde immer verzweifelter und Dietsch immer stiller. Dieter, Sammy und ich, und natürlich auch Brigitte und Ully, wir rankten uns an einem dünnen Fakirseil mit angestrengtem Optimismus empor. Bei den letzten Proben saß Oliver Hassencamp drin, ja, er lachte sogar, was waren wir dankbar! Nennt es doch »Münchner Lach- und Schießgesellschaft«, meinte er.

Es ist Theaterbrauch, daß jemand, der einen guten Einfall hat, zehn Pfennig bekommt, auf die man vorher spucken muß. Für acht bespuckte Zehnerl hatten wir nun unseren neuen Namen.

Der Titel des ersten Programms stammte von Dieter Hildebrandt: »Denn sie müssen nicht, was sie tun.«

Der Tag der Generalprobe kam, wir hatten das uns befreundete Kabarett »Die kleinen Fische« als Zuschauer gebeten. Kein Aas lachte. Es war furchtbar. Zwischen Generalprobe und Vorstellung gingen wir gar nicht erst nach Hause und saßen deprimiert in der gegenüberliegenden Wirtschaft »Zum alten Bauern« und warteten dumpf auf die Premiere.

Unsere Bühne war so groß wie ein Handtuch. Das ist sie heute noch. Man kann nur von links oder rechts auf- oder abtreten, und dabei muß man jedesmal durch die Küche rasen. Die »Bühnenausstattung« hatten Susanne »Herking« und Kay Borsche besorgt. Sie bestand darin, daß die Wand hinter der Handtuchbühne hellgrün angestrichen war und daß sich auf der Bühne eine Leiter befand, die für unsere Eröffnungsnummer wichtig war.

Es kamen die ersten Leute. Sammy hatte alles eingeladen, was »wichtig« war. Sie kamen tatsächlich alle. Ully saß an der Kasse und rief Sammy die eingeteilten Platzziffern zu. Sammy versuchte, jeden unterzubringen. Es wurde immer voller. Man saß beinahe aufeinander, selbst hinten die Bar, von der aus man die »Bühne« nur zum Teil sehen konnte, war gerammelt voll.

Und wie jede gute Geschichte ausgeht – es wurde ein Riesenerfolg. Dietsch blühte in der Tat, er war umwerfend komisch, Klaus war wie ausgewechselt, Dieters großer Monolog vor der Schlußnummer wurde immer wieder von Beifall unterbrochen, und ich, als einzige Frau, hatte es, mit so viel Begabung um mich herum, leicht: Die Kritiken waren umwerfend gut.

Und am nächsten Abend war es leer. Es war herrliches Wetter. Ully stand auf der Straße und holte die Studenten herein. Wenn wir fünfzig Menschen drin hatten, waren wir schon zufrieden.

Langsam, recht langsam sprach es sich herum. Bis es dann endlich soweit war, daß jede Nacht an der Eingangstür das Schild »Ausverkauft« hing. Aber da war ich schon nicht mehr dabei. Ich bin nun mal ein Zigeuner und muß zwischendurch immer was anderes machen. Vielleicht darf ich sagen, daß ich im ersten Jahr die Lokomotive war, die den Zug ins Rollen gebracht hat.

Wir gingen auch auf Tournee. Die Leute sagten meistens »Wach- und Schließgesellschaft« und konnten sich nichts Rechtes darunter vorstellen. Daß der Name ein Witz war, sickerte nur langsam durch. Die Tournee brachte uns Anerkennung und hervorragende Kritiken, aber beileibe keine vollen Häuser. Einmal mußten wir sogar abbrechen, weil nur zehn Publikümmer unten saßen.

Während dieser Zeit entfremdeten wir uns, weniger weil es überall so leer war – ich weiß eigentlich nicht mehr genau, warum. Vielleicht weil ich von meinen Partnern immer als »die Jungens« oder »meine Jungens« sprach, als ob ich die Chefin wäre, dabei habe ich es wirklich nicht so gemeint und eigne mich dazu überhaupt nicht. Vielleicht deshalb. Was immer es auch gewesen sein mag, ich habe es einfach vergessen, und heute vertragen wir uns alle wieder bestens.

Ein Komitee. Man sieht rot, hüben wie drüben. Der hilfreiche Curd. Die Russen kommen

Es brach die reinste »Gründerzeit« aus. Nach der Gründung der »Münchner Lach- und Schießgesellschaft« stürzten wir uns voller Enthusiasmus auf eine andere »Gründung«, überzeugt davon, daß dieses Unternehmen endlich alle Menschen erreichen werde. Wir gründeten das »Komitee gegen Atomrüstung«.

In allen Städten, nicht nur in München, wurden »Büros« aufgemacht. Die Gewerkschaften machten mit, Aufrufe wurden verfaßt, Märsche organisiert, Geld wurde gesammelt und auch gegeben. Wahrscheinlich haben sich, wie das leider immer so ist, auch an dieser so idealistischen und wenigstens zu Anfang so selbstlosen und aus wirklicher Verantwortung für den Frieden in der Welt geborenen »Bewegung« einige Elemente bereichert. Wir arbeiteten stundenweise, stellten uns zur Verfügung, um auf unzähligen Marktplätzen der Bundesrepublik vor Tausenden von Menschen gegen die atomare Aufrüstung zu sprechen. Männer und Frauen wie Erich Kästner, Ingeborg Bachmann, Professor Gollwitzer, Pfarrer Niemöller, Dr. Hans-Jochen Vogel, Dr. Hildegard Hamm-Brücher, Dieter Borsche, Hans-Werner Richter, Jesco von Puttkamer und viele, viele andere, unter denen auch ich mich befand, waren dabei.

Das Echo war gewaltig, der Erfolg gering. Wir jedenfalls haben es nicht geschafft, »den Frieden der Welt zu sichern«. Ein Büro nach dem anderen verschied sanft.

In der DDR wurde eine ungeheure Reklame für unser Komitee gemacht, während wir, nach dem ersten Rausch der Begeisterung für eine so gute Sache, in der Bundesrepublik ein bißchen schief angesehen wurden und in den Verdacht gerieten, »rot« zu sein. Aber wir waren nur wieder die Dummen. So bekam ich zum Beispiel eine ganze Zeit lang sehr wenig zu tun, und das bedeutete natürlich Ebbe im Portemonnaie.

Da half mir Curd Jürgens. Er hatte gerade eine kleine Fernsehproduktionsgesellschaft gegründet und drehte in München eine Kriminalserie. Erst war ich zu stolz, dann dachte ich: Fragst halt mal nach, und ging hin. Er war nicht da. Ich ließ ihm einen Zettel in die Garderobe legen. Kaum war ich wieder zu Hause, rief er schon an und sagte: »Ich lasse dir vom Franz Geiger eine Rolle in die jetzige Produktion reinschreiben. Bis morgen hast du sie.«

So einfach ist das, wenn jemand kann und will!

Von da an ging es also nicht mehr bergab, sondern allmählich wieder bergauf.

Mitten in diese Zeit fiel eine Begebenheit, die unserem Ruf auch nicht gerade dienlich war. In unserer Wohnung in Schwabing, in der Georgenstraße 19, im ersten Stock, fanden schon ab neun Uhr morgens fieberhafte Vorbereitungen für eine gewaltige Party statt, die die Kinder und deren Freunde dem sowjetrussischen Dichter Jewgenij Jewtuschenko geben wollten. Die Freunde, darunter einige Studenten der Slawistik, hatten ihn vor zwei

Jahren in Moskau kennengelernt und nach München eingeladen. Damals war Jewtuschenko noch nicht »in«, und bei uns kannten ihn nur sehr wenige. In diesen zwei Jahren aber war er international berühmt geworden. Und er hatte nicht vergessen, was er den Freunden versprochen hatte. Während einer offiziellen Reise durch die Bundesrepublik kam er auch nach München und wohnte standesgemäß im Hotel »Bayerischer Hof«.

Die Party sollte bei uns stattfinden, denn wir hatten die größte Wohnung. Auf dem großen alten Bauerntisch in der Küche wurden haufenweise Brote gestrichen. Der Burda-Verlag, unser »Untermieter« (er hatte die Wohnung im Erdgeschoß), schickte mehrere Kisten mit bestem badischen Wein. Auf dem Küchenbalkon standen die Bierkästen und die Schnäpse. In der Wohnung wimmelte es von jungen Menschen; viele waren uns völlig unbekannt. Schränke wurden gerückt, Möbel umgestellt, die Flügeltüren der vier ineinandergehenden großen Vorderzimmer aufgemacht. Ich hätte mich nicht gewundert, wenn auch noch ein Weihnachtsbaum die Treppe heraufgewuchtet worden wäre.

Mein Mann Ully ging mit Blumensträußen zu den übrigen Mietern im Haus und bat um Milde, falls es zu laut werden sollte – es fände eine größere Party statt. Alle verfügbaren Stühle wurden in die Vorderzimmer gestellt. Ich hatte plötzlich keine Matratze mehr, setzte mich erschöpft auf den Boden, den Rücken an die Wand gelehnt, und fluchte leise vor mich hin.

Nachmittags, so gegen sechzehn Uhr, kamen zwei freundliche, russisch sprechende Herren und blieben. Der eine postierte sich an einem Ende des zwanzig Meter langen Korridors, der andere an dem anderen Ende. Annie machte mit dem Krückstock die Runde, erkundigte sich bei den beiden Herren, was sie denn in unserer Wohnung täten, erhielt ein freundliches Lächeln und keine Antwort und zog sich beleidigt wieder in ihr Zimmer zurück.

Ab zwanzig Uhr flutete die Menge die Treppe herauf. Es war unglaublich, wer da alles kam, auch viele, die von uns gar nicht eingeladen worden waren. Um einundzwanzig Uhr kam Jewtuschenko. Er hatte die damalige Gräfin Einsiedel (besser bekannt als Barbara Rütting) an der Hand und nannte sie zärtlich »moja Partisanka«. In dem Film von Helmut Käutner »Die letzte Brücke« hatte er sie als jugoslawische Partisanin gesehen.

Alles scharte sich um den Dichter, drei Dolmetscher übersetzten, zwei von ihnen waren schon nach kurzer Zeit volltrunken, da sie nicht über die gleiche Trinkfestigkeit wie Jewtuschenko verfügten. Ully sprang mit Serbokroatisch ein, das ging ganz gut.

Jewtuschenko bemerkte Fritz Kortners eindrucksvollen Kopf und wollte wissen, wer das sei. Darauf Kortners typische Antwort: »Sagen Sie ihm, in erster Linie bin ich Juuuude.« Und als was würde Herr Jewtuschenko sich bezeichnen? – »Sagen Sie ihm, in erster Linie bin ich Kommunist«, war die prompte Antwort. Danach haben sich die beiden via Dolmetscher sowie mit ausdrucksvollen Gesten sehr lange und gut unterhalten, wobei sie bald Hans Schweikart mit in ihr Gespräch einbezogen.

Schauspieler, Journalisten, Maler, Bürgermeister, Politiker von SPD, CDU, FDP, ja auch der CSU waren da – alles in allem über zweihundert Menschen.

Plötzlich wurde es still. Auf Bitten vieler Anwesender rezitierte Jewtuschenko seine Dichtung »Babi Jar« und noch ein weiteres Gedicht, zwanzig Minuten lang, mit sparsamen Gesten. Russisch ist eine schöne, klangvolle Sprache. Auch wenn man kein Wort versteht. Er sprach wie ein sehr guter Schauspieler, es war ein Vergnügen, ihm zuzuhören und zuzusehen. Natürlich gab es donnernden Applaus.

»Engagiert«, sagte Kortner leise.

Gerade als sich alles wieder auflöste, um sich zu neuen Grüppchen zu versammeln, ging die mittlere Korridortür auf, und da stand Annie. Sie trug ein neues schwarzes, uns bis dahin völlig unbekanntes Kleid, dazu die »Lilly-Herking-Brosche«, ein wunderschönes Schmuckstück, das ihr meine Mutter einmal geschenkt hatte. Den Krückstock in der Linken, sagte sie: »Herr Jewtuschenko, das war wunderbar, das hätte unsere Mutti (damit meinte sie nicht etwa mich, sondern meine Mutter) nicht besser machen können.«

Es wurde ihm übersetzt. Er ging zu ihr, küßte ihr beide Hände und sagte: »Danke, Täubchen.« Annie warf noch einen königlichen Abgangsblick auf die Gesellschaft, drehte sich um und entschritt.

Irgendwann ging Jewtuschenko. Er wollte unbedingt noch in einen Stripteaseladen, weil er so etwas noch nie gesehen hatte; einige willige Damen begleiteten ihn. Ich habe mich nicht danach erkundigt, ob es bei der Striptease-Show geblieben ist. Die beiden Herren an den beiden Korridor-Enden verschwanden auch, und die Party dauerte noch bis zum nächsten Morgen.

Der zwanzig Meter lange maisgelbe Läufer im Korridor war nur noch stellenweise maisgelb, und wir haben ungefähr eine Woche gebraucht, um die Wohnung wieder in Ordnung zu bringen.

Der Hausherr, der über uns wohnte, bestellte Ully zu

sich und wollte uns kündigen, weil wir ein Kommunistenfest gegeben hätten, beruhigte sich aber wieder, als ein Freund, der Mitglied der CSU war, ihm gestand, auch er sei da gewesen und es sei wirklich hübsch und »ordentlich« zugegangen.

Nachdem die letzten Weinflaschen vom Balkon verschwunden waren und die ersten Frühlingstage sich ankündigten, war die Party schon beinahe wieder vergessen. Nur Annie erzählte des öfteren, daß ein russischer Dichter sie »Täubchen« genannt und ihr beide Hände geküßt habe, und das schwarze Kleid mit der Brosche hat sie erst wieder ein Jahr später zu Weihnachten angezogen.

Honigkleckse, Pfützen und die Folgen. Die Heiligen Drei Könige im Backofen

Wenn ich für längere Zeit in einer anderen Stadt verpflichtet war, stellte das Theater uns nicht selten eine möblierte Wohnung zur Verfügung. Das ist auch heute noch so üblich. In einer dieser »Bleiben« fanden wir drei Messer, drei Gabeln und drei Löffel vor, dazu ein vergammeltes Teesieb, einige Tassen, die nicht zusammen paßten, ein paar angeschlagene Teller, eine Käseglocke, eine verkrustete Bratpfanne und zwei Kochtöpfe, die eine dicke Schicht von Wasserstein aufwiesen. Nicht zu vergessen sechs Gläser, einen Eimer und einen durchlöcherten Fetzen, der einmal ein Scheuerlappen war. Ully kaufte drei Vasen, etwas Besteck, zwei neue Töpfe, ein Brotmesser und noch ein paar Dinge, die es uns ermöglichen sollten, zu kochen, zu essen, sauberzumachen.

Der Vorhang öffnete sich für die Premiere. Ein freundliches Publikum und viele Blumen. Ehe ich zu Bett ging, legte ich die langstieligen Rosen ins Waschbecken. Am nächsten Mittag – Ully hatte gleich nach der Premiere nach München zurückfahren müssen – hole ich, den Kopf noch etwas vernebelt von der Premierenfeier, die Rosen aus dem Becken, schneide sie, spalte die Stengel, fülle die große braune Tonvase mit Wasser und stelle die Blumen hinein. Sieht sehr schön aus! Ich setze das Wasser für den Kaffee auf. Ich decke den kleinen Tisch fürs Einpersonen-Frühstück. Ich setze Honigglas und Marmeladenschale, den kleinen Teller mit Aufschnitt, Tasse, Untertasse, Milch- und Kaffeekanne auf ein kleines rundes Tablett, lege noch Brot und Besteck dazu und auf das Brot noch ein Käseeckchen.

Auf dem Weg zum Frühstückstisch fällt zuerst das Käseeckchen herunter, dann folgt ohne Aufenthalt alles andere. Das Honigglas zerbricht, dickflüssig tropft der Honig aufs Linoleum. Ich sammle verhältnismäßig stumm alles wieder ein, hole Abschminkpapier, um den Honig wegzureiben, nehme den neuen, von Ully gekauften Scheuerlappen, befeuchte ihn, wische die Marmelade weg. Danach den Kaffee und die Kondensmilch. Ich bereite mir neuen Kaffee. Die Kaffeekanne ist heil geblieben. Die zerbrochene Tasse werfe ich in den Müll, hole eine neue und fange wieder von vorne an. Dieses Mal bringe ich alles einzeln zum Tisch.

Wie ich nun endlich frühstücken will, fällt mir ein, daß ich die Vase mit den Rosen im Bad habe stehenlassen. Ich will alles schön harmonisch gestalten und mich beim Frühstück daran freuen. Ich gehe also ins Bad, hebe die hohe, schwere Vase mit den Rosen hoch und schreite damit ins Zimmer. Ich schreite nicht lange. Ich muß einen Honigklecks übersehen haben, ich rutsche aus, die Vase fällt zu Boden, ich hinterher. Die linke Hand, die mich abstützen sollte, stößt mit Wucht in eine Scherbe, ich blute wie ein Schwein, ich wickle mir den Waschlappen um die Hand, der ist nach Sekunden blutgetränkt. Ich stürze zur Nachbarin hinüber, klingele, sie öffnet, wird bleich. Gott sei Dank ist ihr Mann da. Er packt mich ins Auto und fährt mit mir zur Unfallstation. Im Krankenhaus wird der klaffende Riß vom Daumen bis zur Mitte des Handtellers genäht. Ich bekomme einen Gipsverband, der bis zum Ellenbogen reicht und die Hand sozusagen lahmlegt. Ausgerechnet jetzt, wo ich zum erstenmal eine Rolle spiele, in der ich mich in eleganten Kleidern tummeln darf. Mit Gipsarm! »Hilft nichts, den müssen Sie zwei Wochen behalten.«

Als ich etwas geschwächt »nach Hause« komme, hat die Nachbarin das Wasserblutbad weggewischt samt dem Urheber Honigklecks. Auch eine Vase hat sie gestiftet. Aber ich kann nun nicht mehr frühstücken.

Abends im Theater genieße ich es, daß man mich bedauert, und spiele die Rolle nun eben mit einer Hand. Die andere halte ich diskret auf dem Rücken. Ich habe sie mit einem Chiffontuch bedeckt; es sieht etwas albern aus, aber es geht.

Nach dem Theater will ich nun endlich, nachdem der Schreck vorbei ist, Ully anrufen, ihm natürlich verschweigen, daß ich mal wieder alles auf ein zu kleines Brett gepackt habe, und mich seiner Sympathie und seines tiefen Mitleides versichern. Aber bevor ich dazu komme, ruft er an: »Stell dir vor, ich liege im Krankenhaus, habe mir den rechten Knöchel dreimal und das Schienbein einmal gebrochen. Ich bin mitten auf der Georgenstraße ausgerutscht, auf einer Eispfütze.«

Ich: »Mußt du denn immer so übertreiben, ich bin auf einem Honigklecks ausgerutscht und habe mir die Hand zerschnitten. Das genügt doch vollkommen.«

Nachdem wir uns wegen des Honigkleckses, und wie kann man nur so nachlässig sein und wegen der Eispfütze, wieso hast du denn nicht aufgepaßt, eine Weile erbittert zanken, fließen wir dann doch voll Mitleid füreinander über. Er tröstet mich, ich tröste ihn. Bei ihm wird es mindestens einen Monat bis sechs Wochen dauern, er muß liegen, das Bein in Gips.

Wie ich hinterher erfahren habe, wurde sein Krankenzimmer der beliebteste Umschlagplatz für Faschingsbummler, bevor sie zum nächsten Fest eilten. Das ging immer bis weit über Mitternacht. Die netten katholischen Schwestern werden sich unter ihren Häubchen einiges gedacht haben.

Nach vierzehn Tagen kam mein Gips herunter. Das Dilemma war nur, daß ich die Hand kaum bewegen konnte. Der Arzt sagte: »Rollen Sie eine Kugel in der geschlossenen Hand, dann kommt die Beweglichkeit langsam zurück.

Eine Kugel war mir zu unergiebig. Ich beschloß, Figuren zu kneten. Ich hatte einmal davon gehört, daß Käthe Kruse eine Knetmasse erfunden hat, die man Fimoik nennt. Die fertig gekneteten Figuren soll man in die Backröhre schieben und bei Plätzchenhitze backen. Dann soll man sie herausholen, nach einer Weile werden sie hart. Hinterher kann man sie noch – aber das ist meine Erfindung – mit Plakatfarbe anmalen und ihnen, als krönenden Abschluß, einen feschen glänzenden Lacküberzug geben.

Bei Plätzchenhitze fließen die Figuren, wenn sie keinen Halt haben, auseinander. Also muß man ihnen ein

Skelett verschaffen, am besten aus Blumendraht. Die nächsten Tage waren mit dem Fabrizieren und Wiederwegwerfen von Skeletten ausgefüllt. Die Hand tat mir verdammt weh, aber der Ehrgeiz hatte mich gepackt. Endlich hatte ich es raus, wie man ein Skelett aus Blumendraht macht. Dann begann ich, das Fimoik butterweich zu kneten. Als das soweit war, umkleidete ich mein Skelett damit. Es wurde tatsächlich ein richtiges Püppchen, mit Armen und Beinen, nur zum Stehen brachte ich es nicht. Immer wieder kippte das Biest um. Also ließ ich es kurzerhand knien.

So entstand der erste der Heiligen Drei Könige, und so nach und nach habe ich meiner Tochter eine ganze Krippe geknetet und, da ich keinen Backofen hatte, die Küche meiner Bekannten viele Male mißbraucht. Denn wenn die Figuren »reif« sind, dampfen sie, weißlicher Rauch dringt aus der Backröhre und schwebt übel riechend durch den Raum. Gleich hinterher Plätzchen zu backen, wäre nicht ratsam, und wahrscheinlich ist das Backblech nur noch für Fimoik-Püppchen zu gebrauchen. Die Krippe steht nun jedes Jahr unter dem Christbaum bei Susanne.

Mittlerweile habe ich auch herausbekommen, wie man die Figuren zum Stehen bringt. Von da an war ich nicht mehr zu halten. Aus dieser »Schaffensperiode« stammen mindestens achtzehn Leuchter und fünfzig Figuren, die irgendwo bei Bekannten und Freunden herumstehen. Ein paar davon haben wir auch noch. Sie zieren unser Kitschregal.

Ähnlich geht es mir mit der Malerei. Wenn's mich mal packt, dann muß ich einfach malen. Auf diese Weise sind im Laufe der Jahre eine ganze Anzahl von Bildern entstanden. Wenn sie fertig sind, verschenke ich sie. Die

Menschen, denen ich sie schenke, behaupten sogar, daß sie ihnen sehr gefallen. Ully stellt sich aber sehr oft drohend dazwischen und will nicht.

Ich habe sogar schon eine Ausstellung, zusammen mit den wirklich ausgezeichneten Bildern von Viktor de Kowa, in Wiesbaden und Stuttgart gehabt. Als ich von dem Initiator gefragt wurde, was meine Bilder kosten, hatte ich keine Ahnung und habe ihm den geschäftlichen Teil überlassen. Ich bezweifelte, daß das überhaupt jemand kaufen würde. Tatsächlich hat er mehr als zehn Bilder verkauft.

Jetzt habe ich über ein Jahr nicht mehr gemalt, dafür schrieb ich an diesem Buch. Vielleicht kauft es auch jemand.

Sichtbehinderung und andere Gebrechen. Gora sorgt dafür, daß ich auf dem Teppich bleibe

An einem drehfreien Tag lag ich im Hotelbett und las meinen damaligen Lieblingsautor Steinbeck, die schöne Geschichte des Doktors, der in der Straße der Ölsardinen wohnt. Da wurden plötzlich die Buchstaben undeutlich und verschwammen. Draußen regnete es. Das Wetter war justament so, daß man kein schlechtes Gewissen zu haben brauchte, wenn man einfach im Bett liegen blieb, das Frühstücksgeschirr auf dem Stuhl daneben, die Brötchenkrümel teils auf dem Teppich, teils auf dem Laken und auf diesem ein kaffeebrauner Fleck, der entstand, als ich, Augen im Buch, die Kaffeetasse zum Munde führte. Und nun verschwimmen die Buchstaben!

Also raus aus dem Bett. Natürlich stürzen sich, wenn

ich weg bin, die Zimmermädchen auf das Zimmer, und hin ist es mit der Gemütlichkeit. Ich sage also: »Bitte heute nicht aufräumen, ich geh' nur mal eben schnell weg und bin gleich wieder da.«

Unten auf der Straße, an der Ecke, ist ein Optiker. »Hören Sie, ich muß dringend lesen, aber im Moment geht's nicht weiter, ich glaube, ich brauche eine Brille. Haben Sie vielleicht eine?« Er sagt: »Wäre das Ihre erste?« – »Ja.«

Darauf kramt er ein bißchen zu seiner Linken und holt eine kleine Brille hervor, die mit Nickel eingefaßt ist. »Probieren Sie die mal. Wenn Sie damit lesen können, schenke ich sie Ihnen.« Ich konnte wunderbar damit lesen.

Ich lief ins Hotelzimmer zurück, legte mich wieder ins Bett, nahm meinen Steinbeck an die Brust und war sehr beglückt.

Diese erste kleine Brille war wirklich nicht schön (ich nannte sie »die kleine Wehrmachtsbrille«), aber sie hat mich durch den ganzen Steinbeck geführt. Als nächster kam Fontane dran. Gute kleine Brille! Aber wahrscheinlich war es doch nicht so ganz das Richtige. Nach Fontane bedauerten meine Augen wiederum, und da ging ich dann in München zu einem Augenarzt. Dem verschwieg ich aber die kleine Wehrmachtsbrille. Er verschrieb mir eine richtige, das war vor ungefähr achtzehn Jahren.

Als mein jetziger Mann in mein Leben trat, ließ er eine zweite Brille für mich anfertigen, damit ich mit der zweiten die erste suchen kann, und umgekehrt. Im Moment habe ich drei.

Zwischenzeitlich packte mich die Eitelkeit. Ich ging zum Optiker und ließ mir Kontaktlinsen verpassen. Manche Menschen können die mit Leichtigkeit tragen, ich nicht. Ich habe mich wirklich sehr tapfer bemüht. Als ich sie das erste Mal auf der Bühne trug, packte mich leichte Panik, denn ich sah das Publikum sehr genau. Vorher war es immer eine zwar etwas verschwimmende, doch stets freundliche Masse gewesen. Und hätte ich mich sehr angestrengt, so hätte ich gerade noch in der ersten Reihe die Gesichter erkannt, jetzt aber sah ich sie alle, alle ganz deutlich. Ich mußte mich bemühen, nicht immer wieder fasziniert ins Publikum zu sehen, denn das ist ja nicht der Sinn des Theaterspielens.

Das hörte dann auch von alleine in der Pause auf. Denn plötzlich sah ich nur noch auf einem Auge. Die andere Kontaktlinse mußte ich verloren haben. Das gesamte Ensemble kniete nun auf dem Teppich der Bühne, um meine Augenlinse zu suchen. Das andere Auge fing bereits zu tränen an. Plötzlich sah ich wieder auf dem ersten – die Kontaktlinse war listig von der Pupille weggerutscht, haftete aber noch auf dem Augapfel, irgendwo seitlich, und hatte sich, eben noch rechtzeitig, wieder vor die Pupille geschoben.

Ich spielte, etwas unkonzentriert, weiter und gewöhnte mich im Laufe des Abends daran, daß diese Dinger ein Eigenleben haben, mal draufbleiben, mal wegrutschen, mal wiederkommen, und solcherart auch besonnene Menschen in eine gewisse Hysterie versetzen können.

Aber ich wollte nicht aufgeben, ich wollte es zwingen. Der Optiker, ein sehr berühmter Optiker sogar, hatte mir gesagt, wie viele berühmte Menschen das schon geschafft hätten. Eine ganze Reihe gekrönter Häupter darunter, und so viele Kronen gibt es ja gar nicht mehr.

Verbissener Ehrgeiz trieb mich. Jeden Tag schritt ich, die Dinger fest auf den Pupillen, durch den Englischen Garten, damit sie sich in der frischen Luft festsaugen konnten. Ich nahm sie, der Vorschrift gemäß, nach einer gewissen Zeit heraus und legte sie, der Vorschrift gemäß, nach einer gewissen Zeit wieder auf die Pupille. Andere Menschen, jene gekrönten Häupter ganz bestimmt, können das sicher leicht und elegant. Ich war jedesmal dem Weinen nahe, wenn ich mir mit dem Zeigefinger, auf dessen Spitze dieses kleine Ding balanciert werden muß, ehe man es auf die Pupille praktiziert, ins Auge stieß.

Meinen Mann machte ich wahnsinnig, weil das kleine Ding zuweilen aus dem Auge sprang. Ein halbes Jahr lang hat er sich deshalb, größtenteils in kriechender Stellung, auf dem Teppich unserer Wohnung bewegen müssen – und hat es immer gefunden, das kleine Ding! Die sind nämlich auch noch ganz schön teuer.

Der Gipfel allerdings war erreicht, als ich eine Kontaktlinse auf der Damentoilette des Hotels Bayerischer Hof verloren hatte. Nachdem die hilfsbereite Toilettendame und noch einige andere freundliche Besucherinnen vergeblich gesucht hatten, mußte ich darum bitten, für fünf Minuten die Toilette zu sperren, weil ich meinen Mann holen müsse, der fände die Kontaktlinse bestimmt. Ully sagte nur: »Das ist das letzte Mal.«

Er ging wirklich hinein und fand sie. Daraufhin nahm ich auch noch die andere Kontaktlinse, die aus dem anderen Auge, heraus und legte beide in ihr Kästchen, und da liegen sie heute noch. Besser abwechselnd drei Brillen suchen, als eine an sich so gute Ehe zerrütten.

Hätte ich damals meine argen Kopfschmerzen nicht in Hamburg und München, sondern in Berlin gehabt, wären sie eher verschwunden. Nicht durch Berlin, obwohl Berlin ein wesentlicher Teil von mir ist, sondern dank Gora. Gora kenne ich nun schon seit fünfunddreißig Jahren und gehöre somit zu ihren ältesten »Auf-dem-Teppich-Liegerinnen«. Vor fünfunddreißig Jahren ging ich auf Anraten meines Arztes, des weisen, melancholisch-heiteren Dr. Peter Kuttner, zu ihr. Er sagte: »Hör auf mit deinen strammen sportlichen Leistungen. Das verkrampft dich nur. Und das ist weder für dich noch für dein Kind gut. Wenn du dein Kind gut und leicht bekommen willst, dann geh zu Gora.«

Schwangerschaftsgymnastik war damals noch nicht sehr populär. Und ich hatte sowieso einen Horror vor Gymnastik jeder Art. Sätze wie »Auf dem Teppich liegen, sich entspannen, aus der Entspannung neue Kräfte sammeln« waren mir einfach zuwider. Und doch bin ich bis heute, dank Gora, »auf dem Teppich geblieben«! Die beiden Kinder – das war der Anfang, und dann ging ich eben auch hin, wenn ich keine erwartete. Müdigkeit, schlechte Laune, sogar handfester Kummer, alles rückte sich auf dem Teppich zurecht. Nach anderthalb Stunden verließ man Gora beschwingt – »als wennste schwebst«. Ihre Wohnungen wechselten, die Teppiche wechselten, aber immer schenkten mir die anderthalb Stunden bei Gora diese beglückende, schwebende Leichtigkeit.

Man braucht ihr nichts zu erzählen. Sie sieht, sie begreift, sie hilft. Sie *ist* Güte, ohne den leisesten Beigeschmack von Sektierertum, Sentimentalität oder gar Verlogenheit. Sie bringt es fertig, daß man sich nie unbequem oder verlegen in ihrer Schuld fühlt. Sie ist so selbstverständlich, daß man diese Selbstverständlichkeit dankbar entgegennimmt. Ohne auch nur das geringste Aufheben zu machen, hat sie unendlich vielen Menschen geholfen.

Mir kommt es vor, als habe sie sich in all diesen Jahren nicht verändert. Gewiß, die kurzen Haare sind grau geworden, aber die Augen sind dieselben geblieben, zärtliche, zugleich wach beobachtende Augen. Die leise, aber ganz und gar bestimmte Stimme mit dem hannoveranischen »st« weiß sich in einem Rudel ausgelassener Kinder, aber auch im plötzlich ausbrechenden Geschwätz eines Pulks auf dem Teppich liegender Erwachsener durchzusetzen. Dann herrscht Stille. Man denkt, man tut hier ja gar nichts, aber wenn man lange nicht da war, hat man am nächsten Tag einen Muskelkater, der sich gewaschen hat.

Oft ist sie schon ab sechs Uhr morgens unterwegs, um die Kranken, die nicht aus dem Bett können, mit ihren zuverlässigen, spachtelförmigen Fingern zu kneten.

Verzeih, Gora, ich weiß, daß dir Dank und Preis unangenehm, ja peinlich sind. Aber es führt kein Weg an dir vorbei – und meiner schon gar nicht.

Tennis auf dem Friedhof. Fisch-Fischers Fünf-Finger-Fische. Wachtmeister Krause bin ich nicht geheuer

Im Sport war ich immer sehr ehrgeizig. Meine Leistungen allerdings hinkten meinen Ambitionen hinterher. Abgesehen vom Schwimmen, da habe ich sogar einen Preis eingeheimst – Hundert-Meter-Brustschwimmen, dreizehn Jahre war ich alt. Schwimmen macht mir auch heute noch viel Spaß. Im Wasser fühle ich mich wohl, obgleich es mir einmal, als ich mich, an der Angel der dicken Badefrau hängend, auf dasselbe zu legen hatte, eine so entsetzliche Angst einjagte, daß ich laut und hemmungslos brüllte. Ich muß ungefähr sechs Jahre alt gewesen sein, und meine gute Mutter hat sich sicher vor ihren Freundinnen sehr für mich geniert. Aber wie durch ein Wunder war das eines Tages vorbei; ich schwamm mich frei, und seit dieser Zeit liebe ich das Wasser.

Mit knapp zwölf Jahren stiegen meine Chancen als Mittelstürmer beim Hockey. Man erwog sogar wohlwollend, mich in den Weimarer Hockey-Club aufzunehmen. Aber da machte mir mein Vater einen Strich durch den Ehrgeiz, indem er mir das Hockeyspielen verbot. Als er gestorben war, hatte ich keine Lust mehr.

Alle meine Freundinnen spielten Tennis. Ich quengelte so lange herum, bis Annie es irgendwie fertigbrachte, mir dieses unsere damaligen Verhältnisse weit übersteigende Vergnügen zu ermöglichen. Sie nähte mir sogar ein weißes Tenniskleid. Was ich nun trieb, war fürchterlich. Ich spielte miserabel. Ich galoppierte wie ein Pferd über den Tennisplatz. Fast bei jeder Backhand fiel mir der Schläger aus der Hand. Freundliche Menschen, die mir angeboten hatten, mich diese Kunst zu lehren und mit mir zu spielen, zogen sich spontan zurück. Wenn in der Woche wieder der »Tennistag« kam und Annie das Weiße gebügelt hatte, sagte ich: »Also, nun gehe ich auf den Tennisplatz.« – »Viel Spaß«, sagte Annie und sah mich stolz an. Dann ging ich, den Schläger in der Hand, auf den Friedhof, der dem Tennisplatz gegenüberlag, setzte mich auf eine Bank und wartete dort die Zeit ab, bis ich wieder nach Hause gehen konnte. Auch später habe ich mich nie wieder getraut, Tennis zu spielen.

Im Tischtennis bin ich ganz gut. Aber Ully ist viel besser. Er schneidet wie ein Teufel, und dem bin ich mit meinen langen geraden Schlägen nicht gewachsen.

In Berlin, auf der Schauspielschule, war ich eine mittelmäßige Fechterin, aber stets so enthusiastisch, daß ich, aus Mangel an Stehvermögen, unentwegt ausrutschte und hinfiel.

Kurze Zeit verband mich Freundschaft mit einem glühenden Rugby-Anhänger. Ich lernte alle Regeln, mußte ich ja wohl, denn er sprach kaum von etwas anderem. Dieses Spiel beherrschte ich nur theoretisch. Da ist mir vieles erspart geblieben.

Skilaufen fiel aus, denn in jedem Filmvertrag stand die Klausel, daß man dieses nicht dürfe.

Gern mache ich lange Spaziergänge. Wenn ich so ganz für mich allein dahintrabe, mache ich zuweilen auch Sprechübungen. Dann vergesse ich, daß es eventuell auch noch anderen Menschen einfallen könnte, in dieser Gegend spazierenzugehen. Die erschreckt es dann nicht nur, daß ich sie beinahe umrenne – nein: was diese harmlosen Menschen so irritiert, ist, daß ich dabei auch noch überdeutlich sage: »Fisch-Fischers Franz fing frech vorm Flußfall fette Fünf-Finger-Fische.«

Einmal im Winter, als wir auf Tournee mit dem Stück »Gigi« waren, trieb es mich wieder ins Freie. Es war sehr kalt. Die Sonne schien, wir waren in irgendeiner kleinen Stadt und wohnten in irgendeinem »besten Haus am Platze«. Der Wald war nicht weit. Ich zog los. Meinen langen roten Strickschal hatte ich verwegen um den Hals geworfen.

Im Wald beschleunigte ich meine Schritte, dann fing ich mit kleinen Sprechübungen an. Dabei stößt man viele Male hintereinander ein kurzes blökendes »Mo« aus. Später leitete ich über zu »Unter dunklen Uferulmen wurdest du durch Blut und Wunden ungefurcht und unbesudelt ruhmlos rührend nun gefunden«.

Gerade als ich mich mit flinker Zunge auf die Fünf-

Finger-Fische stürzen wollte, tauchte überraschend ein Polizist aus dem Gebüsch auf, stellte sich vor mich hin und sagte: »Ihren Ausweis bitte.«

»Wieso denn«, sagte ich, »ich habe keinen Ausweis, den nehme ich nie mit, der ist im Hotel.«

»In welchem Hotel wohnen Sie denn?«

»Das habe ich im Moment vergessen, irgendwo am Markt, was geht Sie das überhaupt an?«

Er war nicht abzuschütteln. Er war von sehr bestimmtem Wesen und von einer verdächtigen Freundlichkeit. Ich sagte ihm: »Hören Sie, ich bin Schauspielerin, da kann es passieren, daß man den Namen des Hotels nicht weiß.«

»So, Schauspielerin, wie heißen Sie denn?«

Mein Name machte nicht den geringsten Eindruck auf ihn. Da hatte ich einen rettenden Einfall: »Passen Sie auf, wenn es also ungesetzlich ist, daß ich keinen Ausweis bei mir habe, dann kommen Sie mit mir, der Portier im Hotel wird Ihnen bestätigen, daß ich ich bin.«

»Das hatte ich sowieso vor«, sagte er, »aber erst mal zum nächsten Polizeirevier.«

Na schön, dachte ich, bloß keinen Widerstand, sonst hat das was mit der Staatsgewalt zu tun. Wir gehen also stumm nebeneinanderher. An der ersten Litfaßsäule, an der wir vorbeikommen, klebt groß das Plakat von »Gigi«: Herta Staal, Ursula Herking, Camilla Horn. Ich sage: »Da, die in der Mitte, das bin ich.«

»Das kann jeder sagen«, antwortet er freundlich.

Wir sehen beide ein wenig albern aus. Denn ich stütze ihn manchmal, weil ich in meinen Pelzstiefeln etwas mehr Halt auf der vereisten Straße habe als er in seinen schwarzen Lederstiefeln. Wir kommen sogar ganz munter ins Plaudern. Gelegentlich sieht er mich mißtrauisch von der Seite an. Ich frage: »Ist es noch weit zum Polizeirevier?«

»Nein, gleich hier um die nächste Ecke.«

Wir gehen ein paar Stufen hinauf, öffnen die Tür, warmer Dunst schlägt uns entgegen. Ein Herr in Uniform sitzt hinter einem Schreibtisch. Mein Polizist sagt: »Ich bin sicher, Herr Oberwachtmeister« (ich kenne mich in Diensträngen nicht aus, aber nehmen wir mal an, es war ein Oberwachtmeister), »das hier ist eine von den beiden.«

Der Herr Oberwachtmeister steht auf, kommt hinter seinem Tisch hervor, gibt mir die Hand, sagt: »Entschuldigen Sie, Frau Herking.« Und: »Krause, gehen Sie raus. Sie sind ein ...«

Krause geht. Ich frage: »Ja, was ist denn?«

Er sagt: »Entschuldigen Sie nochmals, aber heute früh sind hier aus der Irrenanstalt zwei Frauen ausgebrochen, und Krause hat ...« Er sieht mich an und sagt: »Nehmen Sie es Krause nicht übel, aber ich würde Ihnen auch raten, das nächste Mal einen Ausweis bei sich zu führen.«

Wir verabschieden uns freundlich. Abends war Krause im Theater. Er hat mir drei gelbe Rosen geschenkt.

Spazierengehen mit Sprechübungen ist eine ebenso aparte wie riskante sportliche Disziplin.

heute

Skandinavien-Tournee: Finnland. Ich hab' meine Tante geschlachtet. Allgemeine Entblößung

Es gibt Menschen, die sich mit der Geschichte des deutschen Kabaretts befassen und darüber Bücher schreiben. Ich kenne alle beide. Ich nenne sie Kabarettologen. Zwei liebenswürdige Herren. Ich könnte mir vorstellen, daß sie sich auf diesem ihrem speziellen Fachgebiet gegenseitig beargwöhnen und daß jeder heimlich die Glaubwürdigkeit des anderen anzweifelt. Dieses ernsthafte Bemühen um so flüchtige Wimpernschläge der leichten Muse rührt mich tief. In einem Punkt sind sich die beiden aber einig: das Kabarett, meinen sie, sei Ausdruck der Zeit. Sie drücken das natürlich etwas gelehrter aus.

Einem dieser beiden Herren habe ich eine Tournee durch ganz Skandinavien zu verdanken. Er hatte die Idee, jenen Skandinaviern, die in den Goethe-Instituten ihres Landes die deutsche Sprache erlernen, eine lebendige Vorstellung vom deutschen Kabarett zwischen 1900 und heute zu vermitteln.

Dieser Einfall wurde von der Leitung der Goethe-Institute in München gutgeheißen, und so flogen wir im Herbst, der Kabarettologe, der Pianist und ich, zunächst nach Helsinki, um in der Hauptstadt Finnlands mit unserer »Aufklärungstournee« zu beginnen.

Im Vortragssaal des Goethe-Instituts drängten sich

die Menschen, manche saßen sogar auf den Fensterbänken. Das Licht ging aus, Scheinwerfer strahlten die Bühne an, auf der wir zu dritt erschienen. Die beiden Herren im dunklen Anzug, ich im »kleinen Schwarzen« mit Perlenkette.

Der Pianist begab sich hinter seinen Flügel. Der Kabarettologe postierte sich hinter einem Stehpult, auf dem ein Glas Wasser stand. Ich setzte mich neben ihn.

Der Pianist griff zum Vorspiel in die Tasten. Der Kabarettologe legte beide Arme, die Hände anmutig gefaltet, auf das Pult und blickte heiter und gesammelt ins Publikum. Auch ich versuchte, heiter und gesammelt ins Publikum zu sehen, was mir aber nur unvollkommen gelang, da meine Knie vor Lampenfieber zitterten. Das Publikum sah uns an. Wir sahen das Publikum an. Der Pianist spielte und sah sich seinen Flügel an.

Nachdem das Vorspiel vorbei war, gab es Applaus für den Pianisten. Er nahm ihn, die Hände auf den Flügel gestützt, in leichter Kniebeuge mit schwebendem Gesäß entgegen. Nun begann, mit gepflegter Stimme, in unaufdringlichem Plauderton, der Kabarettologe am roten Faden zu spinnen, welcher sich durch das deutsche Kabarett zieht. Und jedesmal, wenn es galt, ein Chanson als Beispiel zu demonstrieren, erhob ich mich, trat zwischen den Pianisten und den Kabarettologen, sang es – und kehrte wieder zu meinem Stuhl zurück.

Das Publikum ging wunderbar mit, verstand jede Pointe und freute sich. Beim großen Schlußapplaus hielten wir uns alle drei an den Händen und verbeugten uns viele Male.

Ich wunderte mich, daß so viele Finnen so gut Deutsch können. Beim »Nachspiel«, so nennt man in Skandinavien die kleine Feier, die jedesmal nach so einer Aufführrung stattfindet, wobei es stets Smörrebrod und, je nach den Geldmitteln des Instituts, Kaffee oder Bier und Schnaps gibt (bei Goethe in Helsinki gab es sogar Sekt), fand ich heraus, daß der größte Teil des Publikums zur deutschen Kolonie in Helsinki gehörte. Aber gewiß wußten diese Landsleute auch nicht so übermäßig viel über das deutsche Kabarett und hatten sich gern aufklären lassen.

Bei späteren Aufführungen, deren Publikum nur aus Finnen bestand, hatten wir es dann schon schwerer. Und manche fürchteten sich, wenn der Kabarettologe das Gedicht »Der Tantenmörder« von Frank Wedekind aufsagte! Denn das Wort »geschlachtet« geriet ihm jedesmal so beängstigend lautmalerisch, und davor machte er eine so unheilschwangere Pause, daß auch jenen Finnen, die kein Wort Deutsch verstanden, und das waren die meisten, ein Schauer über den Rücken lief.

Aber hier in den tiefen Sesseln, beim heiteren »Nachspiel«, machte man uns viele Komplimente. Man parlierte drauflos, aß Smörrebrod, trank Sekt, und ich meinte das ganz ähnlich schon einmal erlebt zu haben, vor vielen Jahren in Berlin-Grunewald beim Jourfix der Schwester von Rathenau.

Am nächsten Tag flogen wir nach Tampere. Das liegt nahe an der russischen Grenze, unweit Leningrad. Breite, fast leere Dorfstraßen, zu beiden Seiten Holzhäuser. Die Straßen sind so breit, damit die Brände, die immer wieder ausbrechen, nicht so schnell auf die Holzhäuser überspringen können.

In dem Kino, in dem wir auftraten, saßen fünfzig bis achtzig Finnen. Während des Vortrages herrschte aufmerksame Ruhe, bis auf jenes leise Erschrecken bei der »geschlachteten« Tante. Aber jedesmal, wenn ich drankam, hatte jedermann einen Zettel in der Hand, und statt mich anzusehen, studierten sie alle eifrig, was darauf stand. So ging das bis zur Pause. Was gestern noch, weil die Leute mich eben ansahen, von schallendem Gelächter und Applaus unterbrochen worden war – heute bewirkte es nichts. Gar nichts. Lähmende Stille. Trotzdem gab es nach jedem Chanson stürmischen Applaus. Ich hätte dem Publikum auch gleich den Rücken kehren können.

Verzweifelt fragte ich in der Pause den Leiter des dortigen Instituts: »Was machen die denn? Warum lesen die, wenn ich singe?«

Er sagte: »Die lesen die Texte mit, die habe ich extra vorher verteilt.«

»Ja, wann haben Sie denn die Texte bekommen?«

»Die hat mir das Goethe-Institut aus München zugeschickt.«

»Aber wir haben doch längst umgestellt, die Reihenfolge, in der die auf den Zetteln stehen, stimmt doch gar nicht mehr. Ich singe da oben von Otto Julius Bierbaum das ›Schloß Mirabell‹, und die Leute im Saal lesen dazu den Text von Herbert Witt ›Ich brauche das für meine Nerven‹.«

»Ach«, sagte er.

Nach der Pause bat ich dann die anwesenden Finninnen und Finnen, doch bitte die Zettel wegzulegen und mir ins Gesicht zu sehen. Sie taten es bereitwilligst, und bald lachten sie wunschgemäß. Alles dauerte ein wenig länger, aber sie begriffen, was ich ausdrücken wollte.

Ob es uns allerdings gelungen ist, Geschichte, Sinn und Aufgabe des deutschen Kabaretts zu vermitteln, mag dahingestellt sein – das ist auch gar nicht so wichtig.

Schön war es, daß wir die Leute fröhlich stimmen konnten und daß sie uns von ganzem Herzen dankten.

Hinterher gab es wieder Smörrebröd. Dieses Mal mit Kaffee. Wir saßen in der kleinen Wohnung des Goethe-Leiters in der guten Stube auf dem Sofa. Er war Deutschlehrer und sah wie Chruschtschow aus. Er hielt seine rundliche, apfelbäckige Frau an der Hand, freute sich fortwährend und sagte uns ab und zu ein Gedicht auf.

In Skandinavien, hauptsächlich in Finnland, werden fast alle Strecken mit dem Flugzeug bewältigt. Kleine Flugzeuge heben von sehr schmalen Pisten ab. Bäuerinnen mit großen Kiepen, aus denen verschreckte Hühner gackern, Geschäftsleute mit Aktentaschen und eiligen Gesichtern, eine kleine Gruppe junger Leute, die einen Elch schießen wollen – alles fliegt dortzulande.

Im Oktober beginnt die Elchjagd. Man hat mir erzählt, daß dabei auch viele Kühe auf der Strecke bleiben, weil sie aus Versehen für Elche gehalten werden. Weiter erzählte man mir, daß diese Elchjagd wie ein Fieber um sich greife und daß gelegentlich auch Menschen angeschossen werden, und zwar solche, die sehr groß sind und von weitem wie Elche aussehen. Ich halte das für eine Übertreibung. Aber ganz wohl war mir nicht. Vor vielen Jahren hat mir mal ein Freund den Spitznamen »Elch« verpaßt.

Wir warteten auf Flugzeuganschlüsse in kleinen Holzschuppen, auf harten Bänken. Nichts mehr von der kulturgetränkten Atmosphäre des gepflegten Goethe-Instituts in Helsinki. Die Bühne bauten wir uns manchmal selber auf, nur selten hatten wir die richtige Beleuchtung, aber alle halfen, und ein Pult für unseren Kabarettologen war immer aufzutreiben. Der Pianist spielte mal auf kostbaren Flügeln, mal auf verrotteten Kommoden, die er, so gut es ging, vorher gestimmt hatte. Aber die Menschen waren stets nett zu uns, und jeden Abend gab es ein »Nachspiel« und jeden Abend Smörrebröd.

Wir wurden zu einer finnischen Familie und ihren Freunden eingeladen. Die einzige Deutsche außer uns dreien war die Frau des Gastgebers. Man führte uns in ein holzgetäfeltes Zimmer. Dort begrüßten uns vier Erwachsene und vier Kinder, gleichzeitig zogen sie sich aus, bis sie nichts mehr anhatten. Dann zogen sich auch unsere Gastgeber aus.

Gut, dachte ich, ziehe ich mich auch aus. Es folgte mein Kabarettologe. Er legte seine Sachen säuberlich gefaltet auf einen Stuhl, dann nahm er seine Brille ab und blickte heiter und gefaßt in die Runde. Unser Pianist hielt sich an der Lehne seines Stuhles fest und war offenbar wild entschlossen, wenigstens die Socken anzubehalten. Unser Gastgeber zeigte darauf und sagte: »Ab Strumpf von Fuß.« Errötend beseitigte der Pianist den letzten Rest seiner Bekleidung.

Dann folgten wir alle dem Gastgeber, erst durch eine Tür, dann durch noch eine Tür, und dann liefen wir im Gänsemarsch mit allen Kindern ein kleines Stück am Meer entlang, dann ging's wieder durch eine Tür, und dann waren wir in einer herrlichen Sauna. Wir klatschten uns gegenseitig mit Birkenzweigen auf den Rücken, dann stürzten wir uns dampfend, gelöst und bester Laune ins Meer.

Hinterher saßen wir, nur in Bademänteln, wieder im holzgetäfelten Zimmer mit den vier Kindern auf hohen Stühlen und hielten an langen Gabeln aufgespießte Würste ins Kaminfeuer. Wir hatten das gute Gefühl, zur Familie zu gehören. Die vier Kinderköpfe kippten, wie hochrote Mohnblüten, die sich des Abends schließen, nach vorn. Mit friedlichem Lächeln sabberten sie leise vor sich hin und wurden wie kleine Pakete ins Bett gebracht. Wir strapazierten unsere Gastgeberin als Dolmetscherin, denn alle wollten viel über Deutschland wissen, und wir gaben im Goetheschen Sinne »artig« Auskunft.

Am nächsten Mittag, nach einem gewaltigen Frühstück, reichten wir uns die Hände, küßten vier marmeladenverschmierte Kindergesichter zum Abschied und sagten auf finnisch: *»Paljou kutoksia oli hauska tavala.«* Das heißt so etwa: »Vielen Dank, es war sehr schön bei euch.« Und sie sagten auf deutsch: »Macht eine Fliege, gut war's!«

Skandinavien-Tournee: Norwegen. Ich bin doch keine große alte Dame. Kraftvolle Männer, stämmige Frauen. Goethe geht vor

Der reizende Leiter des Goethe-Instituts in Oslo verwirrte mich; als er uns abholte, fragte er mit suchendem Blick nach der »großen alten Dame des deutschen Kabaretts«. Ich dachte: »Die Tilla Durieux kann er doch nicht meinen, die ist doch Schauspielerin.« (Damals lebte sie noch.) Schließlich stellte sich's heraus, daß ich ihm so avisiert worden war. »Herrjeh«, sagte er, »da bin ich aber froh. Sie sind ja ganz munter und lebendig.« Ich verkniff mir die Frage, ob er vielleicht einen Rollstuhl mitgebracht habe.

Unser Kabarettabend ging, wie in allen großen Städten, wieder mit Tempo und flinkem Florett über die Bühne. Das war zur Abwechslung doch mal wieder schön, wenn alle Pointen, mitsamt der geschlachteten

Tante, ankamen. Und hinterher gab es Smörrebröd mit frischem, zartem Lachs.

In Stavanger wurden wir vom dortigen Wahlkonsul, einem Norweger, nach der Vorstellung zu Whisky in seine urgemütliche Wohnung eingeladen. Dort saßen wir mit Frau, Kind und Kegel und Hunden nach kurzer Zeit alle auf dem Teppich und sangen mit Hingabe deutsche Volkslieder, begleitet von unserem Pianisten, dem das Klavier die Braut war. Von all den Liedern kannten wir kaum die erste Strophe – unser Gastgeber alle!

In Oslo bat man uns, an einem Kolloquium teilzunehmen. Ich hatte keine Ahnung, was ein Kolloquium ist, und traute mich auch nicht zu fragen. Am nächsten Tag habe ich es dann erfahren. Wir wurden in ein Wohnzimmer geführt. Dort saßen im Kreis acht Norweger auf acht Sesseln. Zwei Sessel waren noch frei. An der Wand stand ein kleines Klavier. Der Pianist setzte sich an das Klavier, mein Kabarettologe sich in den einen und ich in den anderen Sessel. Und nun brachten wir eine Art »Reader's Digest des deutschen Kabaretts« zustande. Immer wieder quälte ich mich aus dem zu tiefen Sessel heraus, ging in die Mitte des Kreises und sang nun, mich wie ein Karussellpferd drehend, auf daß keiner benachteiligt werde, meine kleinen Weisen. Acht Augenpaare folgten mir ernst und aufmerksam. Ich hatte das Gefühl, einen nicht ganz korrekten Geschäftsbericht abzuliefern.

Hinterher versicherte man uns bei Smörrebröd und Tee, es sei sehr, sehr interessant gewesen. Ich möchte eigentlich nicht mehr im Rahmen eines Kolloquiums Kabarett machen.

In Oslo gibt es einen Park, der voller Merkwürdigkeiten steckt. Zu beiden Seiten fast aller Wege stehen Werke von Bildhauern. Aber es handelt sich nicht um

Könige oder Feldherren, wie damals im Berliner Tiergarten. Nein, in Oslo stehen kraftvolle Männer herum, die mit stämmigen Frauen Ball spielen oder akrobatische Übungen machen. Da braucht der Beobachter oft eine ganze Weile, bis er herausbringt, wessen Gliedmaßen zu wessen Leib gehören. Eltern stemmen jauchzende Kinder in die Luft. Ab und zu werden diese vielfältigen körperlichen Ertüchtigungen unterbrochen durch erstaunt blikkende Katzen, Hunde oder auch kleine Esel, auch sie aus Stein. Gekrönt wird das Ganze von einem großen Brunnen, in dessen weites Becken das Wasser von einer hohen Säule herunterrinnt. Sie wird von unten bis oben von Reliefs umschlungen, die den Menschen auf seinem Wege vom Embryo bis zum Greis darstellen. Da kann man lange staunend schauen, und ehe man oben angelangt ist, kann man leicht die Genickstarre bekommen.

Man hat mir gesagt, dieser Park sei so etwas wie ein Nationalheiligtum aller Norweger, und auf keinen Fall dürfe man über diese Fülle in Stein gehauener Verrenkungen lachen. Aber ich glaube bestimmt, daß es auch genug Norweger mit Humor gibt.

In Trondheim war die Luft noch Ende Oktober überraschend warm und von einer beinahe prickelnden Zärtlichkeit. Ich wünschte mir immerfort, etwas davon abbeißen zu können. Das macht der Golfstrom, der heimlich den Fjord unterwandert. Der Hafen friert nie zu.

In der Mitte der Stadt steht ein wunderschönes klassizistisches Holzhaus, dort wohnten der König und der Kronprinz, wenn sie zu Besuch kamen. Es schaut herüber auf ein Museum für norwegisches Bauernbarock. Fast alle Häuser sind bunt bemalt. Manchmal stehen skurril gestutzte Taxusbäume davor. Den gewaltigen Dom gibt es schon seit dem 12. Jahrhundert. Aber bis zur Gründerzeit hat man noch an ihm herumgebaut, und das Ergebnis sieht leider nicht so schön aus. Im Winter sausen die Skifahrer von den Bergen bis mitten in die Stadt, die von Grandma Moses gemalt sein könnte.

Die Rektorin der Technischen Hochschule, die ich, weil sie so lustig und kameradschaftlich mit den Studenten sprach, auch für eine Studentin hielt, hatte die originelle Idee, uns Gipsabdrücke berühmter Figuren aus dem Dom zu schenken. Sie meinte mit Recht, daß Blumen ja welken würden. Ich bekam einen zehn Pfund schweren heiligen Jakob. Ihn im Gepäck mitzuführen wäre etwas schwierig gewesen. Er wurde eingewickelt und per Frachtgut aufgegeben und ist auch tatsächlich einen Monat später heil in München angekommen. Ich mußte für meinen Heiligen einen höchst unheiligen Zoll zahlen. Jetzt steht er bei uns auf dem Balkon. Trotz Ullys lautem Protest habe ich ihn bunt angemalt und lackiert, und nun bewacht er uns schon seit Jahren in der Rümannstraße und blättert etwas ab.

Ganz Trondheim war in Vorbereitung für ein Fest, das jedes Jahr stattfindet und der Höhepunkt aller guten Laune und Fröhlichkeit sein soll. Es heißt »die Woche«, dauert drei Wochen und wird von den Studenten der einzigen Technischen Hochschule des Landes veranstaltet. Den Auftakt bildet stets eine Revue, die die Studenten selbst schreiben, selbst einstudieren und die so gut und amüsant sein soll, daß die Menschen aus ganz Skandinavien zu dieser einmaligen Premiere kommen. Wir waren eingeladen, und das war, bei der Kartenknappheit, eine große Ehre. Aber leider konnten wir nicht hingehen, denn genau für diesen Abend stand ein Empfang beim Konsul in Bergen auf dem Kalender. Auch das war eine sehr große Ehre, und die Pflichten, die Goethe uns auferlegte, hatten natürlich Vorrang. Also flogen wir nach Bergen.

Der liebenswürdige Konsul, der uns im ausnahmsweise strahlenden Bergen – meistens regnet es dort – diesen Empfang mit Smörrebröd, guten Getränken und an uns interessierten Menschen gab, hieß Dahinten. Ich hätte ihn so gerne mit einer uns befreundeten Journalistin aus Deutschland bekannt gemacht, sie heißt Am Ende. Aber ich habe es nicht gewagt; wenn es um ihren Namen geht, werden Menschen manchmal empfindlich.

Wir sahen den Landsitz von Edvard Grieg, sein Grab ist in einen vom Meerwasser umspülten Felsen eingelassen, wie es sich für Grieg gehört. In einer etwa achthundert Jahre alten Kirche hielt ein schwarzer Priester Gottesdienst. In den Ruinen eines ausgebrannten Zisterzienserklosters weideten dicke wollene Disneyschafe, und die weit auseinanderliegenden Bauernhöfe tupften rote, gelbe, blaue und grüne Punkte in die Landschaft.

Skandinavien-Tournee: Pech in Stockholm. Der liebe Heinz verzichtet auf den Affen. Der verzauberte Regisseur. Smörrebröd daheim

In Stockholm lud man uns zu einer Party ein. Man stand, wie auf allen solchen Parties, herum. Es gab teuren Whisky und Smörrebrod. Die Dame des Hauses war, wie man mir zuflüsterte, allerbeste Gesellschaft. Gelegentlich verschwanden zwei der Gäste, ein Junge und ein Mädchen. Nach einer Weile kamen sie wieder. Dann verschwanden wieder zwei. Nach einer Weile kamen sie wieder. Ich beobachtete interessiert dieses Abwandern und Wiederkommen und fragte: »Gibt es denn in der Küche etwas besonders Gutes zu trinken?« – »Aber nein, die schlafen bloß mal eben miteinander.«

In Stockholm ging ich auch ins Kino. Da sah ich zum erstenmal einen Film besonderer Art: »Das Schweigen« von Ingmar Bergman. Um mich herum wimmelte es von Kindern, teils mit Eltern, teils ohne, von Halbwüchsigen und von Erwachsenen, die wie Lehrer aussahen. Das Licht ging aus. Alle sahen konzentriert und gelassen zu, keine Bemerkung wurde laut, und ich kam mir vor wie des Pfarrers Köchin.

Dieser Film hat mich mit seiner manchmal geradezu perfide anmutenden Konsequenz einfach umgeschmissen. Nicht so sehr die Szenen, wo gezeigt wird, wie man's macht – ich war vielmehr beeindruckt von dieser Zwergengruppe, die, den ganzen Film hindurch, das Geschehen geschlechtslos kontrapunktierte.

Nicht lange danach brach ja eine wilde Sturzflut von Filmen über uns herein, die kein Tabu mehr kannten. Keiner erreichte auch nur entfernt die künstlerische Qualität und die quälende Direktheit jenes Films.

Nach der Vorstellung stand ich allein auf der Straße. Niemand war da, mit dem ich hätte reden können. Jetzt brauchte ich einen Schnaps.

Man kann aber in Stockholm nicht einfach in ein Lokal gehen und einen »nackten« Schnaps bestellen. Alkohol gibt es nur in Verbindung mit einem Essen. Es war auch schon kurz nach dreiundzwanzig Uhr. Um Mitternacht ist Schluß. Ich fand ein Restaurant. Ich bestellte, weil mir nichts anderes einfiel, Smörrebröd und ein Bier und einen doppelten Schnaps. Alkohol ist der Staatsfeind Nummer eins in Schweden. Wenn man ihn haben will, muß man ganz schön dafür blechen.

Auf der einen Seite des Lokals saßen die Frauen. Auf der anderen Seite die Männer. Eine Kapelle fing zu spielen an. Die Männer erhoben sich und gingen zu den Frauen. Die Frauen erhoben sich. Dann tanzten sie. Als der Tanz zu Ende war, gingen alle wieder auf ihre Seite zurück.

Um dreiviertel zwölf klingelte es das erste Mal. Das hieß: noch eine Viertelstunde. Plötzlich rannten die Kellner mit Tabletts voller gefüllter Schnapsgläser wie die Besessenen auf beide Seiten zu. Nun kippten alle den Schnaps hinunter, ein Glas nach dem anderen. Niemand war laut. Niemand lachte. Kurz nach Mitternacht verließen sie, eine geballte Masse, beinahe lautlos das Lokal.

Ich wankte, mit einem Bier und zwei Schnäpsen nebst Smörrebröd und dem unverdauten Film im Magen, in mein düsteres Hotel. Ich glaube, ich habe Pech gehabt und muß noch einmal nach Stockholm.

Kopenhagen ist eine lustige Stadt und fordert zu allerlei Albernheiten geradezu heraus. Schon damals gab es dort Fußgängerzonen. Man flanierte an den ungewohnt bunt und phantasievoll dekorierten Schaufenstern der großen Warenhäuser vorbei. Auf Rosten brutzelten Maronen. Vor vielen Restaurants standen Pechfackeln, die schon am Tage angezündet wurden und huschende Lichter zauberten. An den Zeitungsständen lächelten vollbusige nackte Mädchen von unzähligen Magazinen auf verhältnismäßig uninteressierte Schulknaben herunter. Mit Faszination und leichtem Gruseln sah man den Fischfrauen zu, wie sie, die flinken Finger in groben Handschuhen, Aale häuteten.

Wir – der Pianist und ich – wollten uns unbedingt die

Meerjungfrau ansehen, aber ehe wir sie besuchen konnten, luden uns viele Kneipen zum Trinken und zum Bleiben ein. Nach dem fünften Schnaps wollte der liebe Heinz sich, wie der König von Dänemark auch, tätowieren lassen. Erst meine eindringlichen und ernsthaften Vorstellungen, vor allem der Hinweis, daß seine Frau einen großen Affen auf seiner breiten Brust kaum gutheißen würde, bewegten ihn doch noch, er war schon auf der untersten Stufe zum Tätowier-Keller, zur Umkehr.

Dann haben wir in der Tat die Meerjungfrau angesehen und sind eine Stunde in der frischen Luft gelaufen, um in der nächsten Stunde, bei der Vorstellung, Goethe keine Schande zu machen. Der Pianist spielte wunderbar und entlockte seiner Braut, dem Klavier, ein paar ganz extravagante Triller. So ging alles glatt über die Runden, sieht man davon ab, daß ich, gleich zu Anfang, statt »Erzbischof von Salzburg« »Erbschiffhof von Salzburg« gesagt habe, worauf mich ein prüfender Blick unseres Kabarettologen streifte.

In Aarhus gibt es ein Theater, in dem wir leider nicht gespielt haben, das ich aber am liebsten mit nach Hause genommen hätte. Geplant war es wohl als klassizistischer Bau, aber plötzlich muß den Architekten die Lust am Bizarren gepackt haben, und so entstand genau das, was ich mir immer unter einem Musentempel vorgestellt habe. Die ganze Fläche des strengen Giebels füllt ein buntes, goldschimmerndes Mosaik aus. Überlebensgroße Damen und Herren in Rokoko-Kostümen gruppieren sich, offenbar aufgeregt, um einen gepflegten alten Herren, der, ein Bein elegant von sich gestreckt, in einem goldenen Sessel sitzt und düster über den Theaterplatz auf das Reiterstandbild eines verstorbenen Dänenkönigs starrt. Man spürt, »irgend etwas ist im Gange«.

Über dem Giebel hockt ein Wasserspeier, der seinen menschenähnlichen Vogelkopf an langem, faltigem Hals über die Spitze reckt und mit verzweifeltem Ausdruck auf das unter ihm liegende Mosaik starrt. Vielleicht hat ihn ein kunstliebender Däne von der »Notre-Dame« in Paris abmontiert und mitgehen lassen. Vielleicht ist es auch ein von Hans Christian Andersen verzauberter Regisseur, der nun Tag und Nacht seine in kleinen Steinchen aneinandergefügten Inszenierungen ansehen muß?

Vier hohe Fenstertüren steigen fast bis zum unteren Abschluß des Giebels auf. Auf diesen Fenstern blühen auf blauem Grund, zwischen grünem Gras und Schilf, Märchenblumen in Rosa und Rot, in Blau und zartem Gelb. Sie blitzen auf im wechselnden Licht, sie versinken wieder im blauen Schatten. Es sind die schönsten Jugendstilfenster, die ich je gesehen habe. In die Flächen der matt glänzenden Eichentüren sind Arabesken und Ornamente geschnitzt, und geschwungene Eisengriffe, die in ein Blatt auslaufen, laden zum Öffnen ein.

Ich bin nicht hineingegangen. So bezaubernd und märchenhaft kann es unmöglich auch von innen sein. Wanderer, kömmst du nach Aarhus, sieh dir meinen Musentempel an! Geh vielleicht auch hinein und erzähle mir, ob ich recht habe. Aber wahrscheinlich wirst du sagen: »Also, ich weiß gar nicht, was die Ursula da alles gesehen hat, so sehe ich das keineswegs!«

Beim »Nachspiel« in Aarhus, also beim beinahe letzten Smörrebröd unserer Skandinavientournee, lernte ich die beiden kennen, die unsere Freunde wurden: Sven-Olaf und Inga. Als ich Sven-Olaf kürzlich bei einem Besuch in Aarhus den »verzauberten Regisseur« auf der Giebelspitze des Theaters zeigte, sagte er: »Ist ja toll! Den habe ich vorher noch nie gesehen.«

Malmö, unser letztes Gastspiel, wurde noch einmal zu einem Höhepunkt. Wir freuten uns riesig über so viel Jubel. Ich hoffe, daß wir den Skandinaviern, wenn auch nicht unbedingt die Geschichte des deutschen Kabaretts seit dem Jahre Schnee, so doch vielleicht den Eindruck, daß wir deutschen Kabarettisten ganz fröhlich und humorig und keinesfalls stur und »wesentlich« sind, vermittelt haben.

Als wir im November in München-Riem landeten, holte mich Ully ab. Er sagte: »Ich war heute nachmittag bei ›Käfer‹ und habe ganz fabelhaften Aufschnitt und Salate gekauft.« Diesmal gab es zum Smörrebröd Bier und Malteser.

Nicht nur für die Gastfreundschaft, die uns überall begegnete, habe ich zu danken, sondern auch meinem Kabarettologen. Seiner Initiative, sich diesen Abend auszudenken und dem Goethe-Institut die Skandinavien-Tournee vorzuschlagen, habe ich es zu verdanken, daß ich dann später meine »One Woman Show« gewagt habe. Die Zwischentexte habe ich mir dann allerdings selber gemacht und auch manche andere Chansons dazwischengeschoben. Und nie hätte ich es gewagt, die »geschlachtete Tante« zu bringen, das kann nur er, gütig über die Brille blickend, mit gefalteten Händen. Aber wenn er nicht gewesen wäre, hätte ich nie den Mut aufgebracht, es auch einmal selbst und alleine zu probieren. Also: »Danke, lieber Heinz Greul!«

Meinem Pianisten, der mich in Skandinavien und dann auch auf meiner eigenen Tournee auf dem Flügel, »seiner Braut«, mit so viel Einfühlungsvermögen begleitete, kann ich nicht mehr danke sagen. Er hieß auch

Heinz. Heinz Brüning. Sollte er in denselben Kabaretthimmel gekommen sein wie Olga Rinnebach, Willi Schäffers, Lizzi Waldmüller, Hubsi von Meyerinck, Trude Hesterberg, Grete Weiser, Hans Brausewetter und Lale Andersen, dann hoffe ich, daß er mit diesen noch viele Ia-Vorstellungen gibt. Wahrhaftig keine schlechte »Mannschaft«, die er da zu begleiten hätte.

Susanne wird heimgeführt. Wir werden ein Hotel zum Nulltarif. Ein großer Schmerz

Tochter Susanne sagte: »Gute Mutter, ich möchte, das heißt, wir möchten gerne heiraten.«

»Claus?« fragte ich.

»Ja«, sagte sie.

»Na bitte«, sagte ich.

Claus Otto hielt bei mir um Susannes Hand an. Nicht in der »guten Stube« oder im »Salon«, so was haben wir gar nicht, sondern in der Kantine des Bayerischen Fernsehens in München-Freimann. Ich hatte von morgens bis abends Proben für ein herrliches Stück von Ödön von Horvath, »Kasimir und Karoline«, das Michael Kehlmann für das Fernsehen bearbeitet hatte und das er auch inszenierte. Wir saßen um den Kantinentisch herum.

Claus ist ein ernsthafter Mensch, aber wenn er lacht, dann entstehen zu beiden Seiten seines verletzlichen und sensiblen Mundes zwei entzückende Grübchen. Er beugte sich aus den Hüften, etwas steif, wie ein Metronom, nach vorn in meine Richtung, die Kaffeetasse samt Teller zitterte ein wenig in seiner Hand, er sah rührend und unendlich gefaßt aus. Eigentlich eher so, als ob er mir die peinliche Mitteilung machen müsse, daß mein Bankkonto nun endgültig zu weit überzogen sei. Statt dessen bat er darum, Susanne als seine Frau »heimführen« zu dürfen.

Ich bemühte mich, dieser noch nie dagewesenen Situation gewachsen zu sein, hatte keine Ahnung, was man in so einem Fall sagt, und murmelte: »Mache sie glücklich.«

Dann genierten wir uns alle ein wenig und tranken den dünnen Kaffee aus. Du liebe Zeit, dachte ich, sollte dieser ernsthafte Mensch seine Schwiegermutter in diesem Fernsehfilm sehen, was würde er sich da wohl denken? Vielleicht geniert er sich. Ich spielte nämlich die »Attraktion« einer Schaubude auf dem Münchner Oktoberfest 1932, eine Dame mit Vollbart. Ein Liliputaner ist in sie verliebt und reicht ihr demütig Bonbons, bevor sie sich, in einem wehmütigen Chanson, dem Publikum präsentiert.

Aber noch saß ich ihm ja nicht mit blondem Vollbart gegenüber. Ich bemühte mich, einen guten Eindruck zu machen. Bis heute weiß ich nicht, ob mir das gelungen ist.

Es sollte eine richtige Hochzeit werden. Mit Brautkleid, Kirche und Standesamt. Vorher Polterabend, dann großer Empfang bei uns. Zwei solche »Empfänge« hatte ich ja schon am eigenen Leibe erlebt. Und der dritte fand nicht statt, weil Ully sich um sein kaputtes Auto kümmern mußte. Aber das kommt noch.

Polterabend, Kirche, feierliche Trauung, weißes Brautkleid und Myrtenkranz waren für mich Novitäten. Während all dieser gewaltigen Vorbereitungen verfiel ich immer wieder in Sentimentalität – und dann riß es mich plötzlich zu ungeheuren Lachanfällen hin.

Annie war auf Hochtouren – endlich eine »weiße«

Hochzeit! Das »Kind« heiratet »standesgemäß«! Sie ließ sich nicht davon abhalten, aus einem ihrer Bündel wiederum einen Geldschein hervorzuzaubern und den Brautschleier zu stiften. Sie saß, nein »thronte« auf ihrem Sessel, den Krückstock neben sich. Auf ihrem Schoß lag das lange weiße Brautkleid. Mit ihren abgearbeiteten Händen strich sie behutsam über den Stoff. Trotz ihrer vielen Falten sah sie jung und zerbrechlich aus. Liebe, gute, aufopfernde Annie.

Der Polterabend kam, es wurde viel Geschirr zerbrochen, es wurde viel gelacht und getrunken. Ully war ein wunderbarer Gastgeber, Annie wurde hofiert wie eine richtige Großmutter. Ich selbst wußte nicht recht, ob ich lachen oder weinen sollte, und meine schöne Tochter kam mir viel erwachsener, sicherer und gewandter vor als ich mir.

Am nächsten Tag, das Standesamt hatten wir in aller Frühe und im kleinsten Kreis hinter uns gebracht, ging ich vor der kirchlichen Trauung in ihr Zimmer, und da stand nun mein Kind in seinem weißen Brautkleid, und alles war so unwirklich. Die Putzmacherin befestigte den Brautschleier mit dem Myrtenkranz, Annie kniete und richtete noch etwas am Saum. Aus den Wolken stahl sich plötzlich ein Sonnenstrahl durchs Fenster, welch entzükkendes Bild aus dem Jahre 1903 ... Und in dem Augenblick stellte ich mir absurderweise vor, ich käme als Dame mit blondem Vollbart, den Liliputaner neben mir, ginge auf meine Tochter zu und lispelte: »Werde glücklich, mein gutes Kind.«

Aber das ging schnell vorbei, und dann fielen wir uns in die Arme, vorsichtig, wegen des Schleiers und des Kranzes, und dann weinten wir ein bißchen und dann lachten wir, und draußen stand Claus Otto in

Schwarz und Weiß, daneben standen seine Eltern, und der liebe Ully machte angestrengt in Konversation. Annie suchte ihren Mantel, und da klingelte es, und zur großen Überraschung kam herein der Originalvater von Susanne, um sie in seinem großen weißen Wagen zur Kirche zu fahren.

Kaum, daß wir uns von dieser Überraschung erholt und ganz zitterig vor Aufregung die Autos bestiegen hatten, waren wir auch schon wieder ausgestiegen und wurden fotografiert. Wenn ich mir die Fotos heute ansehe, wie da aus schwarzem Breitschwanz mein wohlfrisierter Kopf herausguckt, und wie ich Susanne vor der Kirche einen Kuß gebe, komme ich mir wie eine fremde Dame vor.

Susanne wurde von Ully zum Altar geführt, das hatte sie sich ausbedungen, und das fand ich fabelhaft loyal von ihr. Ich weiß nicht mehr, was der Pfarrer geredet hat, sondern sah nur, wie dem »richtigen« Vater beinahe die Tränen kamen. Warum eigentlich, dachte ich, er hat doch mittlerweile acht Kinder, und bei den drei ältesten hat er doch schon das gleiche erlebt – und dann sah ich meine Annie an und freute mich für sie, weil sie die einzige war, die alles hingebungsvoll und ungebrochen genoß.

Dann gab es einen Riesenempfang mit köstlichem Büfett; sogar Personal war angeheuert worden. Dann wurde die Braut traditionsgemäß entführt, und der Bräutigam mußte sie suchen. Als wir dann abends alle im Bett lagen, kam ich mir immer noch nicht vor wie eine Mutter, die ihre Tochter »hergegeben« hat, und so bin ich mir auch später nie vorgekommen. Sie war doch schon längst erwachsen und selbständig und dazu meine beste Freundin, der man nur von Herzen wünschen konnte, daß sie das Zusammenleben lernen und bestehen würde. Wer »hergegeben« hatte, war Annie.

Nun war die Wohnung leer. Christian studierte in Berlin. Nur Annie, Ully und ich lebten in dieser nun viel zu großen Wohnung. Wer immer von unseren Freunden nach München kam, übernachtete bei uns, gelegentlich waren es auch Freunde der Freunde. Es sprach sich herum: Bei den Glass-Herkings ist immer Platz. Wir wurden so eine Art Hotel zum Nulltarif. Also beschlossen wir, umzuziehen und uns mit Annie eine kleinere Wohnung zu suchen. Christian wollte unbedingt in Berlin bleiben – und, sollte er zu Besuch kommen, der schlief überall, im Sessel, auf dem Teppich, auf einer Liege, wie ein Bär streckte er alle viere von sich und schlief.

In der Zwischenzeit zog Herta Staal bei uns ein. Das war uns sehr recht, denn ich mußte in Düsseldorf Theater spielen, und Ully hatte in Köln zu tun. Herta hatte die richtige Art, mit Annie umzugehen, obwohl sich Annie anfangs sträubte, denn Herta ist Wienerin, und Österreich hatte schon einmal in Annies Leben negativ abgeschnitten. Aber dann ging es ganz gut. Auch Siegfried Brandl kam manchmal und brachte die Damen zum Lachen mit bissigen Anekdötchen von Susannes Hochzeitsgesellschaft.

So fuhr ich beruhigt nach Düsseldorf. Annie schrieb mir mit ihrer graden deutschen Schrift jede Woche einen Brief. Belanglosigkeiten, kleine Beschwerden und daß ich bald wiederkommen solle.

Eines Abends, nach der Vorstellung, nahm mich Malte Jäger, der mein Partner in diesem Stück war, zur Seite und sagte: »Ulla, ich muß dir etwas mitteilen. Ich wollte es dir nicht vor der Vorstellung sagen – aber Herta Staal hat angerufen – deine Annie ist tot.«

Ich war ganz fassungslos. Meine Annie, das geht doch nicht, die stirbt doch nicht. Ich glaube, so habe ich nur bei Muttis Tod geweint, aber damals war ich noch ein Kind. Und ich mußte in Düsseldorf bleiben, jeden Abend Theater spielen, konnte noch nicht einmal zur Beerdigung. Ully flog nach München.

Herta schrieb mir: »Du, sie ist ganz friedlich eingeschlafen. Wir haben abends noch ein bißchen ferngesehen, und sie hat einen kleinen Cognac getrunken. Dann ist sie in ihr Zimmer gegangen. Ich ging, wie jeden Abend, wenn ich zu Hause war, noch zu ihr hinein, um ihr gute Nacht zu sagen. Sie muß, während sie, noch auf dem Bettrand sitzend, ihre letzte Zigarette rauchte, gestorben sein. Denn die Zigarette hatte sie noch in der Hand.«

Fünf Bündel. Stoffe noch aus der Zeit meiner Mutter. Vergilbte, kostbare Spitzenreste. Das Taufkleid von Susanne. Nähzeug. Bilder von Mutti. Briefe von Mutti. Zwei Lorgnons. Ein Opernglas aus Perlmutt, Straußenfedern, Fächer, Briefe von mir, ein Brief von meiner Großmutter, und in einem ganz kleinen Bündel in einem dicken Kuvert achthundert Mark.

Die Bündel sind weg. Die achthundert Mark sind weg. Aber Annie ist noch da, bei mir. Und jedesmal, wenn ich an sie denke, habe ich wieder ein schlechtes Gewissen, weil ich in den ganzen Jahren erst dreimal auf dem Friedhof war. Aber davon hat sie ja auch nichts. Um so mehr mußte ich in diesem Buch über sie schreiben, die mir alle Wärme und alle Liebe gab, die sie geben konnte.

Zum drittenmal: »Ja!« Rotwein und Tränen auf dem Bauerntisch. Äpfel, Kerzen, Schinkenduft und Orff

Nachdem wir uns acht Jahre lang zusammengerauft hatten, sagte Ully eines Tages: »Ich möchte dich gerne heiraten.« Mir blieb vor Schreck der Bissen im Halse stecken, dann schluckte ich ihn herunter und willigte hocherrötend ein.

Die Zeremonie konnte nur an einem ganz bestimmten Tag kurz vor Weihnachten stattfinden, da wir beide erst am Tag davor von verschiedenen Orten nach München zurückkamen. Der Standesbeamte, nachdem er sich von der Tatsache erholt hatte, daß das nun, zählt man's zusammen, unsere siebente Ehe sein würde, sagte: »Ausgeschlossen.« An diesem Tage, dem letzten Termin vor den Weihnachtsferien des Amtes, ginge es nicht mehr, er sei schon völlig ausgebucht. Nach längerem Bitten ließ er sich dann doch erweichen, uns »einzuschieben«. – »Und bitte keine Orgelmusik«, sagten wir; das hätten wir schon mehrere Male gehabt.

Es war ein kalter Wintertag. Nach drei Minuten Fahrt blieb unser Auto stehen, mitten auf der Leopoldstraße. Es war nagelneu und wollte einfach nicht mehr. Wir schoben es an die Straßenseite. »Das fängt ja gut an«, sagte ich.

Es war zehn Minuten vor acht Uhr. Um acht sollten wir im Standesamt sein. Vorher mußten wir aber noch unsere Trauzeugen abholen. Wir standen beide ohne Mäntel am Straßenrand und winkten den Taxis. Alle besetzt. Endlich hielt eins. Neben dem Fahrer saß eine Frau, auf dem Schoß hatte sie einen Wäschekorb. Der Fahrer sagte, er wolle seine Frau und die Wäsche wegbringen, könne uns aber noch mitnehmen. »Das ist aber nett«, sagten wir. Wir müßten schnell zum Standesamt, und ob er vielleicht einen kleinen Umweg machen würde, um noch zwei Freunde von uns abzuholen? »Aha, die Brautleute«, sagte er. Wir beließen es dabei. Ully setzte sich nach hinten, ich klemmte mich neben die Frau, und nun hatten wir den Wäschekorb auf unser beider Schößen.

Unsere Trauzeugen sind, aufeinandergestellt, gut und gerne etwa drei Meter neunzig groß. Das Taxi war voll bis an die Decke. Am Standesamt Mandelstraße in Schwabing quollen wir heraus. Es war noch geschlossen. Einige Brautpaare standen schon davor, etwas blaugefroren, die Damen ganz in Weiß. Natürlich fiel der Wäschekorb auf die Straße. Nachdem wir die schmutzige Wäsche aufgeklaubt hatten und der Taxichauffeur unseren Trauzeugen trotzdem eine gute Heirat wünschte, wurde die Tür aufgeschlossen, und wir konnten alle ins Warme.

Das erste Brautpaar, Mutti und Vati von ihr, Vati und Mutti von ihm, Tante, Onkel und die Kinderchen, die dann später in der Kirche Blumen streuen sollten, alles wurde säuberlich aufgestellt, die erste Orgelmusik erklang, die Tür öffnete sich, der Schub verschwand im »Trauungszimmer«.

Ully sah bedrückt aus. »Tut's dir leid?« fragte ich. »Wir können ja noch umkehren.«

»Ich möchte bloß wissen, was mit dem Wagen los ist«, sagte er.

Nach einer halben Stunde etwa kamen wir dran, und wieder will der Zeremonienmeister unsere beiden Trauzeugen als künftiges Ehepaar aufstellen. Erik sagt: »Danke, wir sind schon verheiratet.« Schließlich rücken wir das Weltbild des Mannes behutsam wieder zurecht und verraten, daß wir es sind, die getraut zu werden wünschen.

Ully sagt zu uns: »Hoffentlich geht's schnell, ich kann den Wagen nicht so lange allein da stehen lassen.« Ich seh' ihn vor mir, den Wagen, wie er einsam, schluchzend in der Leopoldstraße steht.

Alles geht ordnungsgemäß und reibungslos vor sich. Ully sagt geistesabwesend das notwendige »Ja«, ich folge mit etwas belegter Stimme. Ich unterschreibe prompt, wie auf einer Autogrammkarte, mit Ursula Herking. Der Standesbeamte sagt: »Sie müssen mit Glass unterschreiben. Sie heißen jetzt Glass.«

»Natürlich«, sagte ich, »bitte entschuldigen Sie.« Ich streiche Herking durch und schreibe Glass.

»Na weißt du«, sagte Ully und sieht mich strafend an.

»Ach du mit deinem Wagen«, zischte ich zurück.

Es ist nur meiner vornehmen Zurückhaltung zu verdanken, daß wir nicht bereits auf dem Standesamt den ersten Krach in unserer jungen Ehe gehabt haben. Als wir gehen, ruft mir der Standesbeamte nach: »Alles Gute, und auf Wiedersehen, Frau Herking.«

»Hoffentlich nicht!« rufe ich zurück.

Ully verschwand sofort nach der Trauung und kam erst nachmittags zurück. »Stell dir vor, es war gar nicht so schlimm, nur eine Kleinigkeit, ist alles wieder in Ordnung.«

»Was ist in Ordnung?« frage ich.

»Na, der Wagen.«

So begann unsere Ehe. Es hat manche Stürme gegeben, aber ich habe mich bis heute noch kein einziges Mal gelangweilt.

Nachdem Susanne geheiratet hatte, nachdem Annie gestorben und Christian schon längst in Berlin war, fühlten wir uns in der Wohnung in der Georgenstraße nicht mehr wohl. Ully und ich verliefen uns in ihr. Wir zogen in ein modernes Hochhaus.

Zuvor versuchten wir vergeblich, den Ulmer Barockschrank, in dem sich mindestens sechs Menschen hätten verstecken können, so geräumig war der, an den Mann zu bringen. Keiner wollte ihn. Er war einfach zu gewaltig. Schließlich erbarmte sich Susanne und lagerte ihn, in Einzelteile zerlegt, im Keller ihrer Wohnung. Ich glaube, sie hat ihn dann, zweckentfremdet, stückchenweise verschenkt. Der schöne Kronleuchter wurde auch abgenommen. Kristallstückchen fiel neben Kristallstückchen, und nun sah er aus wie ein im Schmelzen begriffener angegrauter Haufen Schnee. Der zwanzig Meter lange, einst maisgelbe Läufer, der freilich nach der Jewtuschenko-Party seine ursprüngliche Leuchtkraft nicht wiedergewonnen hatte, wurde eingerollt. Alles war zu groß für die neue Wohnung.

Aber unser Bauerntisch, die Eckbank und die Stühle, die mußten mit. Denn an diesem Tisch kann man stundenlang, mit gemütlich aufgestützten Armen, sitzen und ratschen. Er mußte die acht Treppen hinaufgetragen werden. Manchmal haben wir überlegt, ob nicht vielleicht ein Mahagonitisch oder ein ganz moderner mit geblasener Glasplatte passender wäre, aber solche Einfälle haben wir schnell vergessen. Unsere Freunde haben um ihn herumgesessen, fröhliche und ausgelassene Stunden hat er erlebt, Probleme wurden über ihm hin- und hergewälzt, Tränen und Rotwein sind auf ihm vergossen worden, und jedes Mal, wenn wir von einer Tournee nach Hause kommen, freuen wir uns, daß er da ist.

Unser Beruf läßt uns leider viel zu wenig »zu Hause«. Aber wenn wir daheim sind, genießen wir es: »So, jetzt können wir wieder ›wohnen‹.« Wir gehen durch unsere drei Zimmer, freuen uns über die gefüllten Bücherregale, ich betrachte versonnen meine Kitschsammlung in der Diele und sage jedesmal: »Also hier muß mindestens die Hälfte weg« – und bringe es doch nicht über mich. Und kaum haben wir angefangen zu »wohnen«, und das heißt eben auch die Freunde um den Tisch versammelt zu haben, da müssen wir schon wieder weg.

Zu zehnt, ja manchmal sind's noch mehr, sitzen wir um unseren Tisch herum. Und plötzlich fällt es mir ein: Bis auf den Freund Hannes, dem man mit seinem kurzgeschnittenen Silberhaarkopf keineswegs seine 73 abnimmt, also bis auf Hannes bin ich die Älteste. Alle sind sie jünger. Auch der Ully, aber das sind ja bloß läppische zehn Jahre.

»Hör auf«, sagt Ully, »es sind acht Jahre und elfeinhalb Monate.«

Der einzige aus unserem großen Freundeskreis, der genauso alt ist wie ich, ist auch genauso verrückt wie ich. Engagiert sich unaufhörlich, birst immer vor neuen Einfällen, fegt mit einer Handbewegung vergammelte Argumente vom Tisch, arbeitet wie ein Teufel, kann auch manchmal wie ein Teufel sein, wird von uns »Herr Obermedizinalrat« genannt, ist aber ein ganz hervorragender Arzt...

Die Kinder der Freunde sind in den letzten zehn Jahren erwachsen geworden. Nur der Nachkömmling, der Quirin, kann noch nicht die Arme aufstützen, dafür läuft er, wie früher seine Geschwister, schnell mal eben ins Nebenzimmer, um von Ullys Zuckersammlung – Hunderte von Zuckerstückchen aus aller Welt, die alle hübsch eingewickelt in einem großen flachen Korb liegen – zu naschen.

Besonders gut kann man mit Quirin, seinen Geschwistern und seinen Eltern, Eva und Stephan, Weihnachten feiern. Der geneigte Leser dürfte es bereits bemerkt haben: Weihnachten ist für mich gewaltig mit Sentimentalität befrachtet. Und deshalb ist es für mich nur schön in einer großen Familie. Aber als wir uns endlich nach dem Kriege alle wieder hatten, konnte ich nur wenige Weihnachten so richtig mit geschmücktem Tannenbaum, mit Annie, Susanne, Christian und Ully erleben. Bald flogen die Kinder aus, wir waren wieder zu zweit.

Aber seit vielen Jahren feiern wir jetzt den Heiligen Abend, wenn wir in München sind, in zwei Abteilungen. Um sieben Uhr abends gehen wir zu unseren Freunden. Stephan hat den Baum vom Bauern aus dem Wald geholt: ein großer, schöner Baum für acht Leute. Eva hat ihn geschmückt, mit roten Äpfeln, Wachsfiguren und gelben Kerzen; ein prachtvoller bayerischer Baum. Stephan bereitet in der Küche den traditionellen Schinken zu, der duftet schon deftig. Eva läutet das Glöckchen, und wir sieben gehen ins vordere Zimmer. Beim Lichterglanz liest Stephan etwas aus der Weihnachtsgeschichte von Ludwig Thoma. Dann wird beschert.

Als die Kinder noch klein waren, stellten sie sich vor die Tür des Weihnachtszimmers und sangen dreistimmig Weihnachtslieder. Aber dann kamen die Buben in den Stimmwechsel und fingen an, sich zu genieren. Und die scheue Sabrina wollte um keinen Preis allein singen. Aber auch heute ist es immer wieder schön, wenn Eva drinnen ihre Glocke läutet, die Tür geht auf, die Lichter brennen, die Geschenke liegen wunderbar verpackt auf den Stühlen oder unter dem Christbaum.

Quirin hat sich den Hund, der »Zwanzgerl« heißt, unter den Arm geklemmt. »Zwanzgerl« macht sich frei und flitscht unter den Baum. In kürzester Zeit fliegen die roten und grünen Bänder der Weihnachtspakete durch die Luft, der Boden ist mit buntem Papier bedeckt. »Ach Mamma«, »ja mei«, »ja dös is schee«, »schau dir dein's doch auch mal an« – ein beglücktes Durcheinander.

Die Tante von nebenan mit ihrem stillen Mann kommt auch für zehn Minuten, sie betrachten den Baum, geben Geschenke, bekommen welche, verschwinden wieder, so als ob eben mal zwei freundliche alte Engel nach dem Rechten geschaut hätten. Eva, die Mutter, sitzt wie wohl alle Mütter an diesem Abend total erschöpft in ihrem Stuhl und streichelt ihren Jüngsten, der bald auch kein Kind mehr sein wird.

Dann brechen wir alle zum großen Schinkenessen auf und setzen uns um den runden Tisch in der Küche. Jedes Jahr sagt Stephan: »Mei, den kriegen wir nie auf«, und jedes Mal wird er verputzt. Mit vollem Bauch und heiterem Gemüt gehen wir zurück ins Weihnachtszimmer. Die Großen liegen teils auf dem Teppich und lesen und können trotz des Schinkens noch abwesend nach den Plätzchen greifen. Quirin versucht, »Zwanzgerl« als Kopfkissen zu benutzen. Wir trinken noch ein Glas Wein, hören Musik, meistens die schöne »Weihnachtsmusik« von Carl Orff.

Und so gegen zehn Uhr sagen wir Danke schön und auf Wiedersehen und setzen uns in den Wagen, um zur zweiten »Abteilung« des Abends zu fahren, zu unseren ältesten Freunden, zu Hannes mit dem Silberhaar und seiner französischen Frau Madeleine und dem Sohn Jean-Marie, den wir schon kannten, als er in München aufs

Gymnasium kam und noch kein Wort Deutsch konnte. Heute spricht Jean-Marie Deutsch wie ein Bayer. Bei der quirligen, temperamentvollen Madeleine kommt immer wieder dieser französische Akzent durch, der uns so entzückt und ihren schnellen, lebendigen Sätzen das besondere Etwas gibt. Als sie mich einmal beim Golfspielen begleitete, sagte sie nach einem Abschlag von mir: »Oh, man merkt genau, du 'ast den Ball gut geschissen, er gibt eine besondere Klang.«

In der gemütlichen Wohnung dort sitzen wir noch zu viert oder fünft, trinken einen Wein, werden langsam und freundlich müde und ein klein wenig betrunken, gerade genug, um noch die zwei Minuten um die Ecke nach Hause zu gehen und einen letzten kleinen Schnaps mit einem Bier am Bauerntisch zu trinken, kurz noch einmal bei Susanne anzurufen und eine gute Nacht zu wünschen und dann befriedigt ins Bett zu gehen.

Tournee-Rituale. Wieder ein Abschied. Die Haut wird dünner

Nach langer Zeit wieder eine richtige Charakterrolle Bei Trude Kolman in der »Kleinen Freiheit«. Ein schwieriges Stück. Es heißt »Schwester George muß sterben«. Der Rowohlt Theaterverlag hat es unter Vertrag. Unser beredter Freund, der ehemalige Chefdramaturg von Gustaf Gründgens, der jetzt diesen Verlag leitet, findet, ich sei die richtige Besetzung.

Wir arbeiten in einem idealen Team. Dinah Hinz, Liesel Neumann, Marianne Wischmann und ich. Eine Woche vor unserer Münchner Premiere findet in Berlin die deutsche Erstaufführung statt. Die Verrisse sind gewaltig.

Unsere Premiere kommt. Das Publikum geht herrlich mit. Applaus auf offener Bühne, langanhaltender Schlußapplaus. Die Verrisse sind gewaltig.

Wir ziehen das Stück fast hundertmal vor fast leerem Haus durch. Klaus Junker tröstet uns: »Das wird noch.« Er verhandelt für Frankfurt, für Stuttgart, für Köln.

Wir spielen das Stück in Frankfurt, wieder unter der Regie von Trude Kolman. Dieses Mal ohne Dinah, aber mit einer ebenfalls ganz ausgezeichneten Schauspielerin in dieser keineswegs leichten Rolle: Monika Siemer. Die Kritiken sind hinreißend. Das Theater ist jeden Abend ausverkauft. Wir spielen in Stuttgart in einer anderen Besetzung unter der behutsamen Regie von Otto Brandenburg. Dasselbe Phänomen: fabelhafte Kritiken. Wir spielen, wieder unter Trudes Regie, in Köln, mit der Frankfurter Besetzung. Auch hier ein großer Erfolg.

Zwei Jahre später gehen wir damit auf Tournee. Trude hat mit dem Aufgebot ihrer letzten Kraft Eva-Maria Meinecke für die Rolle der Mrs. Croft gewonnen, die sie bereits in Berlin gespielt hatte. Dazu hatte es in der Tat großer Überredungskunst bedurft, denn Eva-Maria war durch die Berliner Verrisse geschockt.

Mitten während der Proben stirbt Trude.

Sie hatte ein »schönes« Begräbnis. Viele waren gekommen, um Abschied zu nehmen. Jetzt lebt sie, wie damals die »Schaubude«, nur noch bei wenigen in der Erinnerung und wird, so fürchte ich, wie diese auch bald vergessen sein.

Hans Reiser führt die Regie zu Ende. Dieses Mal spielt Lis Verhoeven meine »Partnerin«. Die letzten Proben finden in Schweinfurt statt, dem Ausgangspunkt der Tournee. Und nun geht es los. Über zwei Monate, sechs Frauen in einem Bus.

Außer uns vier Darstellerinnen sind es die Maskenbildnerin, deren große Zeit in Bayreuth gewesen ist, und die blutjunge Garderobiere, die Mutterfreuden entgegensieht.

Bei der Abfahrt vollzieht sich jedes Mal das gleiche Ritual: Die erste, die den Omnibus mit kleinen Schritten umkreist und dem einzigen Mann, der zugleich Reiseleiter und Fahrer ist, muntere Worte zuruft, ist die gesprächige Friedel Czepa. Ich mache, lufthungrig, immer noch einen kleinen Spaziergang vorher. Die Wagner-Friseuse sitzt schon hochbusig im Bus. Immer etwas atemlos, obwohl noch genügend Zeit ist, kommt die junge zukünftige Mutter angetrabt, um gleich wieder zu verschwinden, weil sie etwas vergessen hat. Jetzt erscheint Lis, entweder heiter, mit blitzenden Augen oder leise mufflig.

Achtung! Großer Auftritt: Eva-Maria! Wir anderen schleppen unsere Koffer immer selbst. Nicht so Eva-Maria. Es ist ganz selbstverständlich, daß man ihr die Koffer trägt. Sie braucht auch gar nicht darum zu bitten. Es geschieht eben. Mit einer ihrer besonders schönen Hände, den betont schlichten Mantel mit Nerz-Innenfutter schleifen lassend, erklimmt sie, ein wenig blaß, die Stufen zum Omnibus. Der Fahrer stützt sie, auf daß sie nicht zerbreche. Sie läßt es geschehen, nicht ohne sich mit einem humorig-schrägen Blick aus ihren noch morgendlich schmalen Mandelaugen zu vergewissern, ob wir es auch alle gesehen haben. Der Blick bleibt dann etwas sphinxhaft auf Friedel hängen, die ein wenig darunter leidet, daß der Fahrer, der eben noch so nett mit ihr geplaudert hat, sich nun so demütig in den Dienst von Eva-Maria stellt.

Nun kann zweierlei geschehen. Entweder: Eva-Maria läßt sich kraftlos auf den Doppelsitz sinken, um vom Fahrer mit dem Innenpelzmantel bedeckt zu werden, entnimmt einem Döschen etwas Salbe, verteilt sie unter ihre Augen, holt eine schwarze Schlafbrille aus der großen Tasche, bindet sie wie beim Blindekuhspiel um ihren Kopf und begibt sich unverzüglich in Tiefschlaf, der auch durch Schlaglöcher und Frostaufbrüche kaum gestört wird. Oder: sie begrüßt alle mit strahlendem Lächeln und sprühendem Esprit. Denn das kann sie, das kann sie wahrhaftig. Sie kann einen völlig vermiesen; wie ein den Atem beklemmender Nebel lastet ihre schlechte Laune dann auf allen Anwesenden. Aber genauso ansteckend sind ihre guten Stimmungen – da hört man ihr fasziniert, hingerissen zu und schüttet sich aus vor Lachen über ihre skurrilen und geistreichen Einfälle.

Diese Tournee muß ein Alptraum für sie gewesen sein. Gegen ihren Willen eingefangen von Trude, spielte sie eine Rolle, die sie im Grunde haßte, nur um uns nicht sitzenzulassen, fast drei Monate lang. Grazie poverina.

Klaus Juncker hatte mal wieder recht behalten. Trotz der Verrisse in Berlin und München wurde das Stück doch noch ein großer Erfolg.

Ich beneide die Kolleginnen und Kollegen, die behaupten, daß sie keine Kritiken lesen, also keine, die sie selbst betreffen. Manche tun es weiser Weise auch wirklich nicht. Man kann ja nicht immer Kritiken erwarten, wie sie Polgar, Fontane oder Jacobssohn geschrieben haben. Wenn ich heute eine Kritik lese, die erkennen läßt, daß der Kritiker das Theater, die Kunst, das Handwerk liebt und daß er aus dieser Liebe heraus lobt und tadelt, dann freue ich mich und dann empfinde ich auch den Tadel als berechtigt und nehme ihn mir zu Herzen.

Wenn man nun schon eine ganz schön lange Zeit diesen Beruf ausübt, sollte man ja etwas dickhäutiger (oder sagt man: dickerhäutig?) geworden sein. Ich versuche es oft, es gelingt mir nicht. Im Gegenteil. Man wird immer dünnhäutiger (dünnerhäutig). Die Zweifel werden stärker, auch das Gefühl der Verantwortlichkeit dem Theater, dem Beruf, sich selbst gegenüber. All das kann plötzlich so übermächtig werden, daß sich tiefe Mutlosigkeit auf einen herabsenkt.

Vielleicht klingt das, was ich da von der »Verantwortung« schrieb, etwas sehr anspruchsvoll. Aber ich möchte mich eben davor hüten, in eine routinierte Masche zu verfallen, nur so auf den Knopf zu drücken, und dann kommt fertig und parat diese oder jene Empfindung heraus. Man muß ja stets neu und aufnahmebereit bleiben, stets neu lachen, neu weinen können, um echt, glaubhaft zu bleiben. Das geht nur, wenn man sich nicht abkapselt und wenn man immer wieder mit den Menschen Kontakt sucht und sich, mit einem gewissen fröhlichen Pessimismus, das Lebendige und Gute herausfischt, um es an die anderen weitergeben zu können.

Das zweite Haus am Platze. Vom Schlotbaron und anderen Trostlosigkeiten

Da ich gerade von einer Tournee erzählte, darf ich anfügen: Ein gewisser fröhlicher Pessimismus ist auch und gerade bei solchen Unternehmungen angebracht. Zwölftausend Kilometer – das ist ungefähr die Strecke von Moskau nach Lissabon und zurück, mit noch einem kleinen Extra-Schlenker dazu. Ich kann mir zwar kaum vorstellen, daß ein Russe nach Lissabon oder ein Portugiese nach Moskau mit dem Auto fahren würde, aber es ist die weiteste Strecke, die ich auf unserer Europa-Autokarte ausgemacht habe.

Mehr als zwölftausend Kilometer fahren wir in knapp drei Monaten auf Autobahnen und Landstraßen, von Stadt zu Stadt, durch die Bundesrepublik. Von Lindau im Süden bis nach Neumünster im Norden, von Geldern, nahe der holländischen Grenze, bis nach Helmstedt an der Grenze zur DDR. Zwölftausend Kilometer auf Tournee. Beinahe jeden Tag in einer anderen Stadt, in einem anderen Hotel.

Da wir ein Ensemble sind, finde ich es albern, wenn der sogenannte Star im »ersten« Hotel wohnt, die anderen Mitglieder des Ensembles im »zweiten Haus am Platze«. Ensemble heißt ja schließlich »zusammen«. Aber warum sind diese »zweiten« Hotels so trostlos, so acht- und lieblos dem Gast gegenüber? Mal besser, mal schlechter – aber in den meisten Fällen, bis auf Ausnahmen, die den rastlosen »Tournierer« ein bißchen versöhnen, von einer so souveränen Wurschtigkeit?

Die Heizung wird, obwohl die Zimmer seit Monaten im voraus bestellt sind, erst beim Einzug des Gastes angedreht. Wenn man dann abends ins Theater muß, ist das Zimmer gerade »überschlagen«. Kommt man des Nachts nach Hause, ist es entweder so heiß, daß man keine Luft kriegt und alle Fenster aufreißen muß, oder schon wieder so kalt (weil ein ökonomisch denkender Hotelier um 22 Uhr die Heizung herunterschaltet), daß man sich sofort unausgezogen ins Bett legen möchte. Im Schrank schwanken zwei Kleiderbügel. Mühselig quält sich das trübe Licht durch eine an die Zimmerdecke gepreßte, ehemals weiße Schale. Kein Tisch, an dem man richtig sitzen kann. In manchen Hotelzimmern stehen ganz niedrige Gebilde in Nierenform herum, die zu absolut nichts zu gebrauchen sind, und dazu gehören ganz niedrige Sessel. Sollte man nicht größer als 1,20 Meter sein, könnte man dort behaglich verweilen.

In einem winzigen, bis zur Hälfte gekachelten Raum sind Dusche, Klo und ein Waschbecken von der Größe eines Spucknapfes untergebracht. Sich in diesem »Bad« ungefährdet zu bewegen, verlangt akrobatische Geschicklichkeit.

So verläßt man, kaum daß man mit geübten Griffen das Notwendigste ausgepackt hat, mit leisem Schaudern dieses zweite Haus am Platze, macht, falls sich Natur anbietet, einen Spaziergang oder läuft durch die Stadt, um sich nach der langen Autofahrt etwas Bewegung zu machen, kehrt zurück, setzt sich ins Restaurant, wo es wenigstens warm ist, bis es Zeit wird, ins Theater zu gehen.

Natürlich kann man sich auch ins Bett legen und lesen, sofern es mittels Verrenkungen oder dank komplizierter Aufbauten gelingt, das müde Licht der Nachttischlampe auf die Seiten des Buches zu lenken. Erst werden die Hände kalt, dann die Arme, dann die Schultern. Man wälzt das zu dicke, zu schwere, aber zu kurze Plumeau über sich. Jetzt werden die Füße kalt. Man igelt sich zusammen und starrt trübsinnig die Decke an. Man steht wieder auf.

Auf der rechten Seite der Hauptstraße, die etwa zwei Kilometer lang bergauf führt, liegt ein Eisenhüttenwerk, dessen zahlreiche Schornsteine unaufhörlich große, dicke, gelbe Rauchschwaden in den Regenhimmel stoßen. Davor steht das eherne Standbild des Gründers dieser Werke aus dem Jahre 1902. Mit breitrandigem Filzhut, hochgezwirbeltem Schnurrbart, den Gehrock lässig nach hinten geschoben, die eine Hand in die Hüfte gestützt, blickt er, im Laufe der Jahre vom Ruß geschwärzt (an der Weste ist immerhin ein weißer Flecken ...) hochmütig und unbeteiligt auf die arbeitende Bevölkerung unter sich. Jetzt weiß ich endlich, woher die Bezeichnung »Schlotbaron« kommt.

Gleichmäßig schwarze Häuserfronten, Geschäft neben Geschäft, eine häßliche Auslage nach der anderen. Auf hundert Meter kommen sechs Einrichtungshäuser mit Möbeln im »altdeutschen Stil«, Tische und Stühle mit wuchtigen Eisenbeschlägen. Gleich daneben abstrus scheußliche Schweinsledergarnituren. Über Möbel-Schulze, auch er wartet mit Schweinsleder auf, im ersten Stock fünf rotverhangene Fenster: Nachtbar »Orchidee«.

Der Fotograf der Stadt. Andächtig verweilt man vor seinen Fotos, nimmt teil am Lächeln der Neuvermählten, die gerade »Ja« gesagt haben. Meist sind es »Brustbilder«. Sie im Schleier, er im Cut. Noch schöner sind Gruppenfotos. Familie und Gäste blicken freudig verkrampft in die Kamera, und anmutig zu ihren Füßen lagern sich Kinderchen, mit Körbchen zum Blumenstreuen. Rechts im Schaufenster kann man nun die Ergebnisse betrachten: teils auf Fell mit hochgestrecktem Popo, oder etwas leblos in einem Stühlchen hängend. Dann kann man auch noch raten, welches Baby zu welchem der einst Neuvermählten gehört.

Zwei Häuser weiter hängen in einem winzigen Schaufenster zwölf Miniröckchen an einer Leine. Daneben befindet sich der Sex-Shop. Auf verblichenem Samt liegen, im Halbmeterabstand, ein Gummipenis in vergoldetem Kästchen, das Buch »Ich war eine Dirne« und eine Peitsche, anmutig mit einer Kette drapiert. Schräg gegenüber steht eine schwarze Kirche, mit nachgemacht gotischen Türmchen überreich bestückt, davor das Standbild eines Eisengießers, von seiner in welligen Falten erstarrten schwarzen Schürze trieft der Regen. Wenig weiter eine weitere Kirche. Davor das Standbild der Maria mit dem Kinde, aus steinernen Windeln tropft der Regen. Im ersten Kino gibt es »Grün ist die Heide«, im zweiten »Schulmädchen-Report, 98. Fortsetzung«, im dritten »Addios Compagneros«. Es ist drei Uhr nachmittags. Noch vier Stunden, bis ich im Theater sein muß. Na schön, geh' ich halt wieder ins zweite Haus am Platze.

Viel Geld für eine frische, muntere Großmutter. Zypressen, Pinien und Mimosen. Schwabing-Preis für Preußin. Wir gehen Schiffe kaufen

Es ist wunderbar, sich immer etwas wünschen zu können. Wenn ich mir gerade nichts anderes wünsche, dann wünsche ich mir, ein klares Urteil zu haben, souverän zu sein, voller Einsicht zu sein, unendlich geduldig zu sein, etwas weniger schnell und etwas weniger impulsiv zu sein und mich nicht immer wieder zum Quatschen über Dinge hinreißen zu lassen, von denen ich nicht genug verstehe. »Bis das in Erfüllung geht«, würde Freund Siegfried sagen, »muß eine alte Frau ganz schön lange dran stricken!«

Es gibt auch Wünsche mehr materieller Art, und die gehen manchmal wirklich in Erfüllung. Nicht ganz so, wie man sich das vor dem Einschlafen vorstellt; daß einem all die schönen Sachen morgens beim Aufwachen auf einem Tablett überreicht werden, mit einem Visitenkärtchen »Alles Gute, werte Künstlerin, der liebe Gott«. Nein, sehr oft merkt man gar nicht, daß man schon auf gutem Weg zu seinem Ziel ist.

Schon seit Jahren hatte ich mir ein Haus in der Sonne, ein Haus in Südfrankreich gewünscht. Ich war noch nie dort gewesen. Aber manchmal sah ich mich im Traum in einer ganz eigentümlichen Landschaft, und in diesem Traum war ich besonders glücklich. Ich wußte: Diese Landschaft ist Südfrankreich.

Eines Tages rief eine Filmproduktion bei uns an, die Werbespots machte. Ob ich bereit wäre, im Fernsehen ausschließlich und nur für ihre Auftraggeber Reklame für ein Waschmittel zu machen. Schon wollte ich das aus »gekränkter Künstlerehre« weit von mir weisen, da meinte Ully vernünftigerweise: »Das machen so viele Prominente, warum nicht auch du?«

Da der Auftraggeber eine amerikanische Firma war und natürlich keine Ahnung hatte, wer »wer« ist, mußten Probeaufnahmen gemacht werden. Mit mir bewarben sich sehr gute und bekannte Schauspielerinnen. Es sollte eine frische, muntere Großmutter sein, die in allen möglichen Situationen den magischen Namen jenes just auf den Markt gekommenen Waschmittels recht natürlich und selbstverständlich sagen sollte.

Ich habe nie gewußt, mit welcher Genauigkeit, mit welchem todernstem Engagement an so einem Werbespot gearbeitet wird. Er darf nicht länger als achtundfünfzig Sekunden dauern. In diesen achtundfünfzig Sekunden muß das und das passieren. Wehe, wenn etwa ein Wort, das zuvor auf seine Wirksamkeit von eigens dafür ausgebildeten Fachleuten geprüft und für gut befunden wurde, leichtfertig geändert wird! Nach achtundfünfzig Sekunden muß abendlich in dreißig Millionen oder mehr Menschen spontan der unbezwingliche Wunsch geboren werden, dieses und nur dieses Waschmittel auszuprobieren und ihm fortan ein langes Leben lang treu zu bleiben.

Das ist gar keine einfache Sache. Ich denke jetzt nicht an das Spielen, das erfordert nur strenge Konzentration und sehr viel Geduld. Aber die Vorarbeit für diese achtundfünfzig Sekunden ist enorm, und es ist eigentlich traurig, daß man daraus nicht wenigstens ein bißchen was Leichteres oder Lustigeres machen kann, aber, so meinen die Fachleute, dann würden die Menschen, die das kaufen sollen, es auch nicht mehr ernst nehmen.

Und jetzt fange ich bereits wieder über etwas zu quatschen an, wovon ich nicht genug verstehe, und ich sollte eigentlich sehr dankbar sein, denn zu jener frischen munteren »Großmutter« erwählte man mich.

Ully machte den Vertrag. Er verlangte, ohne mit der Wimper zu zucken, so viel Geld, daß ich vor Schreck aus dem Zimmer gegangen bin.

Noch nie in meinem Leben habe ich für so viel Geld so wenig arbeiten müssen. Ully sagte: »Du hast in deinem Leben so oft für sehr wenig Geld so viel und manchmal zu viel gearbeitet, daß du überhaupt kein schlechtes Gewissen zu haben brauchst.« Für einen Zweijahres-Exklusiv-Vertrag habe ich genau drei Tage gearbeitet, das heißt an diesen drei Tagen pro Tag einen Spot aufgenommen.

Nachdem ich damit fertig war, sagte Ully: »Komm, wir fahren nach Südfrankreich.« Zuerst waren wir in Haute-de-Cagnes. Das ist eine winzige Stadt auf einer Anhöhe in der Nähe von Nizza, mit dicken Mauern und Kopfsteinpflaster, romantischen alten Häusern aus dem 12. Jahrhundert, dem Stammschloß der Grimaldis, einem entzückenden Schloßplatz, der, wenn ihn nicht parkende Autos blockierten, wirklich schön wäre, mit all den schmalen kleinen Häusern, die ihn einrahmen, mit ihren Vorgärten, Cafés und Restaurants – kurz, es ist dort wie im Bilderbuch. Jeder kennt hier jeden, man tauscht Küßchen aus, man schwatzt, man sitzt in der Sonne, man geht an den Strand. Aber leider geht die Hauptstraße nach Nizza dicht daran vorbei. Alles, was uns anfangs so romantisch schien – mit einemmal war es nichts als eng. Ja, wenn man vom Schloßplatz in die Landschaft hinuntersah – das hatte schon eine entfernte Ähnlichkeit mit meinem Traum, eine sehr entfernte.

Es regnete. Wir hockten in unserem Hotelzimmer. Ully lag auf dem Bett und las in einer deutschen Wochenzeitschrift. Er liest immer sehr gründlich, auch noch die letzte Seite. Plötzlich sagt er: »Du, hier steht eine Anzeige. Gegen zwanzig Prozent Anzahlung kann man bei Fréjus, in einem Ort, der Capitou heißt und im Estérel liegt, Häuser kaufen. Ehe wir hier trübsinnig werden, laß uns doch mal hinfahren, es ist von hier aus nur eine knappe Stunde.«

Das taten wir. Die Autobahn führte von Antibes bis nach Fréjus. Dort stand ein großes Schild »Zum Capitou«. Wir fuhren an unglaublich häßlichen Kasernen und einem Lazarett vorbei. »Ach du liebe Zeit«, dachte ich, »wo soll denn das hingehen?«

Die Straße führte aufwärts. Wir kamen durch ein Tor – und nun war nicht plötzlich das Paradies da, der erste Anblick war sogar eher entmutigend. Karger Boden, Pinien, an einer neuen geteerten Straße entlang lauter kleine rosabraune Häuser mit hellrosa Dächern, ich mußte an eine arabische Siedlung denken, obwohl ich noch nie eine gesehen hatte.

Aber der Himmel, die Farben, der Duft von Pinien und Lavendel, die Stille und die Weite, es kam »meiner« Landschaft ganz nah, von der »Hauptstraße«, die weiter bergan führte, gingen lauter kleine Nebenstraßen ab, die sich wieder verästelten. Die verschiedenen Typen der im altprovenzalischen Stil gebauten Häuser ergaben ein in sich geschlossenes, harmonisches Ganzes, ohne uniform zu wirken.

In einer dieser kleinen Seitenstraßen zeigte man uns ein Haus, das im Rohbau fertig war. Es stand mitten im Sand, keiner der sparsamen Franzosen wollte es haben, weil achthundertfünfzig Quadratmeter Grund dazu gehörten. Die mußten mitgekauft werden, obwohl man nicht darauf bauen durfte und obwohl sich da auch noch ein mächtiger, zerklüfteter Felsen breitmachte.

Der Felsen nun gerade, den keiner haben wollte, der hatte es uns beiden angetan. Wenn man da hinaufklettert, sieht man über Pinien, Zypressen, Korkeichen und Mimosenbäume, über Grün in allen Schattierungen durch das hellrosa die Ziegeldächer leuchten, hinüber auf »die Mauren« (Les Maures), eine Hügelkette, die so tut, als sei sie ein Gebirge, weil sie sich, vor dem dunstig blauen Himmel, mit zackigen Felsen krönt.

Ja, das war meine Landschaft.

Wir zahlten das Haus an. Ein Wohnraum, zwei Zimmer, Küche, Bad und Klo. Irgendwann würden wir es abbezahlt haben. Bei jedem Verdienst, jeder Gage wird jetzt so gerechnet: Wenn wir davon soundso viel »abzweigen«, dann macht das noch eine Reihe Zypressen vor der Terrasse, oder: Wenn das Fernsehen klappt, dann können wir uns ein Sonnendach leisten. Das macht Spaß.

Das Haus steht schon nicht mehr im Sand. Eine Terrasse ist da, umsäumt von Zypressen. Das war die »Abzweigung« vom »Paradies der alten Damen«, die beiden Maulbeerbäume sind die »Abzweigung« von einem Krimi, sie wachsen mächtig heran, und ihre großen Blätter werfen bereits stolze Schatten.

Es macht Spaß, die Familie um sich zu haben. Obwohl Ully immer sagt, er kann Kinder nicht ausstehen – Benedikt und Daniel, die beiden Söhne meiner Tochter Susanne, hängen an ihm wie die Kletten. Es macht Spaß, Freunde einzuladen, auch wenn wir nicht da sind, damit das Haus bewohnt ist und atmet.

Natürlich habe ich schon wieder einen Wunsch. Einen maßlosen! Jetzt möchte ich einen Swimming-pool haben, und der soll direkt in unseren Felsen hineingebaut werden... Ully sieht mich mit dem Ausdruck tiefsten Bedauerns an.

Na ja, vielleicht nicht gerade in den Felsen. Aber immerhin verdanke ich meinen Leistungen im Schwimmsport den ersten Preis meines Lebens, wie schon einmal erwähnt. Die Aufzählung meiner weiteren Preise würde natürlich viele Seiten... – also, es waren drei (den fürs

Schwimmen inbegriffen ...). Den zweiten erhielt ich in Belgien – ich war bei der Verleihung nicht anwesend – für die Darstellung der Ärztin in dem Film »Kinder, Mütter und ein General«. Das dritte Mal las Ully ihn mir aus der Abendzeitung vor: Den Schwabinger Preis 1967 für darbietende Kunst bekommt Ursula Herking. Erst dachte ich, er macht wieder einen seiner feinsinnigen Scherze, aber es war wirklich so. Am nächsten Tag brachte mir die Post die Bestätigung nach Stuttgart, wo ich Theater spielte.

Ich habe mich sehr darüber gefreut. Sicher haben wir nach dem Krieg durch die »Schaubude« ein »neues Profil« geschaffen, und dann die »Kleine Freiheit« und die »Münchner Lach- und Schießgesellschaft« – aber einer »Preußin« den Kunstpreis von Schwabing zuzuerkennen – das ist doch ein ganz schön duftes Ding, wie man in Berlin zu sagen pflegt. Ich bekam ihn bei einer kleinen Feier überreicht. Zu diesem Kunstpreis, der mit tausend Mark dotiert war, gab es auch noch ein goldenes Vreneli-Geldstück, gestiftet von dem Dichter der »Traumstadt« Schwabing, Peter Paul Althaus. Dieses Vreneli-Stück ziert heute eine Geldspange; möge immer etwas zum Dazwischenklemmen vorhanden sein. Nach dem alten Spruch »Geld allein macht zwar nicht glücklich, aber es beruhigt doch sehr«. Vor allem, wenn man etwas abzweigen kann. Womit wir wieder in Südfrankreich wären, jetzt in Cannes, am alten Hafen:

Bob schlängelt sich zwischen den Tischen durch, balanciert Brotkörbe und Butterschüsselchen, nimmt Bestellungen der Gäste entgegen, singt ein paar Takte, ruft nach hinten zur Theke, welcher Wein gewünscht wird, stülpt sich einen Untersatz für die großen Austernplatten verkehrt herum auf die roten Haare, die bis zu den Schultern reichen, scherzt mit den Gästen, treibt die Kellner an und ist ein großer, massiger Clown, der deshalb nie lästig und aufdringlich wird, weil er sich meistens über sich selbst amüsiert.

Die kleinen Tische stehen zu beiden Seiten der Wände und lassen nur einen schmalen Gang frei. Draußen spannt sich eine Markise über die auf der Straße stehenden Tische. Die Kellner tragen auf erhobenen Händen große Platten aus Korkeiche, von denen der Tang herunterschwappt; auf Eisbrocken liegen die Austern. Schüsseln mit Muscheln, Holzgestelle, an denen appetitliche Würste baumeln, hohe dicke Gläser, gefüllt mit kalorienreichen Süßspeisen... Dicht nebeneinander im knirschenden Eis stehen die Kübel mit Weinflaschen.

Gegenüber, im alten Hafen, schwanken die Masten der vielen Schiffe in der leichten Abendbrise. Man läßt sich Zeit für das Essen. Man schwatzt, man lacht, man schlürft und schmatzt. Von draußen kommen zwei junge Männer herein. Der eine hat eine Gitarre, auf der er sich und seinen Freund zu spanischen Liedern begleitet. Sie bleiben stehen, bald da, bald dort, und fragen, was die Gäste hören wollen. Um sie herum schweben die Platten, laufen die Kellner, werden die Tische von der Wand in den Gang und wieder zurück an die Wand geschoben, wenn neue Gäste kommen. Nichts fällt, nichts zerbricht, und trotz des scheinbaren Durcheinanders, trotz all diesem Trubel, diesem Herauf und Herunter, alles ist in sich ausgewogen, strahlt Gelassenheit, Harmonie und gute Laune aus.

»Das könnte man bestimmt nicht inszenieren«, sage ich zu Ully, der mit dem Ausdruck tiefster Zufriedenheit, einen Schluck des herben, hellen Weines genießt.

»Was könnte man?«

»Nichts, laß man«, sage ich, »freuen wir uns und denken wir nicht an das dusselige Theater.«

Der Bärtige neben mir hat die Hände seiner Freundin in seine großen Pranken genommen und streichelt sie hingebungsvoll. Zwei attraktive Blondinen mit lockenden Hüften und sehr hohem Busen kommen herein. Ein junger Mann mit offenem Hemd über brauner Haut folgt ihnen lässig. Er kaut an einem Streichholz und bestellt im Vorbeigehen bei Bob zwei Flaschen Champagner. »Bei den Pferdchen, die der zu laufen hat, kann er sich das leicht leisten«, meint Ully.

Wir trinken noch jeder einen schwarzen Kaffee und einen goldgelben Calvados aus einem bauchigen Glas. Bob schenkt mir jedesmal zum Abschied eine rote Rose, und Ully gibt der Wirtin jedesmal einen kleinen Kuß. Jedesmal ist einmal im Monat. Da schenken wir uns gegenseitig diesen »bunten Abend«.

Und jetzt gehen wir »Schiffe kaufen«. Wir schlendern an der Mole des alten Hafens entlang. Die Burg von Cannes, auf dem Berg, ist in gelbrosa Scheinwerferlicht getaucht. Ich denke schon wieder ans Theater. Schräg darüber steht der zunehmende Mond. Wir machen drei Verbeugungen und wünschen uns etwas. (Das wirkt nur bei zunehmendem Mond.)

Wir betrachten uns jedes Schiff – die Segler, Dreimaster, darunter Riesenkähne mit großen Radaranlagen, kleine elegante Flitzer und Fischerboote. Alle liegen sie dicht nebeneinander, das Wasser klatscht gegen die Bordwände, es stinkt ein bißchen nach faulen Fischen und Abfall.

Wir »kaufen« heute abend ein Schiff mittlerer Größe und stechen damit auch sofort in See. Nach einer Weile sage ich: »Ully, wir müssen sofort wieder umkehren, wir haben den Strauß Gladiolen vergessen, der auf Deck eines jeden besseren Schiffes gehört.«

»O. K.«, sagt er, »ich will sowieso kein Schiff, die Hafenmiete ist viel zu teuer.«

Dann lachen wir beide. Dieses Spiel spielen wir schon viele Jahre. Bevor wir ins Auto steigen, gerät Ully völlig außer sich vor Entzücken, weil wir an einem Rolls-Royce, Baujahr 1928, vorbeikommen.

»Na, dann kaufen wir eben den«, sage ich.

»Gut«, stimmt er mir zu, »kaufen wir den.«

Und dann setzen wir uns in unseren zuverlässigen Volvo aus Schwedenstahl und fahren zufrieden und bester Laune zum Capitou und freuen uns, daß wir wieder zu Hause sind.

Ich München – du Weimar. Ein Wecker weckt böse Verdächte. Das deutsch-russische Agentenpaar

Mein Mann hat mir einen großen Wecker geschenkt. Über der Zwölf des Zifferblattes hockt auf lilafarbenem Gehäuse die Hälfte einer vergoldeten Kugel. Unter dieser trügerischen Kuppel verbirgt sich heimtückisch ein Läutewerk. Vier Wochen lang hat es mich jeden Morgen aus dem Schlaf gerissen. Pünktlich, lange, penetrant und enervierend: »Raus aus dem Bett! Keine Rumtrödelei! Du hast gestern nacht mal wieder zuviel getrunken! Schnaps macht schwachsinnig und Bier macht dick, schäm dich!«

»Ja doch«, sage ich, sitze bolzengerade auf der Bettkante, und meine Zunge fühlt sich wie eine oft betretene Fußmatte an.

Nach dem Frühstück ist mir besser. Während ich mit meiner inneren Stimme darüber debattiere, ob ich in den Genuß einer Zigarette kommen dürfe oder nicht, hat sich meine Hand bereits selbständig gemacht und die vorletzte aus der Packung gezogen. Es fehlt nur noch, daß der Wecker sich mißbilligend räuspert. Ich gehe ins Atelier. Der Wecker tickt und bleibt.

Letzten Dienstag sollte er mich um fünf Uhr früh wecken. Doch bevor er mit seinen erzieherischen Maßnahmen beginnen konnte, hatte ich ihn schon abgestellt. Um fünf Uhr fünfundvierzig rief ich meinen Mann an: »Ich fahre jetzt von Berlin los.«

»Schön«, sagte er, »dann wirst du wohl, mit Kontrollpunkten und allem, so gegen zwölf Uhr in München sein. Hast du auch nichts vergessen? Hast du den Wecker eingepackt?«

»Ja«, sage ich.

»Gut«, sagt er.

Ich fahre los. Der Wecker liegt neben mir auf dem Sitz und tickt muffig durch den großen Karton, auf dessen Deckel er schön bunt abgebildet ist.

Am Kontrollpunkt muß ich ihn auspacken. Täusche ich mich? Läuft er nicht dunkelviolett an? Und tickt er nicht wie eine Höllenmaschine? Der Volkspolizist verschwindet mit ihm.

Nach fünfzehn Minuten kommt er zurück. »Een großen Wegger ham Sie«, sagt er und händigt ihn mir wieder aus. Ich packe ihn ein. »Fünfzehn Minuten Verzögerung, nur wegen dir, du Angeber«, sage ich und haue auf den Karton. Es regnet. Immer heftiger. Sturzbäche. Der Scheibenwischer schafft es kaum. Ich fluche mich langsam auf der Autobahn vorwärts. Der Regen rauscht. Der Wischer wischt. Der Wecker tickt.

Plötzlich taucht im Regenschleier eine Figur auf. Die Figur winkt. Ich halte. An der Seite des Autos steht ein junger, semmelblonder, triefnasser russischer Soldat und zeigt auf den Sitz, auf dem der Karton liegt. Ich kann mir kaum vorstellen, daß er die Uhr haben will. Die Zeiten sind vorbei. So deute ich seine Geste richtig: Er möchte mitgenommen werden. Natürlich nehme ich ihn mit. Armer tropfnasser Soldat. Ich lege den Wecker unter den Sitz.

Während der Semmelblonde die Polster langsam durchfeuchtet, sagt er: »Ich Sonne, nix lieben viel naß.«

Ich: »Sonne schön, Regen schlecht.«

Er: »Du wo?«

Ich: »Ich München.«

Er: »Ich Weimar.«

Da hätte ich bereits merken müssen, daß er nicht von Weimar kam, sondern nach Weimar wollte und sich infolgedessen in falscher Richtung bewegte, direkt und unaufhaltsam der Grenze zurollend. Ich merkte es aber nicht. Der flotte Dialog ging weiter.

Er: »Du was machen?«

Ich: »Autofahren.«

Dröhnende Baßlache. »Nein nix das, was Beruf?«

Ich: »Schauspielerin, Artista.«

Er, verklärt: »Ich auch Artista, ich Saxophon.«

Bevor wir uns beide so recht über unseren gemeinsamen Artistenberuf freuen können, steuern wir bereits auf eine mittlere Katastrophe zu, die nun in Gestalt eines Vopos, der uns mit erhobenem Arm Halt gebietet, unerbittlich ihren Lauf nimmt.

Der Vopo bedeutet dem Russen, auszusteigen. Der Russe dreht sich noch einmal um und sagt schmerzlich: »Wo Weimar?«

Der Vopo sagt: »Stoi« und geht mit ihm auf das Steinhaus rechter Hand zu. Vorher sagt er zu mir: »Halten Sie hier« und verschwindet mit dem Russen durch den Eingang.

In diesem Augenblick fallen mir drei Dinge auf einmal ein: Erstens, daß ich vergessen habe, daß man in der DDR grundsätzlich niemanden mitnehmen darf. Zweitens, daß – als ich den Wecker unter den Sitz gestopft habe – mein Paß mit heruntergefallen sein muß, und drittens, daß ich den Paß jetzt sofort suchen muß.

Ich tauche also vom Lenkrad weg in den Untergrund und suche. Da ich vergessen habe, die Handbremse anzuziehen, rollt der Wagen auf der ein wenig abschüssigen Straße voran, bis er von einem Hindernis aufgehalten wird und mit einem leisen Bums stehenbleibt. Verschreckt tauche ich auf, in der einen Hand den Karton, in der anderen den Paß, und sehe: Das Hindernis ist der geschlossene Schlagbaum.

Zwei Männer stürzen auf mich zu und fragen mich mit gefährlichem Unterton, wo ich denn hinwolle. Meine Antwort, ich hätte nur meinen Paß gesucht, hat zur Folge, daß man ihn mir wegnimmt. Auch den Karton.

Mit der Weisung, den Wagen rechts ranzufahren und zu warten, verschwinden beide im Haus. Es regnet.

Nach einer Stunde wage ich auszusteigen. Mir wird nicht unfreundlich, aber bestimmt gesagt, ich solle wieder einsteigen. Ich frage: »Wie lange kann's denn noch dauern?«

»Das kommt darauf an, wann die Kommission kommt«, kriege ich zur Antwort.

»Hören Sie«, sage ich, »ich habe mir bestimmt nichts Böses dabei gedacht, ich wollte ihn doch nur nicht länger im Regen stehen lassen. Ich weiß ja, daß man niemanden mitnehmen darf, aber ich habe es vergessen. Sie können mich doch nicht für meine Gutmütigkeit bestrafen?«

Das Frage- und Antwortspiel ist, nach offensichtlicher Meinung des Postens, mit dieser törichten Frage beendet.

Ich warte eine weitere halbe Stunde. Der Posten schleicht durch den Regen und sagt: »Kommen Sie mal mit rein.«

Ich werde in ein Zimmer geführt. Einer, der hinter dem Schreibtisch sitzt, sagt: »Nehmen Sie Platz.« Ich tue es. Er hält meinen Paß in der Hand. Neben ihm steht der ausgepackte Wecker und tickt laut und dümmlich.

Der hinter dem Schreibtisch sagt: »Ist Ihnen nicht klar gewesen, daß Sie niemanden mitnehmen dürfen?«

»Doch«, sage ich bereitwillig, »doch natürlich, bitte entschuldigen Sie vielmals! Ich habe es vergessen.«

Er sieht mich seltsam an: »Wieso haben Sie dann einen Fluchtversuch unternommen? Und weshalb haben Sie diesen Karton hochgehalten?«

»Aber, aber«, sage ich verzweifelt, »ich wollte doch nicht fliehen. Ich habe nur meinen Paß gesucht, der lag unten, und da habe ich vergessen, die Handbremse anzuziehen, und wie Sie sehen, war in dem Karton nur ein ganz normaler Wecker.«

»Das haben wir in der Zwischenzeit auch festgestellt«, sagt der hinter dem Schreibtisch und gibt mir den Scheißwecker zurück. Meinen Paß behält er.

»Es tut mir schrecklich leid«, sage ich, »darf ich meinen Paß wiederhaben und darf ich jetzt fahren?«

»Nein«, sagt er, »wir müssen noch die Kommission abwarten.«

Mittlerweile ist es ein Uhr mittags. Mein armer

Mann, denke ich, der wird ja verrückt. Der weiß ja gar nicht, was mit mir los ist. Ich frage: »Kann man wohl von Ihnen aus nach München telefonieren?«

Er sieht mich an, als ob ich schwachsinnig geworden wäre. »Nein«, sagt er, »gehen Sie bitte in Ihr Auto zurück.«

Ich warte im Auto weiter. Ab und zu sehe ich, wie mein Semmelblonder in Begleitung eines Vopos vor dem Haus auf und ab geht. Er guckt nicht zu mir hin, ich gucke nicht zu ihm hin.

Um zwei Uhr kommt ein Wagen und hält vor dem Haus. Vier Mann steigen aus und gehen hinein. Nach zwanzig Minuten kommen sie wieder heraus. »Schließen Sie Ihren Wagen ab und kommen Sie mit.«

»Wohin fahren wir denn?«

»Das werden Sie schon sehen.«

Ich steige mit dem Semmelblonden hinten ein. Er sieht betreten aus dem rechten Fenster. Ich sehe betreten aus dem linken Fenster. Wir kommen in einen Ort. Auf dem Ortsschild steht »Schleiz/Greiz«. Wir steigen aus und gehen in das Gemeindehaus oder Volkshaus, wie das eben heißt. Ich werde in ein Zimmer geführt. Ein junger Mann kommt als Bewachung mit.

Ich frage: »Wie lange kann das denn dauern?« Er spricht nicht mit mir. Ich frage: »Kann ich mal auf die Toilette?«

Er sagt: »Nein.«

Mittlerweile ist es dreiviertel vier geworden. Endlich kommt ein Kleiner mit Brille und grauem Kinnbart. In der Zwischenzeit habe ich das Bild von Ulbricht an der gegenüberliegenden Wand auswendig gelernt. Der Kleine sieht ihm ähnlich. Er spricht auch so.

Ich muß jetzt genau zu Protokoll geben, warum ich

den Russen mitgenommen habe, was ich gesagt habe und was er gesagt hat. Unser Dialog, den ich meiner Ansicht nach sehr wirkungsvoll rekonstruiere, entlockt ihm nicht das leiseste Lächeln. Er schreibt alles säuberlich mit. Dann sagt er: »Ich werde das jetzt abtippen lassen«, und verschwindet.

Ein neuer junger Mann kommt herein und löst den ersten jungen Mann ab. Auch der läßt mich nicht auf die Toilette. Nach zwanzig Minuten kommt der mit der Brille und dem Spitzbart wieder. Er ist freundlich. Er sagt, der Russe habe genau dasselbe wie ich ausgesagt.

Anschließend muß ich achtmal meinen Namen unter meine in acht Exemplaren gefertigte Aussage setzen. Dann gibt er mir meinen Paß zurück und predigt: »Sie müssen verstehn, daß wir unsere DDR schützen müssen.«

Ich sage: »Ja, das verstehe ich.« Und jetzt begreife ich langsam, daß man den Russen und mich für ein Agentenpärchen gehalten hat. Nimm dich zusammen, sage ich zu mir, lach jetzt nicht, bloß nicht lachen! Und jetzt darf ich auch auf die Toilette.

Der Semmelblonde reist nach Weimar über den Umweg Schleiz/Greiz. Zehn Minuten vor fünf fährt mich der Fahrer zum Kontrollpunkt und zu meinem Wagen zurück. Als ich gerade die Wagentür öffne, sagt er: »Na, heute abend werden Sie wohl ein paar Schnäpse kippen, was?«

»O ja«, sage ich, »bestimmt!« In diesem Augenblick klingelt mein Wecker. Pünktlich, laut, lange, penetrant und enervierend. Es ist genau fünf Uhr.

Rund um den Grunewaldsee. »Volle Pulle« und Franz Diener. Erwachsene Bäume fürs Märkische Viertel. Ich werde Mitglied

Wenn wir nach Berlin fahren und die Grenzkontrolle hinter uns haben, fangen wir an, uns zu freuen. Und wenn wir dann auf die Avus kommen, ist es jedesmal wieder so, als kämen wir nach Hause.

Nach Kriegsende, als es überall noch schlimm und so viel zerstört war, war München auf meinen Wanderungen zur zweiten Heimat geworden, denn diese Stadt war sehr freundlich zu mir. Aber, trotz allem: Berlin war und ist die Stadt, wo aus so vielen Ecken Erinnerungen auftauchen, und selbst die weniger schönen kommen jetzt ganz umgänglich daher. Das »Weißt du noch?« ist ohne Bitterkeit, und das »Wie ist es jetzt?« kommt aus vorurteilsloser Neugier.

So vieles, was mir liebgeworden ist, hat sich im Laufe der Jahre kaum verändert: Besonders vertraut ist mir der Spaziergang um den Grunewaldsee. Der nette alte Mann, der sich dort am weißen Strandstreifen sein kleines Lager gebaut hat und vom ersten Sonnenstrahl im Frühling bis spät in den Herbst hinein da »wohnt«. Der ist zwar »neu«, aber auch schon seit mindestens zwanzig Jahren, und er hätte auch früher dort sein können. Die Hundebadestelle kurz vor dem Schloß Grunewald. Im vergangenen Jahr lagen hinter dem Schloß Riesenröhren, immer eine hinter der anderen, durch deren Hohlräume ganze Scharen von Kindern mit Indianergeschrei geklettert sind.

Im Winter sausen sie mit ihren Schlitten die Anhöhen bis zum See hinunter, laufen auf leise knackendem Eis Schlittschuh, manche Stellen frieren nie ganz zu, die Erwachsenen rufen besorgt: »Emil, jehste wech von die undichte Stelle«, aber noch nie ist eins reingefallen.

Im Sommer verwandelt sich der schmale Strand auf beiden Seiten in Badeplätze, auch wenn der See nicht gerade sauber ist. Das ganze Jahr hindurch ist der Spaziergang um den Grunewaldsee eine Runde, die nie langweilig ist – obgleich ich den Weg wohl auch mit geschlossenen Augen finden würde.

Vieles in der sehr zerbombten Stadt ist schöner geworden. Vieles, was mir so vertraut und selbstverständlich war – verschwunden. Dafür ist Neues entstanden. Die Straßenbahn Linie 76 und 176 vom Wittenbergplatz über die Tauentzienstraße, an der Gedächtniskirche vorbei, den Kudamm rauf über Halensee zum Roseneck gibt es nicht mehr. Diese Straßenbahn, in die während des Krieges so eine Art Verschwörergemeinde einstieg, hat den Omnibussen Platz gemacht.

Der Kurfürstendamm ist breiter geworden, und die Kaiser-Wilhelm-Gedächtnis-Kirche sieht jetzt mit ihrem blaufensterigen Kind als Anhang geradezu munter und gutgelaunt aus.

Mein Sohn und seine Freundin Anette haben uns so viel Neues gezeigt. Ich wußte zum Beispiel nicht, daß es die Kreuzberger Wasserfälle gibt. In der Silvesternacht sind wir bei hellem Mond und strahlendem Sternenhimmel lange an der Havel spazierengegangen. Ich glaube, es gibt nur ganz wenige Städte in Deutschland, die so grün sind wie Berlin.

Ich gehe gern, am Savignyplatz vorbei, die Grolmanstraße zum Steinplatz, und kurz bevor ich in die Hardenbergstraße einbiege, kehr' ich mal kurz in der »Vollen Pulle« ein, die von außen wie ein riesiges Faß aussieht. Mal eben Station machen, um meiner Freundin

Anja guten Tag zu sagen, die zwar aus dem westfälischen Münster stammt, für mich aber die Inkarnation der Berlinerin ist. Seit über fünfundzwanzig Jahren residiert sie hier als Geschäftsführerin, mit vitaler Natürlichkeit, schnellem Witz und einem großen, verschwenderischen Herzen. Manchmal kann sie wie ein Bierkutscher fluchen, manchmal wie eine Königin durchs Lokal schreiten, nie verliert sie eine gewisse Distanz – und immer hilft sie. Sie hat auf diese Weise keine Schätze gehortet und wohnt wie eh und je in ihrer kleinen Wohnung, die stets ein Zufluchtsort für alle gewesen ist und sein wird, die mit sich und ihrem Schicksal hadern.

Nach dem Theater gingen die Schauspieler gern zu Franz Diener, dem ehemaligen Weltklasse-Boxer, der in der Grolmanstraße, unweit vom Kudamm, eine Kneipe aufgemacht hatte. Um den großen runden Stammtisch rechts vom Eingang saßen wir dicht gequetscht, das Sofa war schon so ausgebeult, daß die eine Backe niedrig, die andere hoch gelagert war. Aber man saß und saß, man quatschte und klatschte, Schaulustige zogen vorbei in den hinteren Raum, Franz Diener nannte jeden beim Vornamen, bei Diener war man »in«. Es war aber kein modernes, hochmütiges »in«-Sein. Man bestätigte großmütig seinem Nachbarn, was er doch für ein feiner Kerl sei, und lobte sich gegenseitig ein bißchen in den Himmel, was ja, wenn man nicht alles für bare Münze nimmt, auch ein ganz lustiges Spiel sein kann.

Hinter der Tür links war der Stammtisch von O. E. Hasse. Dort ging es schon etwas gewählter zu, und wenn O. E. einen bat, an seinen Tisch zu kommen, so war das eine Art Auszeichnung. Wir, Ully und ich, gehörten zu den Privilegierten. Es lohnte sich fast immer, denn er quatschte selten; was er sagte, war fundiert und stets amüsant. Seine Ironie gefällt nicht jedem. Ich genieße sie sehr, auch wenn sie gelegentlich mich selber trifft.

Franz Diener ist tot. Eine Zeitlang ging niemand mehr hin. Seine Frau verkaufte das Lokal. Eine neue reizende und bemühte Besitzerin übernahm es: Lilo. Und langsam kam es wieder in Gang. Ich war seit über einem Jahr nicht mehr in Berlin, aber es wäre schade, wenn diese ein wenig selbstherrliche Spieloase eingehen würde.

Ich laufe gern im alten Charlottenburg herum. Da gibt es noch Häuser wie in Potsdam, schmal und gerade, mit hohen Fenstern, in stillen engen Straßen, die Kopfsteinpflaster haben. Ich kenne immer noch zu wenig von Berlin, obwohl ich dort so lange gelebt habe. Natürlich, den Alexanderplatz, die Friedrichstraße, die Linden kenne ich auch heute noch, obwohl das ja leider so natürlich gar nicht ist. Aber für uns, die wir nach dem Kriege nicht ständig in Berlin lebten, war es ja möglich, hinüberzufahren, und dann drängten sich dort die »Weißt du noch«-Erinnerungen stürmischer auf, zumal der Wiederaufbau drüben notgedrungen sehr viel langsamer vor sich ging.

Da waren es dann die Theateraufführungen des Berliner Ensembles von Bertolt Brecht, die Inszenierungen von Walter Felsenstein in der Komischen Oper, die mich aus dem »Weißt du noch« in einen Taumel reinsten Entzückens versetzten. Ich weiß noch genau, wie wir nach einer Aufführung vom »Arturo Ui«, die Brecht selbst inszeniert hatte, mit vollem Herzen an den Stammtisch bei Diener kamen, um unsere Begeisterung den anderen mitzuteilen – und auf welch eiskalte Ablehnung wir da stießen. Wir hatten die Politik vergessen.

Als ich zum vorläufig letzten Mal in Berlin Theater spielte, fanden dort gerade die Wahlen zum Stadtparlament statt. Wir fuhren in das vielgelästerte »Märkische Viertel«, um dort für die Wählerinitiative der SPD zu werben. Ich hatte es vorher noch nie gesehen. Die Skyline, wie man heute sagt, ist sehr schön; es ist eindrucksvoll, wie sich die vielfältig geschichteten Häuserblocks gegen den Himmel abheben. Aber nun kann ja nicht jeder, der dort lebt und über vieles unzufrieden ist, mal eben zwanzig Minuten laufen, um sich dann, von einer gewissen Distanz aus, an der Skyline zu begeistern.

Es gab überraschend wenige Spielplätze, und um die war noch ein dickmaschiges Drahtnetz gezogen. Es gab keine Bäume, oder sie waren so winzig, daß erst die Urenkel der jetzigen Bewohner in ihrem Schatten werden ruhen können. Warum kann man keine ausgewachsenen Bäume umpflanzen, ich denke, darauf kommt es bei einer so teuren Anlage dann auch nicht mehr an. Man kann ja auch für Ausstellungen, Gartenschauen, was weiß ich, einen Park sozusagen aus der Erde schießen lassen – warum nicht hier? Mit Bäumen und Blumen, mit Rasen und Sträuchern, mit ausreichenden Spiel- und Sportplätzen lebt es sich einfach hübscher – und gesünder. Gerade für diese Menschen, an denen das Wirtschaftswunder ziemlich spurlos vorbeigegangen ist, hätte man ruhig noch etwas springen lassen dürfen. Wenn man schon eine so große, moderne, kühne Siedlung baut, warum denkt man nicht daran, daß die Menschen, die einmal dort wohnen sollen, auch Spaß daran haben müssen, und daß sie von einer alten, baufälligen Behausung, aus der sie kamen, in eine neue Steinwüste und aus dem ihnen gewohnten Milieu unter lauter Fremde versetzt werden?

Wir saßen in dem einzigen Versammlungs- und Mehrzwecksaal und versuchten, mit den Leuten zu reden. Das war gar nicht leicht, denn vor allem die Jungen waren ganz schön verbittert. Für sie gab es keine geeigneten Aufenthaltsräume, wo sie hätten diskutieren, spielen, Musik machen und tanzen können. Und gerade das wäre bei einer Siedlung, die noch dazu sehr dürftige Verkehrsverbindungen zur Innenstadt hat, doch besonders wichtig. Die Alten aber, die da vor uns saßen, fühlten sich alleingelassen, vereinsamt.

Aber das war vor einiger Zeit, hoffentlich ist es inzwischen etwas besser geworden. Damals hatte ich angeboten, sofern ich in Berlin zu tun haben würde, zwar nicht mit fertigen Bäumen herauszukommen, aber mit den Jungen, falls sie Lust hätten, Theater zu machen. Aber wie es dann so geht: Man arbeitet überall woanders, nur nicht in Berlin, man kann es sich ja nicht aussuchen. Und ist es mit »Theater« getan?

Jedenfalls fuhr ich damals aus dem »Märkischen Viertel« wieder weg mit dem unguten Gefühl, nicht sehr viel ausgerichtet zu haben. Das sind so die Augenblicke, wo ich wahrscheinlich mit meiner »Emotionalität« schief liege und wo meine Worte vielleicht wirklich töricht und nutzlos sind. Denn ich kann ja nicht plötzlich umsatteln und als tüchtige Sozialhelferin »Heiterkeit« verbreiten und Ordnung machen, und wenn – dann würde ich wohl ganz schön reinfallen und schnell den Mut verlieren. Aber loswerden mußte ich es mal, und ich bewundere alle diejenigen, die diese undankbare und oft auch hoffnungslose Aufgabe mit allen Konsequenzen übernommen haben.

»Wer ist das Volk? Wir alle. Aber wir teilen uns wieder in Gruppen, und meistens verbleiben wir in unserer Gruppe unser Leben lang. Gewiß, man kann sich mitteilen, man spricht die gleiche Sprache. Aber unsereins geht doch nicht in die Fabriken, nicht zu den Kleinbürgern, zu dem Heer der schnellen Verbraucher und schnell Verbrauchten, zu denen, die in die Tretmühle gesperrt sind, um zu erfahren, was sie denken, was sie fühlen, was sie leiden. Täten wir das, könnten wir uns vielleicht nach langer Zeit aufmerksamen Zuhörens ein Bild machen – auch dann noch ein höchst unvollkommenes. Wenn ich eine Sozialarbeiterin wäre, dann würde ich wohl eher wissen, was ›Volk‹ ist. Aber wenn diejenigen, die diesen schweren Beruf ergriffen haben und ihn selbstlos ausfüllen, wirklich einmal auspacken, dann reden sie meistens gegen Wände, gegen taube Ohren an. Ich bin aber nur eine Schauspielerin, und mein Kontakt zum Volk stellt sich durch Bühne, Leinwand oder Fernsehschirm her – ich kann es nur zum Lachen, zum Nachdenken und vielleicht auch manchmal zum Weinen bringen.«

Solches sprach ich, in fließendem Deutsch, die Ausdrücke wägend, und kam mir recht klug vor. Man ließ mich auch zu Ende sprechen, das war nett. Es war vor ein paar Jahren. Man gab mir sogar recht, aber dann meinte der Bürgermeister dieses kleinen Städtchens in Südhessen, ehe ich so viel »rede tät« wär's besser, ich tät' etwas. »Treten Sie in unsere SPD ein, wir stehen kurz vor den Wahlen. Geben Sie uns halt einen Abend, und zum Schluß sagen Sie den Leuten, Sie wären gerade Parteimitglied geworden.«

Da ich in meinem Leben noch nie Mitglied einer Partei war und mich überhaupt ungern »festlege«, was nicht heißt, daß ich nicht jederzeit bereit bin, Unrecht und

Ungerechtigkeit, wo immer sie auftreten, mit den mir gegebenen Mitteln anzuprangern, war mir dieses plötzliche Angebot ein wenig peinlich. Aber dann sah ich sie mir an, die da saßen, ehrliche Leute, zupackend, geradeaus; der Bürgermeister »aus dem Volke«, all diese erfahrenen Kommunalpolitiker. Das gefiel mir, und ich dachte: Ehe du wieder die Schnauze aufmachst und herumtheoretisierst, mach doch mit, wo du vielleicht wirklich helfen kannst! Und sagte ja.

Seither bin ich mit meinem »Wissen um das Volk« noch immer nicht sehr weit gediehen. Gut. Ich war auf den Straßen in Berlin. Ich war mit Günter Grass im »Märkischen Viertel«. Ich habe auch selbst geredet, aber immer war es Ursula Herking, die da, mit Recht, benutzt wurde.

Denn um das Volk wirklich zu begreifen, muß man wahrscheinlich einen anderen Beruf haben als den meinen. Oder man müßte sehr viel mehr Zeit und Arbeit darauf verwenden, als ich das jemals kann. Und da ich weiß, daß nur sehr wenige von denen, die so gerne vom Volk sprechen, dazu in der Lage sind, bin ich mißtrauisch, wenn sie davon reden!

Achtzig Frauen trinken mit mir Kaffee. Alles über das Rentengesetz. Mit mir kann man nicht angeben

Wäre ich als einzige Wahlhilfe für Willy Brandt durch die bundesdeutschen Gaue gezogen, so hätte ich elendig versagt und mehr geschadet als geholfen. Ich reagiere viel zu emotionell. Wenn mich jemand anpöbelt, pöble ich zurück. Wenn jemand meinen Eifer bezweifelt und mir unterstellt, ich täte das nur, um mich selbst ins Licht zu setzen, kommen mir vor Wut die Tränen, und Perfidien bin ich hilflos ausgeliefert.

Nun bin ich aber, Gott sei Dank, nicht allein ausgezogen, sondern ich hatte die Schützenhilfe vieler, die wirklich Bescheid wußten, obwohl sie sich gelegentlich, mit Recht, gedacht haben dürften: »Wozu denn noch die Herking, das schaffen wir auch ohne sie.« Und sie haben es ja auch geschafft. Und jetzt habe ich erst mal vier Jahre Zeit, um dann, hochbetagt, wieder auf die Barrikaden zu steigen oder auch nicht.

Jedenfalls das habe ich gelernt: Wenn man schon so was macht, soll man es auch richtig machen. Es genügt nicht, ein paar Gedichte aufzusagen und mit Verve die Umweltverschmutzung zu verdammen oder die Ostpolitik zu verteidigen. Man müßte schon etwas mehr Bescheid wissen über Fakten und Daten. Da ich mir außer »333 bei Issus Keilerei« fast keine Geschichtszahlen merken kann und auch sonst äußerst ungebildet auf diesem Gebiet bin, ist das ein ernsthaftes Handikap. Die Erwartung, die man in meinen Witz und meine Improvisationskunst setzte, war hoch. Ich fürchte, auch da habe ich des öfteren versagt. Denn wenn ich nicht auf der Bühne stehe, sondern an einem langen Tisch sitzen muß, flankiert von lauter »Berufenen«, bin ich befangen und ängstige mich gelegentlich.

All dieses wissend, hätte ich mich natürlich drücken können, aber nach dem Grundsatz, dem schrecklichen, »Wer A sagt, muß auch B sagen«, und in Anbetracht der Tatsache, daß ich ja Genossin bin, und, verdammt noch mal, jetzt auch dazu stehen muß, um mir nicht wie eine Maulhure vorzukommen, zog ich also in den Wahlkampf.

Meine erste Initiative ging noch glimpflich ab. Nach einer langen Theaterprobe wurde ich in einen kleinen Ort vor den Toren Hamburgs gebracht. In einem kalten Gasthofsaal waren, unter vergilbten Papiergirlanden, die entweder noch vom Erntedankfest oder aus den letzten Karnevalssitzungen stammten, vier lange Tische in Hufeisenform aufgestellt. Daran saßen ungefähr achtzig Frauen. Die meisten waren alt. Dazu noch ältere Männer. Alle tranken Kaffee.

Vor diesem Hufeisen stand ein langer quergestellter Tisch. Dort nahmen wir Platz: drei Genossen, die »Sachgebiete« ihr eigen nannten, und eine Kandidatin, für die es zu werben galt, und ich. Die Frauen und die drei Männer klatschten uns freundlich zu und tranken weiter ihren Kaffee und aßen Kuchen.

»Und nun wird Ihnen Frau Ursula Herking, die Sie ja alle kennen, ein paar Worte sagen.«

Eine alte Frau ganz hinten fragte: »Wer ist die Dame?«

Sie wird belehrt, daß ich eine Schauspielerin bin und jetzt gerade in Hamburg die »Hebamme« spiele.

Die Tatsache, daß eine Hebamme Theater spielt, bringt sie aus der Fassung. Aber dann sagt sie: »Gott is ja allens möchlich, nöch?« und sieht mich freundlich an.

Ich erkläre nun, warum ich möchte, daß sie Willy Brandt wählen sollen, und ich glaube, ich mache das ordentlich.

Als ich fertig bin, klatschen wieder alle, und die alte Dame sagt: »Mag ja sein, aber ich bin ja nun mal für den Scheel, der hat so was Vornehmes.«

»Auch gut«, sage ich, und bin froh, daß es vorbei ist, und setze mich.

Jetzt kommt die Kandidatin dran, sie umreißt in

klaren und kurzen Worten lokale Mißstände, erklärt, wie sie zu beheben sind und was die Partei, wenn sie gewählt wird, dagegen zu tun gedenkt. Dann kommen die drei Sachverständigen dran. Die alten Leute hören zu und melden sich auch, nach anfänglicher Befangenheit, zu Wort.

Ich lausche andächtig. Was wußte ich bis jetzt vom Rentengesetz? Beschämend wenig. Sollte mich jemand fragen, ich würde mich blamieren. Gott sei Dank fragt mich niemand. Nach einer Stunde denke ich: Herrjeh, ich habe ja um sechs Uhr wieder Probe. Wie komme ich hier möglichst unauffällig weg? Aber da klopft einer der Herren an seine Kaffeetasse und sagt: »Nun wird Ihnen Frau Ursula Herking noch ein Gedicht aufsagen.«

Ich sehe ihn hilflos an, denn das war nicht ausgemacht. Jene alte Frau sagt: »Können Sie ›Hab Sonne im Herzen, ob's stürmt oder schneit‹?«

Ich sage: »Schon, aber eigentlich möchte ich Ihnen ein Gedicht von Erich Kästner aufsagen, das ›Kinderspielzeuglied‹.« Und stürze mich mit viel Verve und vor Verlegenheit roten Ohren in die Deklamation.

Nachdem alle geklatscht haben, sagt dieselbe Dame: »Da hat er recht.«

Ich bekomme einen Blumenstrauß und habe plötzlich die Idee, allen beim Auf-Wiedersehen-Sagen die Hand zu geben. Mit dem Blumenstrauß in der anderen Hand schüttle ich nun achtzig bis neunzig Leuten die ausgestreckten Hände und sage: »Auf Wiedersehen.« Als ich zu der Dame komme, sagt sie: »Herzlichen Glückwunsch zum Geburtstag.«

Das war meine erste Wählerinitiative.

Vor der zweiten beschloß ich mich gut vorzubereiten.

Diesmal reiste ich von Köln aus. Tagsüber hatte ich

beim Westdeutschen Rundfunk Fernsehproben von zehn bis um ein Uhr und von zwei bis um sechs Uhr. Zwischendurch versuchte ich, mir einige Kenntnisse anzueignen. Dann ging ich abends los auf die umliegenden kleinen Städte. Ich hatte alles über das Rentengesetz gelesen. Das kam aber diesmal nicht dran.

Nachdem ich meine kleine Rede gehalten hatte, stellte mir ein junger Mann die sachliche Frage: »Was halten Sie von der Preisentwicklung?« Ich antwortete, ohne zu überlegen: »Davon weiß ich nichts Bestimmtes, da mein Mann immer einkauft.« (Gelächter). Und schon kam die zweite Frage: »Sind Sie der Auffassung, daß die Bodenwertzusatzsteuer auch auf unbebaute Grundstücke angewendet werden sollte?«

Als ich auch hierauf nicht sofort eine überzeugende Auskunft parat hatte, sagte ein Herr: »Ach so, man benützt nur Ihren Namen, um mit Ihnen anzugeben!«

Ich sage, den Tränen nahe: »Mit mir kann man nicht angeben.«

»Da haben Sie recht«, sagt er.

Bei der dritten und vierten Frage ging es etwas besser.

Einmal konnte ich wirklich etwas Gutes tun. Ich verkaufte Plakate von namhaften Künstlern zugunsten der Wählerinitiative. Die Menschen drängten sich um den Tisch. Es waren abstrakte Gemälde, aber ich setzte fleißig ab. Die Künstler mögen es mir nicht übelnehmen, daß sich auf fast allen Plakaten hinten mein Autogramm befindet.

Was mich bei manchen Wählerinitiativen bestürzt hat, ist die Unduldsamkeit auf beiden Seiten. Natürlich waren unter den Menschen in den Sälen auch Leute von der CDU. Oft keineswegs, um zu stören, sondern, was ich prima finde, um aufzumischen und unbequeme Fragen an den Redner zu richten. Aber sie wurden sofort von anderen niedergeschrien, und die Redner hatten es schwer, die Ordnung wiederherzustellen, denn sie waren absolut bereit, sachlich Antwort zu geben. Allerdings geschah es auch, daß die, die anderer Meinung waren, wirklich nur gekommen waren, um zu pöbeln.

Ich weiß nicht, warum es bei uns immer gleich zu Anpöbeleien kommen muß. Warum ist keine sachliche Auseinandersetzung möglich? Vielleicht sind wir noch nicht soweit. Ich weiß, auch ich reagiere emotionell, aber ich würde nie von mir aus anfangen, jemanden zu beschimpfen, nur weil er eine andere politische Meinung vertritt. Das ist sein gutes Recht. Solange diese Meinung überlegt und ohne versteckte oder offene Gemeinheit vorgebracht wird, soll man sich damit auseinandersetzen und versuchen, den anderen zu überzeugen. Man muß freilich lernen, auch auf Gemeinheiten gelassen zu reagieren. Das ist verdammt schwer. Denn die Haut wird ja – siehe oben – immer dünner, statt dicker.

Die Engländer haben ein gutes Wort: »I beg to differ.« Auf deutsch: »Ich bitte darum, anderer Meinung sein zu dürfen.« Von dieser Basis aus, scheint mir, sollte man Politik machen, und auf dieser Basis, scheint mir, sollte man zusammen leben.

One Woman Show. Ich bleibe hängen, aber ein Gentleman glaubt an mich

Berlin stand mal wieder kurz vor den Festwochen. Auf den Bühnen würden die besten Inszenierungen deutscher und ausländischer Theater gezeigt werden. Auch die Leitung eines kleinen Theaters am Kurfürstendamm hatte es sich in den Kopf gesetzt, mit einem Beitrag aufzuwarten.

Ich telefoniere ungern, Ully gern, lang und ausgiebig. Wann immer das Telefon klingelt, greift er genüßlich zum Hörer, setzt ihn mit einem Ruck ans Ohr, läßt sich in den Sessel fallen, um sich's erst dann, je nachdem, wer sich gemeldet hat, für ein längeres Gespräch gemütlich zu machen. Wenn er seinen Gesprächspartner nicht anredet, macht es Spaß, zu erraten, mit wem er spricht. Ich könnte gut ohne Telefon auskommen, aber selbstverständlich nur, wenn Ully da ist.

An diesem Vormittag klingelt es schon zum sechstenmal. Er wirft mir einen tadelnden Blick zu und geht ran. Aha, sachlich. Dann sich mehr erwärmend, interessiert, eifrig.

»Also gut, in zwei Wochen. Ich gebe Ihnen in einer halben Stunde Bescheid. Das wichtigste ist, daß wir den Pianisten meiner Frau bekommen.«

Jetzt werde ich hellwach. Er hat aufgelegt. »Was ist los, was soll das mit dem Pianisten?«

»Ich habe soeben mit Berlin für dich einen Beitrag für die Festwochen abgeschlossen, vorausgesetzt, daß Heinz dich begleitet.«

»Was abgeschlossen?«

»Na, dasselbe, was du in Skandinavien gemacht hast, jetzt machst du's eben alleine, eine One Woman Show.«

Mir bleibt die Spucke weg. »Das kann ich nicht. Ich müßte mir ja die ganzen Zwischentexte schreiben.«

»Na, dann schreib sie. Ich rufe jetzt Heinz Brüning an.«

Ich werde wütend, werfe ihm vor, meine Karriere zu verspielen, beschimpfe ihn.

Er bleibt ungerührt: »Ich weiß, du kannst das, Erfahrungen genug hast du, spring hinein, Heinz Brüning kann.«

Selber die Zwischentexte schreiben?! Ich schiebe diesen Berg vor mir her. Ich probiere mit Heinz. Wir verwerfen diese Nummer, nehmen eine andere, halten uns an die Einteilung des anderen Heinz, Heinz Greul, und innerhalb einer Woche entsteht das Gerüst. Jetzt fallen mir auch die Zwischentexte ein. Ich schreibe sie auf. Streiche, schreibe neue, spreche sie mit Heinz, dem Pianisten, und mit Ully durch, und plötzlich, wir haben nur eine Woche gebraucht, steht das Programm.

Jetzt muß ich nur noch die Conférence, die ich zu jedem Chanson geschrieben habe, auswendig lernen. Es ist zum Verzweifeln. Ich laufe mir immer wieder davon, statt mich an meine Formulierungen zu halten. Ich verliere völlig den Abstand und beschimpfe als Schauspielerin mich als Autorin. Ich gerate in eine schizophrene Verfassung; ausbaden muß das alles leider mein Mann. Er trägt es.

Die Premiere kommt. Das Theater ist brechend voll. Mein Lampenfieber – wie gehabt und noch mehr. In einem Chanson, das ich bereits über einhundertmal gesungen habe, bleibe ich hängen. In meiner Verzweiflung rufe ich in den Zuschauerraum: »Ully, du weißt es doch, wie geht es denn weiter?« Schweigen. Das Publikum amüsiert sich. Ich bin echt verzweifelt, drehe mich zu Heinz am Flügel: »Heinz, wie geht's denn weiter?« Er sagt: »Ich habe nur die Noten. Da ist kein Text darunter.« Ich drehe mich wieder zum Publikum und sage: »Wenn Sie sich einen Moment gedulden, ich habe den Text in der Garderobe.«

Das Publikum klatscht. Ich rase in die Garderobe, da

liegt die Mappe mit den Texten, daneben die Brille. Ich grapsche die Mappe, setze die Brille auf, kehre auf die Bühne zurück, das Ganze hat höchstens zehn Sekunden gedauert. Ich finde die Stelle, setze die Brille ab, lege sie auf den Flügel, die Mappe mit den Texten daneben und sage: »Gott sei Dank, nun weiß ich es wieder, fangen wir also noch mal von vorne an.«

Das Publikum klatscht, als habe es etwas geschenkt bekommen. Ich bin gerade wieder soweit, an derselben Stelle hängenzubleiben, Heinz muß es gespürt haben, er singt sie für mich und sieht mich dabei spitzbübisch an, und plötzlich ist alles gerettet, denn nun macht es tatsächlich den Eindruck, als hätten wir uns diese Improvisation sorgfältig einstudiert.

Grete Weiser, die nachher zu mir in die Garderobe kam, sagte: »Das war echte Klasse, diese Improvisationen von euch beiden.« Ich habe ihr nicht gesagt, daß ich wirklich hängengeblieben bin und Heinz mich gerettet hat.

In dieser Premiere saß auch ein Herr, der ein ganz großer Konzertimpresario war und ist. Ein Gentleman, er hatte so berühmte Sänger unter Vertrag wie die Tebaldi, Mario del Monaco, Erika Köth und Hermann Prey. Dieser Gentleman bot mir an, eine Tournee mit ihm zu machen. Meine Einwände ließ er alle nicht gelten. »Aber warum denn ausgerechnet mit mir?« fragte ich.

»Weil Sie gut sind, weil es mir Spaß macht, weil ich an Sie glaube.«

So habe ich tatsächlich meinen ersten Alleingang unter seinem freundlichen Schutz unternommen. Nie im Leben könnte ich ihm so viel Geld einbringen wie jene berühmten Sänger und Sängerinnen. Natürlich, und mit Recht, bekamen sie auch viel mehr Geld. Aber er hatte mit Bedacht nur kleine Theater ausgewählt, weil er meinte, das wäre der richtige Rahmen. Ich war sicher kein Defizit, aber großes Geld war für ihn dabei nicht drin.

Er hat gesagt: »Weil Sie gut sind, weil es mir Spaß macht und weil ich an Sie glaube.«

Danke schön, Rudolf Kempf.

Eine »Goldene« an den Hut gesteckt ...

Während des Krieges hatte ich meine erste Schallplatte besungen – genaugenommen sang ich nur ein Lied auf dieser Platte. Es hieß »Der kleine Zinnsoldat«, war ausgemacht läppisch und hatte auch sonst keine Folgen. Nach dem Kriege wurden viele Chansons, die wir in der »Schaubude« gesungen hatten, aufgenommen. Auch solche aus der »Kleinen Freiheit«. Und dann kam auch eine kleine Schallplatte heraus, auf der einen Seite Trude Hesterberg, auf der anderen ich.

Es dauerte noch eine ganze Weile, bis ich von Pali Meller-Marcovicz, der damals bei der Deutschen Grammophon Gesellschaft für die literarische Kleinkunst und alle Sprechplatten verantwortlich war, aufgefordert wurde, eine Langspielplatte zu besingen. Eine ganze große Platte – nur Ursula Herking. Ich war sehr stolz darauf und hatte gleichzeitig große Manschetten.

Die neuen Kompositionen und Arrangements machte Bert Grund. Er war eigens nach Berlin gekommen, denn ich spielte dort mal wieder Theater. Er saß am Flügel, viele Stunden lang probierten wir, es war eine sehr intensive Arbeit. Dann war es soweit, daß die Lieder mit großem Orchester aufgenommen werden konnten, und weil ich das zum ersten Mal erlebte, kam es mir vor, als spiele das Orchester ganz was anderes. Die Melodie, die Bert so geduldig mit mir am Flügel einstudiert hatte, die sollte ich nun auf einmal zu all den vielen Instrumenten singen. »Das kann ich nie!«

»Na komm, du wirst es schon lernen, du bist doch musikalisch, du hörst dich schon ein.«

Es hat drei Tage gedauert, bis ich, mit vor Aufregung zittriger Stimme, einigermaßen die Melodie durchhielt, den Rhythmus begriff und mich traute, leise mitzusingen und »einzusteigen«. Das war's aber noch längst nicht. Ich saß dabei, hörte zu, das Orchester spielte. Zwanzig Nummern sollten in einigen Tagen aufgenommen werden. Ich ging mit den Melodien essen, schlafen, ich hörte nichts anderes mehr.

Nachdem alles, was mit dem Orchester zu tun hatte, aufgenommen worden war, fing für mich die eigentliche Arbeit an. Ich bekam zwei Kopfhörer übergestülpt, in die wurde mir die Musik eingespielt, und nun mußte ich in diesen fertigen Rhythmus, in diese fertige Partitur meine Stimme genau und führend einsetzen. Wenn diese beiden, der Pali und der Bert Grund, nicht so engelsgeduldig gewesen wären, wenn das ganze Team mich nicht immer wieder aufgemuntert hätte, ich glaube, ich wäre vor Angst einfach im Bett geblieben.

Aber langsam lernte ich es. Allmählich fing es sogar an, mir Spaß zu machen. Und wenn Pali mit Samtstimme ins Mikrophon sagte: »Das war sehr schön, das nehmen wir, aber wenn es dir nichts ausmacht, versuch es doch noch einmal«, war ich schon sehr glücklich. Erst nach ein paar Tagen fand ich selbst heraus, was wirklich gut war. Dann sagte er knapp und präzise mit heller befreiter Stimme: »Ausgezeichnet.«

Die Platte wurde, nach Palis Idee, »Eine Frau packt aus« genannt. Als ich in Hamburg mit meiner One Woman Show »Kinder wie die Zeit vergeht« anfing, kam sie heraus. Es wurde ein Empfang für mich gegeben, jeder machte mir Komplimente. Pali sah mich gütig aus seinen Schleiereulenaugen an, und ich rechnete mir schon aus, daß ich, wenn zweihundertfünfzigtausend davon verkauft würden, eine »Goldene« bekäme, und daß ich von jetzt ab überhaupt nur noch LPs machen und der Knef, die ich übrigens Klasse finde, Konkurrenz machen würde.

Ein holder Wahnsinnstraum. Aber warum soll man nicht auch mal gelegentlich mit zwei linken Füßen in den Wolken schweben? Man findet schnell genug auf die Erde zurück und darf sich freuen, wenn man wenigstens auf seine beiden Füße zu stehen kommt. Im übrigen ist der Platte doch ein gewisser Erfolg beschieden gewesen, aber die »Goldene« konnte ich mir hinter den Spiegel beziehungsweise an den Hut stecken.

Castrop-Rauxel ist keine Halskrankheit. Verkannte Seele in der blauen Stunde

Das war auch in Berlin, nach einem Kabarett-Abend vor prachtvollem Publikum. Glücklich und erschöpft saß ich vor zwei bis drei kleinen Schnäpschen mit Bierchen, da kam der bärtige Mann Hans-Dieter Schwarze, setzte sich neben mich und stellte den Satz in den Raum: »Wenn ich Intendant werde, spielst du bei mir die ›Mutter‹ von Brecht.«

Na ja, dachte ich, das sind so Kneipenversprechungen.

Ein Jahr darauf fuhr ich mit Ully nach Castrop-Rauxel. Jawohl, Castrop-Rauxel. Und da nun erlebten wir eine sehr gute Zeit. Wir probierten mit einem jungen Ensemble Brechts »Mutter« nach Maxim Gorki. Hans-Dieter Schwarze führte Regie. Er war am W. L. T., am Westfälischen Landestheater, Intendant geworden und hatte dafür eine sehr lukrative Position bei der Bavaria Atelier GmbH aufgegeben.

Als ich das erste Mal auf die Probe kam, fiel mir das gar nicht so leicht. Denn das Ensemble verhielt sich erst einmal äußerst reserviert. Na schön, dachte ich, ich werde euch schon kriegen. Nach drei Tagen waren die Barrieren gefallen, und es wurde eine ungemein fruchtbare Arbeit. Ich war kein »Gast« mehr, wir arbeiteten miteinander, wir gehörten zusammen. In diesem Beruf gibt es kein besseres Gefühl als das der Zusammengehörigkeit. Dann glaubt man, man könne die Welt erlösen, und sei es eben von Castrop-Rauxel aus. Es ist ein Jammer, daß dieses Gefühl nie von Dauer ist, aber man muß schon dankbar sein, daß man es einmal erleben durfte.

Natürlich hat die Welt, die wir am Premierenabend eroberten, kaum Notiz davon genommen. Aber wir waren alle verdammt gut. Wie das bei Landestheatern so üblich ist, denn sie verfügen ja über kein festes Haus, fuhren wir beinahe jeden Abend in eine andere Stadt, um dort zu spielen, und nach der Vorstellung wieder zurück.

Meistens wurde die Vorstellung begeistert aufgenommen, manchmal wurden wir aber auch als »kommunistisches Gesindel« beschimpft. Aber los war immer was. In Bergisch Gladbach ging ich nach dem Theater im Dunkeln auf dem Weg zum Wagen hinter zwei Frauen her. Sagte die eine: »Ich dachte, ich seh' da was Lustiges, wenn die Herking die Mutter spielt, nee, waren ja lauter Proletarier, ich will da nichts von wissen, richtige Unverschämtheit! Woll!«

Immerhin haben wir die »Mutter« fast hundertmal gespielt. Wenn wir nachts nach Hause kamen, stiegen wir leise, leise die Treppe hinauf in unser gemütliches Zimmerchen unter dem Dach. Oft stand dann noch eine Flasche köstlichen Frankenweines auf dem Tisch, vom Hausherrn ausgesucht, uns zu erfreuen. Freunde von Hans-Dieter Schwarze, die bald auch die unseren wurden, hatten uns in ihrem Haus aufgenommen. Das Frühstück am Sonntagvormittag mit Vater Jürgen, Mutter Monika und den drei Töchtern am schönen runden Tisch war stets ein Höhepunkt, zumal Vater Jürgen es nicht lassen konnte, nach einer Stunde mit listigem Augenzwinkern ein besonders hübsches Weinchen aus dem Keller zu holen.

Diese freundliche Familie hat zu meinem sechzigsten Geburtstag das ganze Haus für eine Party zur Verfügung gestellt und das Ensemble, von den Bühnenarbeitern über die Maskenbildnerin und die Garderobiere bis zum Fahrer des W. L. T.-Omnibusses, eingeladen. Die Tische bogen sich unter Schüsseln, gefüllt mit köstlichen, von Monika bereiteten Salaten, unter Platten, auf denen glänzten dicke westfälische Würste und rosige Schinken. Die Bier- und Schnapsquellen schienen unversiegbar. Und unzählige schlanke oder bauchige Weinflaschen wanderten aus dem Keller und wurden mit Bedacht und Genuß geleert. Die Party dauerte bis sechs Uhr früh.

Castrop-Rauxel – Ully behauptet immer, der Name klinge wie eine Halskrankheit – wurde eine wichtige Station in unserem Leben. Sie durfte nicht übergangen werden.

Wieder in München, überdachte ich meine Situation: die der frisch gebackenen Sechzigerin. Und wie ich mir da so gegenübersaß, konnte ich nur sagen: »Nee, wissen Se, nee. Alt werden ist gar keine einfache Sache. Nicht wegen der Falten – wegen der Seele, oder wie nennen Sie das?«

Heute ist der 10. Dezember 1972, es ist elf Uhr morgens, ich nehme an, daß ich zu einer völlig blödsinnigen Zeit meine »blaue« Stunde habe, ich werde also meiner schönen Seele mal etwas herbe Bescheid sagen, sie möge sich nicht so bemitleiden. Noch einen Schritt weiter, und dann hätten wir zum Beispiel diesen schönen Satz: »Man verkennt eben, wieviel an Begabung noch in mir schlummert, verstehen Sie, für Charakterrollen.«

Anstatt mich zu freuen, daß die Menschen über mich lachen, will ich nämlich auch noch die von mir so sehr verehrte Therese Giehse sein und blicke meine verkannte Seele mit feuchten Hundeaugen an. Danke! Diesen Teil meiner Seele habe ich soeben kurzerhand aus dem Fenster geworfen.

Das Telefon klingelt. Es ist Madeleine: »Es ist Föhn 'eute! Daß man sich kann vor Verzweiflung auf den 'ut 'auen!« – Daher!

Espresso aufs Beinkleid des Außenministers und eine Quiche lorraine für den Mülleimer

Die Aachener Narren verliehen mal wieder den »Orden wider den tierischen Ernst«. Diesmal einem Mann, der damals Außenminister von Österreich war und heute sein Kanzler ist. Die witzige und gescheite Rede, die dieser Mann anläßlich der Ordensverleihung hielt, entzückte mich so, daß ich ihm spontan einen Brief schrieb. Ungefähr drei Wochen später bekam ich einen großen Strauß gelber Rosen mit einem Antwortbrief, in dem stand, wie er sich wiederum über meinen Brief gefreut habe.

Und eines Tages hatte er in München zu tun. Wir verabredeten ein Rendezvous. Ich pumpte mir extra den Alfa Romeo meines Mannes, um Eindruck zu schinden.

Bei einer Tasse Tee und einem Espresso saßen wir in einem Café im Englischen Garten. Ich war so befangen, daß ich, glaube ich, nur Quatsch geredet habe. Und ihm dann auch noch mit einer jener abrupten, fahrigen Bewegungen, die ich manchmal mache, den Espresso auf seine Hose goß. Er hat es mit Noblesse ertragen.

Viel war wirklich nicht mit mir los. Nun saß ich endlich diesem gescheiten Mann gegenüber und benahm mich wie ein intellektueller, hektischer Backfisch. Ich wünschte, ich könnte es wiedergutmachen. Er hat es wahrscheinlich und mit gutem Recht längst vergessen. Aber die Blamage nagt an mir. Da könnte man nun ganz lässig sagen, ach ja, mit dem Kreisky habe ich auch schon eine, also wirklich äußerst interessante Unterhaltung gehabt, könnte sich an der Hochachtung weiden, aber nix is.

Vielleicht kann ich diese Scharte irgendwann einmal auswetzen. Immerhin ist er jetzt Kanzler, aber ich fürchte, es würde mir wieder genauso ergehen, und wenn nicht Kaffee auf die Hose, dann vielleicht Wein. Also belasse ich es dabei, ihm auf diesem Wege eine höchst ehrenwerte kleine Liebeserklärung zu machen und verleihe ihm nach wie vor den Orden wider den tierischen Ernst.

Den möchte ich auch meiner lieben Familie verleihen. Denn zuweilen biete ich ihr allerdings Veranlassung, sich tierisch ernst mit mir auseinanderzusetzen. Zum Beispiel wenn ich den Hungernden, nach ungemein großspurigen Verheißungen, im letzten Augenblick die wohlverdiente Kost entziehe. Aber auf diese Sache mit der Quiche lorraine komme ich gleich. Zunächst einige allgemeine Betrachtungen:

Ich habe nie kochen gelernt, aber ich koche sehr gerne. Meine Tochter Susanne hat mich längst überflügelt, denn sie kocht nicht nur mit Phantasie, sondern mit Verstand, was man von mir nicht immer behaupten kann. Und sie hat es eigentlich auch nicht richtig gelernt, bei mir bestimmt nicht. Ich habe eine Sammlung von Kochbüchern. Es macht mir einfach Spaß, darin zu lesen. Es schmeckt mir, während ich lese.

Ein sehr lieber Kollege, Werner Vielhaber vom Kom(m)ödchen in Düsseldorf, ist ein wunderbarer Koch. Bei ihm zum Essen eingeladen zu sein ist ein Fest. Unser Freund Hannes Schoeller, der mit dem Silberhaarkopf, schreibt selbst Kochbücher, und jedesmal sagt er, wenn die Weihnachtszeit kommt: »Dieses Mal wird es nichts mit der Hasenpastete.« Freut sich heimlich über den Sturm der Entrüstung, und dann macht er sich doch an die Hasenpastete, er variiert sie stets ein wenig, und immer ist sie einsame Spitze.

Meine Familie ißt gerne. Es macht uns nichts aus, wenn's eilig ist, schnell mal ein paar Spiegeleier in die Pfanne zu hauen. Zum richtigen Essen aber sollte man sich Zeit nehmen und, wenn möglich, nicht gleich hinterher arbeiten. Solche Konstellationen ergeben sich leider sehr selten. Aber wenn wir mal einen freien Abend haben, dann wird er auch »gestaltet«. Fast in jeder Stadt haben wir, auf unseren vielen Tourneen, Feinschmecker-Restaurants entdeckt, die herzhaft-deftige Hausmannskost oder subtilste Gaumenlust zu bieten haben. Es gehört mit zu den angenehmsten Dingen im Leben, mit Menschen zu essen und zu trinken, die das einfach gerne tun, die es genießen. Und die all jene Köstlichkeiten nicht als etwas Selbstverständliches hinnehmen.

Während des Krieges haben wir uns oft in Euphorie hineingeredet, wenn wir uns Kochrezepte beschrieben, von denen wir nicht wußten, ob wir sie je wieder in die Tat umsetzen könnten. »Meinst du, das kommt wieder: daß der Fleischer beim Wursteinkaufen sagt: ›Darf's für zwanzig Pfennig mehr sein?‹«

Mein Freund Siegfried Brandl, in seiner kleinen Küche unter dem Dach, ist ein Spezialist in Krebsen. Aber nicht nur das, auch er kocht mit Genuß und Freude, und beim Wein hinterher, mit wohlig sattem Magen, läßt er seine kleinen boshaften, amüsanten Geschichten vom Stapel. Aus dem verschmitzten Jungen mit dem Engelsgesicht ist nun längst ein erwachsener Mann geworden, aber seine Fähigkeit, sich zu freuen, und seine Beobachtungsgabe, die sich stets in besonders gelungene Geschichten umsetzt, und seine Freude an den guten Dingen des Lebens machen ihn – für andere wie für sich selbst – immer wieder zu einer Quelle des Vergnügens. Übrigens habe ich seit einem Jahr ein schönes rotes Brillenetui bei ihm zu liegen. Es wäre eigentlich an der Zeit, mich wieder zu einem Krebsessen einladen zu lassen.

In der Georgenstraße, die Kinder, Ully und Annie waren da, verschwand ich bereits morgens in der Küche. Verbot jedem den Zutritt und machte mich daran, eine sehr komplizierte Speise vorzubereiten. Zwiebeln mußten geschnitten werden, ein halbes Pfund. Die Tränen strömten mir herunter. Speck war in Streifen zu schneiden, einen Mürbeteig galt es herzurichten, Gehacktes in richtiger Mischung zu würzen und zu kneten, die Springform schichtweise zu füllen, den Käse zu reiben, die Sahne bereitzustellen, die Eier zu verquirlen. Ich war in voller schöpferischer Urkraft. Hinein! Die Form ist gefüllt, die Form kommt in den Ofen. Ich rufe: »In einer halben Stunde gibt es das Super-grande-prima-Klasse-mahl!«

Nach einer halben Stunde hole ich die Form aus dem Ofen. Was da drin ist, ist nicht so recht hochgegangen, riecht aber gut. »Na, riecht es nicht herrlich?«

Alle setzen sich an den gedeckten Tisch. Die Masse in der Form klebt etwas. Ich sage: »Gebt die Teller her, ich teile aus.«

Nach dem ersten Bissen ist auch mein Enthusiasmus jäh erloschen. Ich sammle alle Teller wieder ein und gehe damit an den Mülleimer, um ihn still mit dem klebrigen Brei, der eigentlich eine »Quiche lorraine« hätte werden sollen, zu füllen.

Meine Familie benahm sich nicht ernst, schon gar nicht tierisch, und Ully machte den Vorschlag: »Wie wär's, wenn wir jetzt alle essen gingen?« Das taten wir dann auch.

Nur Annie meinte, es sei eigentlich eine Sünde, daß wir das teure Zeug weggeworfen hätten. Aber nach dem zweiten Glas Wein wurde sie etwas milder und bedauerte nur, daß wir keinen Hund hatten. »Selbst dem nicht«, sagte Susanne. Und damit war das Thema »Quiche lorraine« erledigt.

Studio A ist leicht zu finden. Bunker-Impressionen. Millowitsch im Underground

»So, bitte – die technischen Proben beginnen! Bitte alle ins Studio!«

Draußen im Gang laufen die Kolleginnen mit hohen Absätzen über den Linoleumboden, das macht kurze knallende Geräusche. Durch den Lautsprecher kommt noch einmal die Stimme des Aufnahmeleiters: »Bitte Garderobendamen melden.«

Wir sind drei Stock tief unter der Erde. Jedesmal wieder verläuft man sich in diesen unterirdischen Gängen, die alle gleich aussehen. Mein erster Morgen kam einem Angsttraum gleich. Ich sah mich noch bis zum Abend durch dieselben Gänge laufen, an den gleichen Türen vorbeihasten, an anderen Türen rütteln, die nicht aufgehen, um dieselben Ecken biegen, um doch nur wieder in einen dieser schmalen Gänge zu kommen, ohne jemals das Studio zu finden, wo die Probe pünktlich um zehn Uhr beginnen soll.

Warum begegnet mir niemand? Hier unten sind doch mindestens tausend Menschen beschäftigt. Ich höre nur meine eigenen Schritte. Da endlich – drei nebeneinanderliegende Kabüffchen: drei Raumpflegerinnen stapeln Eimer übereinander, hängen Besen auf, wringen Lappen aus. »Bitte, können Sie mir sagen, wie ich hier zum Studio A komme?« – »Nix, kein Deutsch.«

An den Wänden steht in verschiedenen Abständen in Augenhöhe immer wieder AUSGANG (wobei jeweils ein Pfeil nach rechts und einer nach links zeigt). Ich will nicht raus. Ich will rein.

Wieder ein Gang wie im Irrgarten. Ich biege um die nächste Ecke. Endlich ein Fahrstuhl. Ich drücke auf den

Knopf. Erst kommt lange nichts. Dann ein rotes Zeichen – besetzt. Und dann saust der Fahrstuhl voller Menschen an mir vorbei, nach oben. Der zweite, nebenan, hält. Ich habe meine Brille vergessen und pliere mit zusammengekniffenen Augen auf die viel zu kleine Beschriftung. Bevor ich mich entschlossen habe, zu drücken, hat das schon ein anderer, oben oder unten, getan. Ich lande im 2. Obergeschoß.

Ein Mensch tritt in den Fahrstuhl. Ich frage mit zittriger Stimme: »Bitte, können Sie wohl so freundlich sein (inzwischen ist es bereits zehn Minuten nach zehn) und mir sagen, wo hier das Studio A ist?« Er antwortet: »Wissen Sie, so genau weiß ich das auch nicht. Ich bin hier allerdings schon seit fünf Jahren, aber ich bin froh, wenn ich den Weg zu meinem Büro finde. Am besten, Sie fahren jetzt mal runter ins Erdgeschoß und fragen dort den Pförtner. Hier, auf E drücken.«

Ich will ihm nicht sagen, daß ich das bereits schon vor einer Viertelstunde getan habe. Er steigt eine Etage vor mir aus, und gerade als ich mir überlege, ob ich es auf mich nehmen soll, daß der Portier mich für eine Vollidiotin hält, steigt bei E mein Mann Ully ein, der zwanzig Minuten später auf der Probe zu sein hat als ich. Drückt lässig einen Knopf und sagt: »Wieso bist du noch nicht im Atelier? Du fängst doch das Stück an?«

Ich sage, den Tränen nahe: »Ich habe es nicht gefunden!«

»Aber Kind, das ist doch ganz einfach; zweites Kellergeschoß drücken, dann links um die Ecke, geradeaus, rechts um die Ecke, durch die Tür, über der Studio A steht, und sollte die geschlossen sein, einfach drumherumlaufen, dann kommt man in einen langen schmalen Gang, und da ist dann auf der linken Seite wieder das

Studio A, und rechts sind die Büros der Aufnahmeleitung und die Requisite.«

»Aha«, sage ich und folge ihm. Nachdem wir eine Weile herumgeirrt sind, erlaube ich mir zu sagen: »Ganz einfach, wie?«

»Du irritierst mich«, sagt er, »aha, na ja, da sind wir ja schon«, stößt eine Tür auf – wir stehen in einer völlig fremden Dekoration ... Der Regisseur, auch ein ganz anderer, nämlich Wilhelm Semmelroth, fragt: »Wollt ihr hier mitspielen? Ich habe aber keine schönen Rollen mehr« – und lacht uns freundlich an. Ellen Schwiers sieht schön und geheimnisvoll aus, wie die Königin in »Alice im Wunderland«.

Aber die produzieren hier die Fernsehbearbeitung eines herrlichen Kriminalromans aus dem 19. Jahrhundert, »Der rote Schal«, während sich unsere Produktion auf nicht ganz so gehobenem Niveau bewegt; wir machen den guten alten Schwank der Herren Arnold und Bach, »Die vertagte Hochzeitsnacht«, die bei uns »Zufall, nichts als Zufall« heißt.

Mittlerweile ist es bereits zehn Uhr fünfzehn geworden. Der Aufnahmeleiter vom Studio B, in das wir geraten sind, zeigt uns den Weg zum Studio A. Vorsichtshalber sehe ich Ully nicht an. Ich spüre, wie es ihn wurmt, wie er an ihm frißt, der Ärger! Denn sonst findet Ully immer alles sofort. Ich habe es auch unterlassen, den anderen von unseren Irrfahrten zu erzählen. Jedenfalls nicht gleich, erst am Nachmittag.

Seit vier Wochen fahren wir nun jeden Morgen ein, wie ins Bergwerk. Jetzt finde ich den Weg ins Studio auch alleine, aber bisher noch nicht den direkten und schnellsten zu den Garderoben. Ich weiß nur: Wenn ich erst mal im Studio A bin, dann muß ich durchgehen, weiter den Gang entlang, dann durch eine Tür. Wenn ich die richtige aufmache, ist gleich um die Ecke ein Fahrstuhl. Wenn ich die falsche Tür aufmache, stehe ich in der Herrentoilette. Mit dem Fahrstuhl fahre ich dann vom zweiten Kellergeschoß in das zweite Zwischengeschoß und gehe wieder rechts um die Ecke, wieder einen langen, schmalen, mit schwarzem Linoleum ausgelegten Gang entlang, bis zur letzten Tür rechts. An der Tür ist ein Schild angebracht, darauf steht »Ursula Herking«. Das ist meine Garderobe.

Sie ist zirka vier Quadratmeter groß und mit schwarzem Linoleum ausgelegt. Keine Fenster, wohin auch? Eine grauschwarz bezogene Liege, daneben ein kleiner Klapptisch. Ein Stuhl, dessen Sitz grau bezogen ist. In der Ecke ein Waschbecken. Über dem schmalen Einbauschrank eine häßliche runde weiße Uhr mit schwarzen Ziffern und schwarzen Spinnenbeinen als Zeiger. Ein ebenso schmaler Spiegel, der vom Boden bis zur Decke geht und in dem sich dieses trostlose Mobiliar wiederholt. Hinten an der Wand die dunkelgraue Kunststoffverkleidung der Heizung. Darauf liegt ein Hut, so groß wie ein Wagenrad, er gehört zu meinem Kostüm, das noch geändert wird. Die rosa gefärbten Straußenfedern, die unaufhörlich in der Heizungsluft zittern, sind der einzige Farbfleck.

Durch den Lautsprecher, der unter der Uhr angebracht ist, hört man, was unten im Atelier vor sich geht. Man kann ihn auch abstellen. Dann ist es zum Fürchten still. Nur die Heizung gibt einen leisen, penetrant hohen, singenden Ton von sich. Nein, ich drehe den Lautsprecher doch lieber wieder an. Jetzt kommt auch schon die Stimme des Aufnahmeleiters: »Frau Herking, bitte ins Studio, und nicht den Hut vergessen!«

Ich nehme das Wagenrad von der Heizung und setze es auf. Lange graue Hosen, roter Pullover, kurzgeschnittenes Haar. Meine Perücke ist noch nicht fertig. Die Straußenfedern wippen über den Hutrand. Es ist notwendig, mit ihm zu probieren, auch ohne Kostüm, wegen der Beleuchtung und auch wegen der Distanz, die wir voneinander halten müssen, denn wir sind drei Frauen, und alle haben diese großen Hüte auf.

So, jetzt stehen wir unten in der Dekoration. Drei große Hüte, mit Rosen und Federn garniert, mit knisternden Taftschleifen besteckt oder, wie meiner, von Straußenfedern zärtlich umschlungen, und alle haben wir darunter Pullis und Hosen an. Mein Fernseh-Mann Anton, der liebe und immer hilfsbereite Kollege Willy Millowitsch, bekommt bei diesem Anblick einen mittleren Lachanfall. Der Regisseur droht zusammenzubrechen: »Kinder, Kinder, so geht das nicht, mit so was auf dem Kopf könnt ihr doch nie die Köpfe zusammenstekken. Die haben doch um die Zeit (gemeint ist die Jahrhundertwende) auch kleinere Hüte getragen. Wo ist die Gewandmeisterin?«

Die Gewandmeisterin kommt. Leicht gekränkt holt sie neue Hüte. Doris hat jetzt eine Schwalbe, die zum Flug ansetzt, auf dem Kopf, Katja ein kleines Stiefmütterchenbeet. Ich behalte mein Wagenrad.

»Also bitte, erster Akt. Fangen wir an. Sind alle Kameras besetzt? Bitte Licht!«

Der Regisseur, die Bildmischerin, der Chefkameramann, der Chefbeleuchter, der Regieassistent und die Souffleuse sitzen vor den Monitoren. Das sind fünf kleine Fernsehempfänger, die wie ein Bienenstock aufgebaut sind, für jede der fünf Kameras ein Monitor. Der zeigt das Bild, das »seine« Kamera gerade einfängt. Obendrauf steht ein großer Fernsehapparat, auf dem das Bild erscheint, für das sich der Regisseur entschlossen hat, das also gesendet werden soll. Die Kameramänner stehen hinter ihren fahrbaren Kameras und erhalten nun vom Regisseur und von der Bildmischerin »Befehle«, was sie, von wo sie und wie sie uns aufnehmen sollen, während wir spielen.

Durch das intensive Licht der vielen Scheinwerfer wird es von Minute zu Minute heißer. »Noch einmal den Auftritt wiederholen.« – »Nein, es ist besser, wenn wir da die Kamera 3 nehmen.« – »Langsam heranfahren, wo ist der Anschnitt?« – »Ursula, nicht den Kopf wie ein Pferd hin und her werfen, Sie sind groß im Bild.« – »Kamera 2 auf Carmen, weniger von der Treppe – so.« »Bitte noch einmal wiederholen, ja, gut.« – »Ein paar Schritte näher an Willy ran. Nein, nicht in ihn rein.« – »So, bitte das Ganze noch einmal von vorne.«

Zehn Seiten des ersten Aktes schaffen wir in drei Stunden. Mittagspause. Eine Stunde. Wir entfliehen aus den Katakomben des Westdeutschen Rundfunks in Köln nach oben. Wer essen will, geht in die Kantine. Ully und ich gehen um den Dom herum am Bahnhof vorbei und ein Stück am Rhein entlang, kehren wieder um und pilgern einmal um das Wallraf-Richartz-Museum herum und bilden uns ein, den reinen Ozon in die Lungen bekommen zu haben. Aber immer noch besser, draußen zu sein, den Himmel und ein Stück Grün zu sehen, als sich von einem Mief in den anderen zu setzen.

Kurz vor vierzehn Uhr fahren wir wieder unter die Erde. Von da an bis um siebzehn Uhr wieder dasselbe. Wir stehen eine Woche vor der »Aufzeichnung«. Alle Kameras müssen präzise aufeinander eingespielt sein. Was wir in den Wochen vorher gemacht haben, war die schauspielerische Arbeit. Da wurden die für dieses Stück engagierten Darsteller durch den Regisseur zu einem Körper, sprich Ensemble, geformt.

Am Abend der Aufzeichnung wird Publikum ins Studio eingeladen und darf sich auf die amphitheatralisch aufgebauten Bänke setzen. Davor stehen die Kameramänner und die Tonmeister, fahren hin und her, machen Großaufnahmen und Totale, nehmen einzelne Reaktionen auf, während das Publikum das Ganze wie im Theater sieht. Man macht so etwas gerne bei dieser Art von Lustspielen, weil die Reaktion des Publikums einen guten Lautteppich schafft – wenn die Leute lachen, und sie taten es.

Nach fünf Wochen Arbeit könnten wir dieses Stück jetzt auch jeden Abend in irgendeinem Theater spielen. Aber diese Zeit unter der Erde ist nur für einen einzigen Abend verbracht worden, damit dann in Hunderttausenden von Wohnzimmern zwei Stunden lang hoffentlich »Frohsinn« verbreitet werden kann. Man kann uns auch abschalten. Aber wenn es gefällt, wird es sogar irgendwann einmal wiederholt.

Ein netter Abend. Die Frau im Sandhügel. Die Hebamme wird geliebt

Es gab einmal ein Fernsehspiel, das hieß »Ein netter Abend«. Es erzählt die rührende Liebesgeschichte von zwei älteren Menschen. Sie treffen sich das erste Mal auf einer Bank im Park und schwindeln sich gegenseitig vor, wie beschäftigt sie seien und wie sehr man ihrer bedürfe. Eigentlich aber sind sie den Jungen ein Klotz am Bein, und natürlich finden sie sich zum Schluß, wie man so schön sagt, um den Rest ihres Lebensweges gemeinsam zu gehen.

So eine Geschichte kann, wenn sie nicht behutsam angefaßt und mit trockenem Humor gespielt wird, ganz fatal ins Sentimentale abrutschen. Sie tat es nicht. Das lag an unserem Regisseur, der uns beide, den Ernst Fritz Fürbringer und mich, auf das delikateste durch diesen »Gefühlsgarten« geführt hat.

Es war eine wahrhaft präzise Arbeit, und ich fühlte mich bestätigt in meinem ständigen Bemühen, sorgfältig zwischen Sentimentalität und Gefühl zu unterscheiden. Das ist sehr schwer zu erklären. Sentimentalität verpflichtet nicht, sie liegt ganz nahe bei der Eitelkeit. Man ist nie ganz dagegen gefeit und rutscht gelegentlich mit Wonne hinein. Gefühl verpflichtet. Gefühl liegt ganz nahe beim Humor und bei der Ernsthaftigkeit – Sentimentalität bei der Wichtigtuerei. Diese beiden auseinanderzuhalten ist mein »ernsthaftes« Bestreben, sowohl im Leben wie auch auf der Bühne. Es gelingt mir keineswegs immer, aber wer mir dabei hilft, wie dieser Regisseur Karl Fruchtmann, dem bin ich unendlich dankbar und zugetan.

Und so entstand nach diesem ersten »netten Abend« eine der intensivsten und lehrreichsten Probenzeiten, die ich in den letzten Jahren erlebt habe. Der Intendant des Ateliertheaters in Bern bot mir an, die Hauptrolle in »Glückliche Tage« von Samuel Beckett zu spielen.

Ich war sehr froh, daß man mir zutraute, diese schwere Rolle spielen zu können: eine Frau, die ununterbrochen redet, im ersten Akt bis zur Hüfte in einem Sandhügel steckt und plappert und plappert. Die Kommunikation mit ihrem Mann, den man hinter einem kleinen Hügel wahrnimmt, ist äußerst spärlich. Er sieht sich unanständige Postkarten an. Sie sucht ihre Zahnbürste, ihren Lippenstift, lacht hysterisch über eine Ameise, die über den Sandhügel klettert, sucht ihre Brille, verlegt sie wieder, sucht, redet, amüsiert sich über ihre eigenen mageren Witzchen, kommt vom Hundertsten ins Tausendste, und nur gelegentlich wird sie vom Blitz einer bösen Erkenntnis getroffen, hält für kurze Zeit, ganz atemlos vor Schreck, den Mund, um dann gleich weiterzufaseln. Von Akt zu Akt versinkt sie immer mehr. Im letzten ragt nur noch ihr Kopf aus dem Sandhügel. Sie kann ihn nicht mehr bewegen. Sie kann auch nur noch geradeaus sehen, aber sie hört nicht auf zu reden. Banales, Törichtes, Fetzen der Erinnerung. Da kommt ihr Mann den Hügel heraufgekrochen, um ihr seine Einsamkeit anzubieten, aber sie hört ihn nicht, und mit einem Wiener Walzer, der Mund ist das einzige, was sie noch bewegen kann, geht das Licht aus und der Vorhang zu. Ein grausiges Stück. Ein wunderbares Stück.

Aber um das zu spielen, muß jedes Wort, jede Bewegung peinlich genau festgelegt sein, muß man präzise und nahtlos von einer Gemütsbewegung in die andere kommen, ohne zu schlampen, ohne zu schludern. Denn gerade das alles macht diese Frau ja: sie schludert vor sich hin, sie ist schlampig, sie läßt sich von sentimentalen Erinnerungen tragen. Sie *ist* sentimental. Um so eine Rolle spielen zu können, darf man eben selber nicht sentimental sein, sonst wird ein Brei daraus, ein Singsang, dem keiner mehr zuhört.

Allein die Anforderung an den Zuschauer, zuzuhören und mitzudenken, ist, wie immer bei Beckett, gewaltig, und manche empfanden es auch als Zumutung. Ohne Karl Fruchtmanns Führung, seine klare Durchleuchtung des Textes, seine Intensität und seine Geduld hätte ich das nie geschafft.

Rudolf Wessely, der damalige Intendant des Ateliertheaters, sagte: »Und wenn wir es auch nur ein paarmal spielen, es lohnt sich. Aber es kann sein, daß die Berner Krawall machen, es kann sein, daß nach der Premiere keiner mehr ins Theater geht.«

Ich habe Ully weggeschickt, wir haben vormittags im Theater, nachmittags in einem möblierten Appartement probiert, manchmal noch abends. Wir waren besessen von diesem Stück. Der Kollege, der meinen Mann spielte und in dieser Rolle wirklich nicht viel zu sagen hatte, die Souffleuse – alle waren mitgerissen von diesem zwingenden Text und von der Arbeit.

Beckett verlangt, daß der Mann, wenn er zum Schluß mühsam den Hügel erklimmt, eine Glatze haben soll. Am Tag der Generalprobe kam dieser Kollege und hatte sich eine Glatze rasieren lassen. Wer tut das schon? Und er hatte wirklich schöne, dichte dunkle Haare gehabt.

Vor der Premiere war ich so entsetzlich aufgeregt, daß ich kaum wahrnahm, daß Ully aus München gekommen war. Wirklich, ich war wie von Sinnen.

Ach, die lieben Berner! Sie hörten zu, sie hörten atemlos zu. Es wurde ein ganz großer Erfolg. Bravo haben sie gerufen, und wir durften uns viele Male verbeugen. Die Presse war begeistert, nicht unbedingt für das Stück, aber für die Leistung der Regie und auch für meine Arbeit. Die Berner sind nicht nur zur Premiere gekommen, das Theater war immer ausverkauft. Wir mußten sogar drei Doppelvorstellungen einschieben.

Wenn es sich auch nicht herumgesprochen hat und nicht aus allen Städten alle Kritiker nach Bern geeilt sind – für mich war es eine Sternstunde.

Klaus Juncker schickte mir die Komödie: »Die Hebamme« von Rolf Hochhuth. Er meinte: Das ist deine Rolle. Ich las. Wie immer bei Hochhuth, würde auch die Aufführung dieses Stückes ihre sechs Stunden dauern, wollte man es ungekürzt spielen. Aber sechs Stunden kann man wohl niemandem mehr zumuten.

Dieses Stück wurde fast allenthalben von der Kritik arg verrissen. Dieses Stück war überall ein großer Publikumserfolg. Erklärt mir dieses! Da kommt doch der Verdacht auf: das Publikum ist blöde. Das Publikum ist aber nicht blöde. Das Publikum, für das wir bekannterweise spielen, möchte gern unterhalten oder auch erschüttert werden. Dem Publikum mangelt üblicherweise etwas, und dafür kann es nichts: der Sinn für Ironie. Für versteckten Spott, für den lässigen Schuß aus der Hüfte, das schnelle Pingpong-Spiel des Esprits. Die Zeit dafür ist im Moment vorbei. Dazu ist auch zuviel geschehen.

In den berühmten Theaterjahren 1924 bis 1932 und noch ein wenig darüber hinaus waren es vor allem die musischen Juden, die den Sauerteig bildeten und eine besondere Art des Entzückens schätzten, nämlich das Entzücken an der ganz fein geschliffenen Pointe, die man sozusagen auf der Zunge zergehen läßt. Sie waren in dieser feinnervigen Aufnahmebereitschaft tonangebend. Und sie gebärdeten sich keineswegs elitär, wie man heute so schön sagt, sondern sie verstanden es, auch anderen von dieser besonderen Aufnahmebereitschaft abzugeben, indem sie das Publikum auf ihre Wellenlänge einstimmten.

Zu viel ist geschehen, als daß Ironie wieder triumphieren könnte wie damals. Es wäre nur zu wünschen, daß sie wiederkäme. Aber das ist eine Frage der Zeit. Heute werden wir kaum noch mit der Ironie konfrontiert;

handfeste Scheußlichkeiten oder handfeste Lustigkeiten nehmen ihre Stelle ein. Das mit solchen Dingen reichlich gefütterte Publikum kann gar nicht mehr den Nerv für jene besondere Spielart haben. Deswegen ist auch das, was ich unter Kabarett verstehe, mal eben ziemlich tot. Denn bisher hat das Kabarett von der Ironie gelebt.

Ich möchte recht verstanden werden. Ironie schlägt nicht mit dem Säbel zu, Ironie beherrscht meisterhaft das Florett. Aber weinen wir nicht. Florettfechten ist augenblicklich nicht »in«.

Was ist es, was dem Publikum an der »Hebamme« so gut gefällt? Dieses Stück ist eine Spielart des Kabaretts, es hat eine beinahe naive, sehr gerade Aussage, und sie kommt ohne Umwege daher. Hochhuth schlägt in diesem Stück nach allen Seiten aus. Mit gutem Sprachgefühl und gewandt in der Erfindung sehr komischer Situationen, versteht er es, Mißstände anzuprangern. Jede Partei bekommt eins auf den Hut. Schon Brecht schrieb in der »Dreigroschenoper«: »Der Mensch ist gar nicht gut, drum hau' ihn auf den Hut, hast du ihn auf den Hut gehau'n, dann wird er vielleicht gut.« Hochhuth haut allen auf den Hut.

Die Hauptfigur seines Stückes, die Hebamme, ist so ein bißchen ganz nah an Gerhart Hauptmanns Mutter Wolffen aus dem »Biberpelz« und an Brechts Mutter Courage vorbeigegangen. Eine Figur, die das Publikum einfach lieben muß. Freilich arbeitet sie mit illegalen Mitteln, aber, und das ist entscheidend, sie zeigt dem Publikum, wie wichtig Zivilcourage ist. Und natürlich muß sie sich, und sie ist ja schon alt, und deswegen ist niemand sonderlich erschüttert, ihren weltlichen Richtern durch einen heiteren Tod während der Verhandlung entziehen.

Die Kritiker, jedenfalls die meisten, schäumten ob solcher Naivität. Das Publikum lacht, weint und geht mit.

Dieses Stück auf etwa drei Stunden Spielzeit zusammenzustreichen ist nicht nur eine Fleißaufgabe der Verantwortlichen, sondern auch eine Art Test: Ein politisch Uninteressierter wird so streichen, daß nur die komischen Szenen dieses lebendigen Bilderbogens übrigbleiben, ein politisch Interessierter wird die Politik keineswegs zu kurz kommen lassen, ohne doch die komischen Situationen durch den erhobenen Zeigefinger zu ersetzen.

Und wenn dann das alles nicht dick und zähflüssig gespielt wird, sondern gewissermaßen leicht hingetuscht, dann ist es schon beinahe wieder eine Spielerei mit dem Florett. Und siehe da: das Publikum ist gar nicht so doof.

In Hamburg hatte ich das Glück, daß der baßstimmige, couragierte Friedrich Schütter Regisseur und Bearbeiter war und daß ich mit dem willigen und spielfreudigen Ensemble des Jungen Theaters spielen durfte. Das Publikum riß sich um die Karten.

Wir hätten diese »Hebamme« mindestens drei Monate spielen können, aber das Junge Theater mit seinen fast achthundert Plätzen bekommt vom Hamburger Stadtstaat einen so minimalen, miserablen Zuschuß, daß es auf seine Abonnenten angewiesen ist. Und, ob großer Erfolg oder kein Erfolg – nach spätestens eineinhalb Monaten muß es ein neues Stück auf die Beine stellen.

Das bedeutet mindestens acht Stücke im Jahr, und das ergibt gleich noch ein neuntes: ein ganz schönes Stück Arbeit.

Rätsel, Riten, Regisseure. Nietzscheanisch. Sprudelflaschen haben keine Korken

In der ersten Reihe sitzen die beiden Regisseure, der Produktionsdramaturg und der Regieassistent. Auf der Bühne steht Conrad, Waltraud sitzt auf einem Stuhl. Der Stuhl steht auf einem kleinen Podest aus rohem Holz. Er stellt den Thronsessel dar.

Die Probe hat vor drei Minuten angefangen. Der eine der beiden Regisseure sagt: »Conrad, wir hatten doch verabredet, daß du den Satz etwas frustrierter ausstellst.«

Conrad sagt: »Also hör mal, ich weiß überhaupt nicht, warum ich hier frustriert sein soll!«

Der andere Regisseur sagt: »Conrad! Nach unserem langen Konzeptionsgespräch müßte dir eigentlich klargeworden sein, daß du hier das erste Mal anfängst nachzudenken, daß dieser Vorgang dich unheimlich frustriert und daß daher der Satz im Raum stehen muß!«

»Moment mal, Wilhelm«, sagt der erste Regisseur, »nicht im Raum stehen, das wäre völlig verkehrt. So würde er eine Bedeutung bekommen, die von vornherein den Sinngehalt irgendwie verschiebt. Er soll den Satz einfach nur ausstellen.«

»Herbert, da bin ich nicht deiner Ansicht. Im Moment, wo er den Satz ausstellt, ist doch rein gedanklich schon eine Verkettung gegeben, die statt zu erhellen – verdunkelt. Meiner Ansicht nach muß der Satz, nachdem er ihn reflektiert hat, ganz für sich allein, beinahe schwebend im Raum stehen.«

Es folgt jetzt eine längere Diskussion der beiden Regisseure. Der Regieassistent meint, der Satz könne doch auch ganz einfach nur so als Antwort gegeben werden.

Beide Regisseure sehen ihn vernichtend an. Der Produktionsdramaturg blättert in einem Kalender.

Conrad sagt: »Können wir jetzt endlich weitermachen?«

»Conrad, wir müssen das doch erst einmal grundsätzlich klären. Der Satz ist von eminenter Wichtigkeit, er zeigt einerseits deine klassenbewußte Haltung, andererseits dein Abhängigkeitsverhältnis, bedingt durch eine völlig emotionale, aber nicht kontrollierbare Gefühlswelle, die in dir aufsteigt. Und nun liegt beides irgendwie ohnmächtig in dir. Wenn du nicht reflektierst, kriegst du nie diese Haltung, dann ist das eben von Anfang an schlapp, irgendwie hängt das dann einfach durch.«

Noch ehe Conrad den Satz sagen kann, kommt der Bühnenbildner auf die Bühne. Er durchmißt sie mit großen Schritten und sieht finster aus.

»Was ist denn, Karlchen, wir probieren doch«, sagt der eine der beiden Regisseure gereizt.

»Also hört mal«, sagt Karlchen verbittert, »eben hat mir der Intendant erklärt, ihr wollt Arkaden haben. Arkaden! Das ist doch völlig gegen das Stück!« Er wirft beide Arme in die Luft, seine langen Haare fallen mit Schwung nach hinten; er sieht aus wie Iphigenie mit Bart. »Was hier hin muß, sind Netze, Netze, die bis zum Horizont gehen. Und auf die Netze projizieren wir teils den Wald, teils die Wolken und dazwischen zischende Flammen.«

Der Regieassistent bekommt eine Art hysterischen Lachanfalls. Der Produktionsdramaturg sieht von seinem Kalender auf. Beide Regisseure sammeln sich zum Gegenangriff. Es folgt eine längere und erregte Diskussion, teils über die Sinnlosigkeit dieses Projektes, teils über die dadurch entstehenden Mehrkosten.

Conrad geht in das Konversationszimmer, um eine Zigarette zu rauchen. Waltraud ist auf ihrem Stuhl eingeschlafen. Die vergangene Nacht war zu kurz gewesen. Der Bühnenbildner läuft abrupt weg, nicht ohne vorher noch in den Zuschauerraum zu rufen: »Mit Arkaden lockt ihr keine Sau hinter dem Ofen vor!«

Regisseur Wilhelm ruft zurück: »Diese Absicht haben wir auch nie gehabt!«

Conrad wird aus dem Konversationszimmer auf die Bühne gebeten. Waltraud wacht aus ihrem Dämmerschlaf auf. »Bitte, die Probe geht weiter«, ruft der Regieassistent.

»Also, Conrad, noch mal den ersten Satz, einfach mehr geistigen Abstand halten. Also nein, Conrad, so geht das nicht. Du mußt doch bedenken, daß die Königin dir eben einen geradezu nietzscheanischen Herrenkomplex angedient hat«, läßt Herbert verlauten.

Waltraud erhebt sich träge und sagt: »Wieso habe ich einen venezianischen Komplex?«

Hier greift der Produktionsdramaturg das erste Mal ein: »Nietzscheanisch! Waltraud! Nietzsche war ein Herrenmensch und ...«

»Auch so ein Scheißautoritärer«, sagt Waltraud, »was hat denn das mit dem Stück zu tun?«

Es folgt eine längere Diskussion. Bei dem Satz des Regisseurs Wilhelm: »Nur so kann sich das symbolisch zu einer Katastrophe knäulen!« verläßt Conrad die Bühne, um im Konversationszimmer eine Zigarette zu rauchen. Als Waltraud sich nach weiteren zwanzig Minuten mit der Bemerkung: »Ihr könnt mich alle mal mit eurem verknäulten Symbolgehalt« auf den Thron zurückziehen will, stürzt Conrad auf die Bühne. Er fuchtelt mit einem Notenblatt herum. »Das hat mir eben der Gitarrist gebracht. Ich denke gar nicht daran, das hier zu singen.«

»Was ist denn? Wieso denn? Seit wann soll denn in diesem Stück gesungen werden?« ruft der Regisseur Herbert und mustert den Regisseur Wilhelm mißtrauisch. Der Produktionsdramaturg sagt: »Na, nun lies schon vor.« Conrad liest:

»Leuchtet uns mit hellen Kerzen
In die liebesarmen Herzen,
Wenn wir nur zusammenhalten,
Werden sie nie mehr erkalten.«

In die verblüffte Pause, die nun eintritt, sagt der Regieassistent: »Da ist ein Versehen passiert. Entschuldigung. Das ist für das Märchen.«

»Schwachsinnig«, sagt Conrad. »Wer soll denn das singen?«

»Sie«, antwortet der Regieassistent.

Jetzt bekommt Conrad seinen hysterischen Lachanfall: »Und wer soll denn da Regie führen?!«

»Ich«, sagt der Regieassistent und bricht beinahe zusammen. Alle sehen den Regieassistenten an.

Bevor Conrad zu einer längeren Protestrede ansetzen kann, sagt der Produktionsdramaturg: »Ich möchte doch sehr bitten, daß so etwas nicht wieder vorkommt. Können wir bitte mit der Probe fortfahren?«

Waltraud wird geweckt. Conrad sagt seinen Satz.

»Conrad«, sagt der eine der beiden Regisseure, »nicht durchhängen lassen, du mußt nämlich trotzdem innerlich zoomen.«

»Wie bitte?«

»Kreisen, Conrad, kreisen, gedanklich kreisen!«

»Waltraud«, sagt der andere der beiden Regisseure, »wenn du nicht reagierst, geht das natürlich nicht! Du mußt, während er den Satz spricht, mit monomanischer Starrheit auf ihn blicken.« Waltraud versucht es. »Also, na ja, das probieren wir dann extra.«

»Conrad«, sagt Wilhelm, »stell dir mal vor, du wärest eine Sprudelflasche, und der Korken sitzt drauf.«

»Entschuldige mal, aber Sprudelflaschen haben keinen Korken!«

»Herrgott noch mal, das ist doch völlig irrelevant!«

Herbert greift ein: »Also gut, Conrad, dann stell dir vor, du wärst eine Champagnerflasche – der Korken springt heraus, und du schäumst über!«

»Das kann ich nicht«, sagt Conrad, »dazu bin ich nicht initiiert.«

»Conrad, du sollst es dir doch nur vorstellen!«

Conrad versucht vergeblich, zu schäumen. Nach einer weiteren Stunde muß die Probe abgebrochen werden. Man ist über den ersten Satz nicht hinausgekommen. Conrad geht nach Hause. Zerrissen. Er stellt sich vor, er sei eine Champagnerflasche, die sich selbst entkorkt und dann überschäumt. Vor drei Tagen ist er geplatzt. Er wurde umbesetzt.

Reporterfragen. Dann macht mal! Anija, die Gräfin. Meine erste Regie

»Liebe Frau Herking«, sagte der Reporter, »ich würde gern Ihre Meinung über das moderne Theater hören.«

»Lieber Herr Reporter«, sagte ich, »da bin ich überfragt, denn ich habe nach Becketts »Glückliche Tage« kein modernes Theater mehr gespielt, und Beckett ist für Sie ja wohl schon nicht mehr so ganz modern. Ich habe

»Tango« gesehen und fand die Aufführung in den Kammerspielen in München ausgezeichnet, und ich selbst habe im »Theater 44« in München Mrozeks »Polizei« inszeniert. Sonst bin ich, da ich ja selbst fast jeden Abend Theater spiele, kaum dazu gekommen, mir avantgardistische Stücke anzusehen. Ich habe darüber nur gelesen, und zwar so viel einander widersprechende Kritiken, daß ich mir kein Bild machen konnte.«

»Was halten Sie von der Mitbestimmung am Theater?« fragte er weiter.

»Ja«, sagte ich, »da habe ich auch gerade keinen reichen Schatz an Erfahrung, aber wenn Menschen zu gleicher Zeit auch die Mitverantwortlichkeit, die sich daraus ergibt, auf sich nehmen – warum nicht? Nur scheint mir der Beruf des Schauspielers nicht sehr zur verantwortlichen Mitbestimmung geeignet zu sein. Ich habe von den Experimenten in Frankfurt am Main gelesen, dem ›Frankfurter Modell‹. Der Kulturreferent und vier andere Herren hatten es ins Leben gerufen. Erst einmal wurde einer von den vier Initiatoren, nämlich der Intendant, gestürzt, dann kam ein anderer, der auch als unzureichend empfunden wurde, und so wurde denn, ehe der jetzige Intendant kam, der Spielplan von einem künstlerischen Beirat gemacht. Die Unruhe, die eine solche Situation mit sich bringt, das Kommen und Gehen von Schauspielern, scheint mir für die Bildung eines homogenen Ensembles nicht förderlich.

Schauspieler brauchen dringend eine gewisse Autorität, jemanden, dem sie vertrauen können, der ihnen immer wieder einen neuen Weg zeigt und sie davor bewahrt, nur sich selbst, ihren Anfechtungen und egozentrischen Fehleinschätzungen ausgeliefert zu sein. Wer eine Autorität ist, muß sich ja nicht ›autoritär‹ gebärden.

Ich kann mir nicht vorstellen, daß ein Schauspieler, der sich doch ernsthaft mit seinen Rollen beschäftigen muß, noch die Zeit und Energie aufbringen kann, die nun einmal erforderlich sind, wenn man, gemeinsam mit Kollegen, ganz dem Dienst an der Sache hingegeben, ein Theater leiten will. Auf jeden Fall: einer in diesem Kollektiv wird der Stärkste sein. Das ist zwangsläufig so. Der Stärkere muß ja seinen dominierenden Einfluß keineswegs mißbrauchen, aber er wird dem Theater seinen Stempel aufdrücken, und das wird die Aufführungen bemerkenswert und interessant machen. Durch seine Persönlichkeit formt er sein Ensemble, und dieses Ensemble folgt ihm und läßt sich leiten.

Inwieweit Schauspieler geeignet sind, ohne Rücksicht auf ihre persönlichen Wünsche einen Spielplan mitzubestimmen, weiß ich nicht. Wieviel Regisseure auch immer ein Stück gemeinsam inszenieren – auch in einem Regieteam wird zwangsläufig einer der Stärkere sein; das schließt nicht aus, daß der andere wertvolle Anregungen gibt, die eine Inszenierung noch ›dichter‹ machen. Aber nichts scheint mir unfruchtbarer als stundenlanges Gequatsche, oft hochtrabend ›Diskussion‹ genannt – wenn es keinen Sinn und Verstand hat. Theaterspielen heißt: die Phantasie durch Präzision licht zu machen, und das bedeutet besessene Arbeit, zu der selbstverständlich immer wieder das Gespräch, auch die leidenschaftliche Auseinandersetzung gehören. Das sind alles ganz selbstverständliche Dinge, und im allgemeinen wird ein guter Regisseur (es gibt auch Ausnahmen) nicht versuchen, einem Schauspieler etwas aufzuzwingen, was außerhalb der Begabung und Aufnahmefähigkeit dieses Darstellers liegt.

Ich habe mich seit über vierzig Jahren gern führen

und leiten lassen, wenn ich zu erkennen glaubte, daß da unten am Regiepult jemand sitzt, der weiß, was er will. Ich kann mir ja nicht selber zuhören; der Ansporn des Regisseurs, sein Zutrauen, seine Hilfe, seine Liebe zu dem, was wir da aufführen wollen, sind für mich notwendig, damit ich nicht in Routine verfalle und aus Ohnmacht immer wieder auf dieselben, stets paraten Mittel und Mittelchen zurückgreife. Ich bin ein williges Pygmaliongeschöpf.

Bitte, das gilt nur für mich. Ich leite daraus nicht ab, daß es sich bei anderen auch so verhält. So sehe ich meinen Beruf. Ich wäre nicht in der Lage, beides zu machen, zu spielen *und* mitzubestimmen. Die zusätzliche Verantwortung würde mich ganz krank machen, dem wäre ich nicht gewachsen. Aber ich bin, wenn dies Buch herauskommt, einundsechzig Jahre alt und muß es mir selbstverständlich gefallen lassen, wenn die jungen Kollegen von heute sagen: ›Na laß man gut sein, Oma, wir wissen das eben besser.‹

Darauf könnte ich nur antworten: ›Na schön, dann macht mal!‹«

Ob ich selber gern Regie führe, hat der Reporter nicht gefragt. Ich antworte trotzdem:

Kaum ein überregionaler, berühmter Kritiker wird je über Anija schreiben. Jedoch sie gehört zum Theater, wie dazumal die Neuberin. Sie ist theatersüchtig. Die heitere, die leichte Muse ist ihr liebstes, unzuverlässigstes und widerspenstigstes Kind. Mit ihm hat sie schon oft Pleite gemacht und ist doch immer wieder auf die Füße gefallen. Anija, Betonung auf dem i, wurde und wird »die Gräfin« genannt. Mit ihrem roten Haarschopf, der die meiste Zeit wie ein aufsässiger Mop auf ihrem Kopf tanzt, ihrem Charme und Wiener Temperament, ihrem schnell aufflammenden, schnell verlöschenden Zorn, ihrer auch auf Irrwegen unbeirrbaren Zielstrebigkeit, ist sie eine so unglaublich eindrucksvolle Persönlichkeit, daß selbst ihr nicht Wohlgesinnte zugeben: Ziemlich verrückt – aber sie schafft es doch immer wieder!

Camilla Horn, Herta Staal und ich spielten damals, es ist zwölf Jahre her, in ihrem kleinen Kellertheater in Düsseldorf »Gigi« von Colette. Da bot Anija mir, zum erstenmal, eine Regie an.

Mit Bruni Löbel und Holger Hagen probierte ich in Grünwald bei München für das Düsseldorfer Theater »Das Lied der Taube«. Wieviel mir bei diesem meinem ersten »Kind« die phantasievolle Bruni und der so akkurate Holger geholfen haben, ist, wie man in Berlin sagt, »gar nicht an die Wand zu pinseln«. Jeden Morgen probten wir vier bis fünf Stunden in einem öden Gasthaussaal. Jedesmal schleppten wir die vielen Requisiten, die dieses Stück verlangt, in einem großen Waschkorb an, wir diskutierten, erfanden neue Aktschlüsse, wühlten uns in dieses Stück hinein, als gelte es, einen Klassiker zu inszenieren. Wir waren Feuer und Flamme.

Zwar bildete ich mir ein, ich sei jetzt ein Regisseur – aber ohne den Einfallsreichtum der beiden hätte es bei mir nicht recht gezündet. Das war ja keine Inszenierung fürs Staatstheater, für eine große, renommierte Schauspielbühne (dort hätte man ja auch eine Probebühne zur Verfügung gehabt, hätte später auf der großen Bühne probieren können, Beleuchter und Bühnenarbeiter hätten geholfen), sondern es ging ja nur um ein Boulevardstück für ein kleines Privattheater ohne jegliche Zuschüsse von Bund, Land oder Stadt.

Aber gerade solche Stücke zu inszenieren und zu spielen ist oft viel schwieriger als die Produktion eines klassischen Schauspiels. Wenn hier nicht jede Pointe sitzt, wenn nicht mit aller Intensität und mit – ich muß dieses von mir oft gebrauchte Wort schon wieder sagen, aber ich weiß kein anderes dafür –, wenn nicht mit Präzision gespielt wird, dann geht es in die Binsen.

Weder bei der Haupt- noch bei der Generalprobe, die in Düsseldorf, zum ersten Mal auf der Bühne des Theaters, stattfand, konnte ich dabeisein; ich hatte allabendlich in München Theater zu spielen. Am Abend der Premiere war ich vor Aufregung so außer mir, daß ich beinahe einen Auftritt vergessen hätte. Endlich konnte ich zum Telefon stürzen: »Wie war's? Hat alles geklappt?«

Also, die beiden hatten einen großen Erfolg, und in der regionalen Presse wurde auch meine Regie gelobt. Bereits wieder in den Wolken schwebend, überlegte ich, ob es nicht empfehlenswerter wäre, gleich ganz auf Regie umzusatteln. Dann beschloß ich aber doch, bei meinem Leisten zu bleiben.

Ich habe danach noch einige Male Regie geführt, es hat mir auch stets viel Freude bereitet, aber im Grunde meines Herzens glaube ich, daß ich diese große Aufgabe doch besser den dazu Berufenen überlassen sollte. Was mich nicht hindern wird, wieder Regie zu führen, wenn man mir eine anbietet. Denn ich habe bei dieser Arbeit immer wieder dazugelernt – und das ist wichtig in jedem Beruf, auch in meinem – und es macht Spaß.

Wenn der Kater raus ist, geht das Stück nicht weiter. Nicht unbedingt »das Schönste«. Auch dazu sind wir da

Man weiß manchmal wirklich nicht, welcher Affe einen gebissen hat. So habe ich einmal aus Überzeugung gesagt, ich könne mir nichts Schöneres für einen Schauspieler vorstellen, als vor Kindern zu spielen. In der Theorie stimmt das auch – in der Praxis aber ist es eine rechte Schinderei.

Morgens, es ist Winter, und alle Sterne sind noch am Himmel, steht man auf. Man stürzt eine Tasse Kaffee in sich hinein, steigt in den Wagen und fährt seine fünfundzwanzig bis hundertzwanzig Kilometer, damit man um halb neun am Spielort ist. Hier setzt man sich vor den Spiegel und beschmiert sich das Gesicht mit weißer Schminke, denn man hat ja den Ehrgeiz, einen Clown zu spielen. Dann steigt man ins bunte Kostüm, zieht sich die übergroßen Schuhe an und bekommt die rote Perücke aufgesetzt und darauf noch den Strohhut. Man wacht langsam auf.

Aus den Lautsprechern dröhnt das Quietschen und Schreien von tausend bis zweitausend munteren Kindern. Durch das Loch im Vorhang kann man sie sehen, Mädchen und Jungen, blau, gelb, rot, grün, ein buntes Gewoge. Sie puffen sich, sie schmeißen mit Papierkügelchen, sie setzen Trillerpfeifen in Betrieb, sie machen einen ohrenbetäubenden Lärm.

Das Licht geht aus. Der Inspizient ruft: »Laß jukken!« Das bedeutet: Vorhang auf! Die Musik, auf volle Lautstärke gedreht, beschwichtigt die lieben Kleinen. Und nun kommen wir. Jetzt sind alle still und hören tatsächlich zu.

Der Clown wird freundlich aufgenommen, der Zirkusdirektor nach zwei Minuten ausgepfiffen, aber nicht etwa, weil er schlecht wäre als Schauspieler, sondern weil er den sprechenden Kater fangen will und ihn mit der Peitsche bedroht. Nachdem der Sturm der Empörung sich gelegt hat, können wir, wenn auch zuweilen nur schreiend, die Handlung planmäßig vorwärtstreiben.

Es ist das gute Recht der Kinder, direkt und lautstark zu reagieren – aber wenn es tausend und mehr sind? Sie lockern sich dabei unheimlich auf, geben Ratschläge wie: »Clown, sei doch nicht so blöde, laß den Kater raus!« So angeheizt, findet sich gleich eine Gruppe im Sprechchor: »Kater raus, Kater raus, Kater raus!« Bald brüllen über tausend Kinder: »Kater raus!« Wenn ich, der Clown, aber den Kater rausließe, den ich doch eigens, um ihn vor dem Zirkusdirektor zu schützen, eingesperrt habe, ginge das Stück nicht mehr weiter. Also ran an die Rampe! Schnell zwei Purzelbäume, der Kaffee kommt mir hoch, versuche ein Rad zu schlagen, falle auf die Schnauze, aber nun lachen sie und sind bereit, mir zuzuhören. Also improvisiere ich und erkläre es den Kleinen noch einmal. In Ordnung. Handlung geht weiter.

Der Zirkusdirektor ist bereits so heiser, daß fast nur noch heiße Luft aus ihm herauskommt. Er hat es überhaupt am schwersten; jedesmal, wenn er auftritt, entweder mit der Peitsche oder mit einem uralten langen Gewehr, empfängt ihn ein Pfeifkonzert. So wie bei den Stierkämpfen die Picadores ausgepfiffen werden, die dem Stier die erste schwere Verwundung beizubringen haben. Natürlich gibt es auch ein paar Sadisten, die den Zirkusdirektor zum gräßlichen Vorhaben mit wilden Schreien ermuntern. Die aber werden wieder von den anderen niedergeschrien. Die Stimmung ist ungemein animiert. Wir schreien oben, die schreien unten.

Und wenn zum guten Schluß der Zirkusdirektor verdientermaßen im Käfig sitzt und den Clown Pinky bittet, ihn doch rauszulassen, schrillt es aus über tausend Kehlen: »Nein!!!« Da habe ich dann immer gedacht, hätten das die Erwachsenen doch auch geschrien, als Goebbels im Berliner Sportpalast die berühmte Frage stellte: »Wollt ihr den totalen Krieg?«

Das Stück ist nach ein und einer viertel Stunde aus. Die Kleinen klatschen einmal, und dann wälzt sich die ganze bunte Wolke befriedigt aus dem Theater. Um elf Uhr haben wir die nächste Vorstellung, wo dann, mit kleinen Nuancen, dasselbe stattfindet.

Die letzte, die dritte Vorstellung ist am Nachmittag um fünfzehn Uhr. Da kommen die Eltern mit, und nun ist es der halbe Spaß. Wir da oben können allerdings »normal« spielen, und man läßt uns sogar unsere Sätze zu Ende sprechen. Wir sind ganz schön geschwächt, aber das dürfen wir uns ja nicht anmerken lassen. Und nun könnten wir doch zufrieden sein, daß die Kindlein so artig sind und so aufmerksam die Handlung verfolgen, aber das ist auch nicht der wahre Jakob! Sicher meinen es die Eltern gut, weil doch da oben Schauspieler sind, und da muß man schön aufpassen, was die sagen, und nicht so laut sein, gell? Und so halten sie sich und ihre Kinder zurück. Und hinterher werden sie auch angehalten, recht schön zu klatschen. Das tun sie dann auch, aber so richtig was losgeworden sind sie nicht.

Dafür sind wir einiges losgeworden. Drei Vorstellungen schlauchen. Das Clownkostüm, der Frack des Zirkusdirektors und das Fell des Katers sind klitschnaß und müssen bis zum nächsten Morgen halb neun auf die Leine oder über die Heizung gehängt werden. Nach zwanzig Vorstellungen riechen sie – na, sagen wir mal, etwas streng. Über Weihnachten, wenn wir eine Woche Pause haben, werden sie gereinigt, um wiederum unaufhaltsam zu vergammeln, bis das Märchen Ende Januar zu Ende gespielt ist.

Nach spätestens drei Monaten war die Anstrengung vergessen. Und dieses Jahr hat mich wieder derselbe Affe gebissen; ich spiele wieder Märchen und werde fuchsteufelswild, wenn die lieben Kollegen sagen: »Das hat sie doch nun wirklich nicht nötig! Muß sie das denn?« Als ob es etwas Degradierendes wäre, für Kinder zu spielen. Es ist auch keineswegs das »Schönste«, was einem Schauspieler oder einer Schauspielerin zustoßen kann, denn sehr nuancenreich kann man sein Spiel nicht gestalten. Aber das gute Gefühl, der Meute Spaß gemacht zu haben – darauf möchte ich nicht verzichten, und dazu sind wir ja schließlich da.

Schmetterlinge im Magen. Bummelstreik und Whisky in Tüten. Nicht heulen, sondern schreiben!

Auf dem Zettel, den Ully für mich getippt hatte, stand: 2 Frottiertücher (das gelbe und das braune), Synchronoptischer Atlas (Erste Ausgabe), 2 Pfund Kaffee. Im Tax-Free-Shop in Nizza: 1 Flasche Chivas Regal, 1 Flasche Gordons Gin. Im Tax-Free-Shop in Frankfurt: 1 Flasche Chivas Regal, 1 Flasche Gordons Gin. Ully brachte mich mit dem Wagen zum Flughafen nach Nizza. Ob im Bahnhof oder auf dem Flughafen: Ich kann es nicht leiden, wenn man lange herumsteht, und Winken finde ich gräßlich. Darum sagte ich: »Tschüß!«

Eine Flasche Chivas Regal, eine Flasche Gordons Gin

in der verschlossenen Tüte und meine Handtasche waren das ganze Gepäck. Der Abflug verzögerte sich um zwei Stunden. Bummelstreik der deutschen Fluglotsen. 55 Minuten bis nach Frankfurt. In Frankfurt drei Stunden gewartet. 45 Minuten bis nach München. Um halb zwölf Uhr nachts angekommen. Kein Werner in Riem, der mich abholt. Mit dem Taxi nach Hause. Ich rufe Werner an. »Die am Flughafen haben gesagt, nun käme nichts mehr aus Frankfurt, zu trinken gab's auch nichts, also bin ich sauer nach Hause gefahren. Morgen um zehn hol' ich dich ab. Schlaf gut.«

Warme Sommernacht, leiser Wind, wer soll da schon schlafen! Da bin ich also noch zu Willi gegangen und habe in seiner Kneipe drei Düssel Alt und vier Schnäpse getrunken. Die Magenschmerzen gingen davon nicht weg.

Ja, ich hatte Schmetterlinge im Magen, aufgeregte. Am nächsten Tag sollte ich einen Buchvertrag abschließen. Vielleicht. Es wäre mein erster. Werner Heilmann hatte die Seiten, die ich schon geschrieben hatte, dem »Verantwortlichen« zu lesen gegeben. Dieser sagte: »Das interessiert mich, ich möchte mich gerne mit Frau Herking unterhalten.« – »Die ist in Frankreich«, sagte Werner. So kam es, daß ich mit Handtasche und Tüte mal eben von Nizza flog. Zu Willi sagte ich nach dem dritten Schnaps: »Du, ich soll ein Buch schreiben!« Aber Willi sagte nur: »Leichtigkeit!« und goß mir einen vierten ein. Seine große Pratze unter meinen Ellenbogen geschoben, brachte er mich morgens um halb drei nach Hause. »Gute Nacht«, sagte er, »komm gut voran mit dem Buch!« Ich lächelte verzerrt.

Um zehn Uhr holte mich Werner ab. Ich nahm voller Reue und Kopfweh zwei Tabletten ein.

Dann fuhren wir zum Verlag.

Mir war, als müßte ich zum Zahnarzt. In einem großen, hellen Büro begrüßte uns ein junger, hochgewachsener Mann mit witzigen Augen, schmalem Gesicht und einem spöttischen, keineswegs unangenehmen Mund. Wir setzten uns, man plauderte: »Ach, Sie Arme, so lange gebraucht, Bummelstreik, was für Wetter in Frankreich? Ja, das ist hier in München alles noch provisorisch, nachher kommt noch ein Kollege, ich habe mir erlaubt, einen kleinen Imbiß zu bestellen ...«

Und plötzlich stellte er Fragen, gescheite Fragen, gewissermaßen so, als ob ich schon mehrere Bücher geschrieben hätte und es ginge jetzt nur noch darum, Themen und Details meines nächsten Werkes zu besprechen. Zwischendurch machte er mir Komplimente, die ich gerne hörte, denn aus so spöttischem Mund müssen sie stimmen! Du liebe Zeit, so jemanden kann man doch nicht enttäuschen!

»Ja, ja, natürlich macht es mir Spaß zu schreiben. Sicher kann ich das Buch bis Ende des Jahres fertig machen. Ich muß mich halt jeden Tag drei Stunden hinsetzen.« (Noch drei Wochen Ferien, jeden Vormittag drei Stunden arbeiten. Im August Proben für eine Riesenrolle, Oktober Fernsehen, November Proben für ein neues Stück, Dezember Theater spielen.) Bisher wußte ich nicht, daß ich im Nacken tausend kleine Haare habe, aber jetzt schien sich ein ganzer Wald zwischen meinen Schulterblättern zu sträuben.

Vom Imbiß bekam ich kaum einen Bissen herunter, dafür sorgten die Schmetterlinge im Magen. Bloß nichts merken lassen, dachte ich und rauchte eine Zigarette nach der anderen.

Jetzt kam zu dem langen spöttischen noch ein Herr,

der war klein und listig. Beide munterten mich mit geschickten Fragen dazu auf, immer tiefer in diesen uferlosen Optimismus einzusteigen. Dabei hatte ich doch kurz vorher gesagt, ich sei ein fröhlicher Pessimist. Ich schielte zu Werner hin. Der saß, die langen Beine lässig ausgestreckt, entspannt und vertrauensvoll lächelnd in seinem Sessel. Es wurde halb zwei, ich mußte zum Flugplatz.

»Liebe Frau Herking. Wir würden uns sehr freuen. Es würde uns großen Spaß machen. Darf ich Ihnen das Angebot ...«

»Ja, gerne, auch ich freue mich sehr, es wird auch mir Spaß machen ...«

Und so hatte ich meinen ersten Buchvertrag abgeschlossen.

Nach außen strahlend, keineswegs erleichtert, sondern langsam erkennend, welche Verantwortung ich da auf mich genommen hatte, stand ich nun mit der Tüte und mit zwei Frottiertüchern, zwei Büchsen Kaffee und dem Synchronoptischen Atlas sowie meiner Handtasche auf dem Flughafen in Riem.

Statt um zwei flog die Maschine erst um vier. Über Frankfurt kreisten wir eine Stunde, weil wir keine Landeerlaubnis bekamen. Als wir endlich um sechs auf dem Rhein-Main-Flughafen landeten, war das einzige Flugzeug nach Nizza schon weg. Einer vom Flughafen riet mir, schnell zum Ausgang 4 zu laufen. Das Flugzeug stünde da noch. Die Türen wären zwar schon zu, aber es wäre eine Chance.

Ich rannte ungefähr einen Kilometer. Aus der Tüte rollte eine der beiden Kaffeebüchsen, ich klaubte sie mit unglaublicher Geschicklichkeit während des Rennens auf, ohne über meine Beine zu fallen – eine gute Leistung. So, die Büchse an mich gepreßt, erreichte ich Ausgang 4. Da war es leer wie in einer Kirche, und draußen rollte das Flugzeug nach Nizza dahin.

»Wir können versuchen, Sie über Paris zu buchen. Wir müssen Sie aber auf die Warteliste setzen. Der Flug nach Paris ist bereits ausgebucht. Das macht 86 DM extra.«

»Ja, das ist doch aber nicht meine Schuld?«

»Unsere auch nicht. Da müssen Sie sich schon an den Fluglotsendienst wenden.« Schnell ließ ich meinen Mann zum Produktionsleiter werden, der in Nizza schon mit seinem Stab fieberhaft auf mich wartete. Auch das beeindruckte die kühle Blonde nicht.

»Könnten Sie nicht mal in Nizza anrufen?«

Mich traf ein Blick: Du bildest dir wohl ein, du seist der Schah von Persien? Schließlich ließ sie sich doch noch bewegen, ein Telex nach Nizza zu schicken: »Versuche über Paris zu kommen – Gruß Ulla.«

Jetzt hatte ich noch zwei Stunden Zeit. Ich besorgte die Flasche Whisky und die Flasche Gin, in einer zweiten Tüte.

Schon eine Stunde vor Abflug stand ich am Ausgang 12 und versuchte, die beiden diensthabenden Damen in den kleidsamen Uniformen mit den kecken Mützchen zu betören. Vielleicht könnte es gelingen, von Nummer 15 auf Nummer 4 der Warteliste vorzurücken? Mein Charme war nutzlos, auch zierlichste Witzchen kamen nicht an. Als dann aber mein Name aufgerufen wurde, hörte ich ihn nicht, weil ich die Tüte mit Whisky und Gin suchte. Erst beim zweitenmal ging mir auf, daß ich gemeint war. Hochbeglückt schwenkte ich meine Bordkarte. Als wir schon alle im Flugzeug waren, rief jemand: »Hier ist eine Tüte liegengeblieben.«

Ich schwankte im engen Gang bis nach vorn, holte sie mir, bedankte mich, genierte mich und saß endlich, gepreßt zwischen zwei Passagieren, die mich verärgert ansahen, da sie sich meinetwegen nochmals ab- und anschnallen mußten, wieder auf meinem Sitz, beide Tüten zwischen den Beinen und nicht wagend, meine Handtasche, auf die ich mich gesetzt hatte, herauszuziehen. Denn ich fürchtete plötzlich, meinen Personalausweis verloren zu haben, und zog es vor, die Konfrontation mit der Wahrheit zu vermeiden.

Diese Ungewißheit begleitete mich, bis wir in Orly landeten und uns abschnallen durften. Da konnte ich aber auch nicht nachsehen, denn nun stand alles in rasender Eile auf und strebte dem Ausgang zu, als ob das Flugzeug in den nächsten zwei Minuten abbrennen würde. Im Omnibus ging's auch nicht; die eine Hand am Griff, in der anderen die beiden Tüten, die Handtasche am Riemen über der Schulter, schwankte ich mit der Masse hin und her.

Zunächst ging ich mit vier Personen, die auch weiterfliegen wollten, von einer Stewardeß geführt, ungefähr eineinhalb Kilometer weit zu einem Schalter. Die anderen vier wurden abgefertigt. Jetzt kam ich dran ... Der junge, pickelige Mensch blätterte lange in einem Buch, um mir nach qualvollen Minuten mitzuteilen, daß es bei ihm keinen Flug mehr nach Nizza gebe. In seinem Buch nicht. Ich solle zum Air-France-Schalter gehen. Nach weiteren zwei Kilometern erreichte ich mit meinen beiden Tüten den Air-France-Schalter. Ja, in zwanzig Minuten gehe das letzte Flugzeug nach Nizza, aber die Maschine sei ausgebucht, und ich müsse auf die Warteliste, da ich einen offenen Flug hätte.

Ich versuchte, meiner Sinne und der französischen

Sprache nicht mehr mächtig, zu erklären, daß ich unschuldig sei, daß wir in Deutschland einen Bummelstreik der Fluglotsen hätten, da versagte mir aber die Stimme. Denn Bummelstreik auf französisch war zuviel. So blieb mir wahrscheinlich der Rat erspart, mich an die Lotsen zu wenden. Auf die Idee, mich auf englisch auzudrükken, kam ich nicht. »Slow-down« wäre, glaube ich, ganz adäquat gewesen. Aber das hätte wohl auch nicht viel genützt.

So ging ich zum Ausgang 18, wo sich bereits eine Menge versammelt hatte, so ungefähr die Einwohnerschaft eines kleinen Dorfes. Der junge Mann vom Air-France-Schalter rannte auf mich zu und übergab mir eine Tüte. Diesmal war es die mit den zwei Frottiertüchern, den zwei Büchsen Kaffee und dem Synchronoptischen Atlas.

Nachdem die Einwohnerschaft des Dorfes im Flugzeug verstaut war, blieb ich allein zurück. Man händigte mir mein Flugticket mit dem Ausdruck des Bedauerns aus. Und nun stand ich mit meinen beiden Tüten auf dem riesengroßen Flugplatz Orly herum und hätte am liebsten laut geplärrt: »Ully! Was soll ich denn jetzt machen, wäääääh!«

Aber dann redete ich streng mit mir. (Erwachsene Frau und so! Mußt doch wissen, was man in solch einer Lage macht! Nimm dich gefälligst zusammen. Wenn du jetzt nicht sofort aufhörst zu heulen, knall ich dir eine, und so was will ein Buch schreiben!) O Gott! Das Buch. Das hatte ich in der Aufregung vollkommen vergessen. Auch das noch. Himmel! Der Personalausweis. Ich fand ihn in einem Seitentäschchen meiner Handtasche mit etwas Käse verklebt. Das Käsestückchen war aus dem Stanniolpapier gequollen. Ich hatte es aus dem Lunchpaket, das man während des Fluges von München nach Frankfurt bekommt, herausgenommen und in die Tasche gesteckt, um es, in einem Anfall von Sparsamkeit, mit nach Frankreich zu nehmen. Ich reinigte den Personalausweis, ließ den Käse diskret in einen der großen Aschenbecher fallen und dachte: Jetzt sollte dich mal der Lange mit dem spöttischen Mund sehen, der würde sofort Abstand nehmen.

Ich ging zurück zum Air-France-Schalter. »Pouvez-vous moi aider?« kam mir plötzlich falsch vor. Also: »Could you please help me?« Er hat mir geholfen. Er hat mir den Flug nach Nizza ordnungsgemäß für den nächsten Mittag gebucht. Alle früher fliegenden Maschinen waren schon vergeben, da in Frankreich an diesem Tag die Sommerferien begannen. »Sie könnten natürlich auch morgens um 7.20 Uhr, aber dann müßten Sie wieder auf die Warteliste.« – »Nein, danke!«

Und er hat sogar telefoniert und ein Hotelzimmer für mich bestellt. Netter Mann. Obwohl seine Bemerkung: »Very good beds« mich vorübergehend stutzig machte. (Wie sich später herausstellte, war das Bett wirklich prima; er hatte es schlicht gut gemeint.) Er hat mir auch den Namen des Hotels aufs Ticket geschrieben. Er hat mir gesagt, daß ich mit dem Omnibus zum Terminal des Invalides fahren müsse. Von dort sollte ich mir ein Taxi nehmen. Er hat mir gesagt, wo ich Zigaretten kaufen kann und wo ich Geld wechseln könne. Es hätte nicht viel gefehlt, und er hätte mir auch noch gesagt, wo dort »für Damen« sei. Ich muß ihm wohl etwas minderbemittelt erschienen sein.

Nachdem ich brav Geld gewechselt, Zigaretten gekauft und von alleine »Toilettes« gefunden hatte und nun, wieder gefaßt, ja beinahe lässig, zum Ausgang strebte, tippte mir jemand auf die Schulter. Es war der nette junge Mann vom Air-France-Schalter. Er überreichte mir meine beiden Tüten.

Und das ist meine Lebensgeschichte für Daniel und Benedikt

»Großmama?«

»Ja.«

»Erzähl doch mal die schöne Geschichte von deinem Leben, aber nichts auslassen.«

»Also gut. Das war ein heißer Sommertag. Die Sonnenblumen auf dem Beet an der Hausmauer waren zwei Meter hoch. Die vielen Büsche der Bauernnelken schickten Duftwolken in die zittrige Mittagssonnenhitze.

»Riechen gut, wie Muttis Seife«, sagt Daniel. »Ja, weiter!«

»Der Hund Dagobert, der Hund Vladimir, der Hund Lobster und der Hund Mischka lagen, alle viere von sich gestreckt, auf dem warmen Kies des Hofes. Es war ganz still, bis auf das Plätschern des Springbrunnens. Plötzlich zerriß ein Schrei die Stille.«

»Wieso sagst du zerriß?«

»Sonst hast du immer gesagt: ›Plötzlich hörte man etwas ganz hoch quäken und schreien, wie ein Baby, wie ihr, als ihr geboren wurdet.‹. So!« Benedikt macht das Quäken vor.

»Also gut, entschuldigt. – Nun gackerten die Hühner.«

»Nein, Großmama, du hast vergessen, daß man auch das Klatschen auf den Popo gehört hat, so!« Daniel klatscht Benedikt auf den Popo, es ensteht eine kleine Prügelei.

»Also soll ich nun weitererzählen oder nicht?«

»Doch, doch, natürlich; entschuldige, Großmama.«

»Alle Hunde sprangen auf und fingen zu bellen an. Ein Mann trat aus der Tür des weißen, langgestreckten Hauses. Er hatte ein kleines Bündel auf dem Arm. Das war ich. Ich war gerade geboren worden. Mein Vater hielt das Bündel der Sonne entgegen und sagte: ›Prinz Theodor von Kastanien, werde glücklich!‹

Meine Enkel kicherten, denn sie wußten ja, das war ein Irrtum von ihrem Urgroßvater.

»Dann ging mein Vater wieder zurück in das Schlafzimmer, wo Mutter in einem großen Mahagonibett lag. Sie hatte gehört, was Vater gesagt hatte. ›Aber Willy, das ist doch kein Knabe, das ist ein Mädchen!‹ – ›Macht auch nichts‹, sagte Vater. Er wartete, bis der Mond schien, machte drei Verbeugungen, hielt mich dem Mond entgegen und sagte: ›Prinzessin Ursula von Guck in die Luft Wolkenheim, werde glücklich!‹ So wurden nacheinander sieben Kinder teils dem Mond, teils der Sonne entgegengehalten.

Wir aßen jeden Tag Pudding, bis auf Mittwoch, da gab es rote Grütze mit Schlagsahne, und sonntags gab es Käsekuchen. Die Füllung war so luftig, daß man sie mit der Zunge ganz leicht durchstoßen konnte. Jedes Kind hatte ein Pferd. Vater brachte uns bei, es zu striegeln und zu reiten. Unsere Hunde Dagobert, Wladimir, Lobster und Mischka sprangen um die Beine der Pferde herum und begleiteten uns auf allen Ausritten. Erst durch die Heide, dann durch den Wald und später am Meer entlang. Der Vater legte Patiencen. Manchmal zauberte der Vater für uns acht, er ließ Bänder, Hüte, Murmeln,

Puppen und Geldstücke verschwinden, und dann tauchten sie an den merkwürdigsten Orten wieder auf. Die Mutter stand auf der Terrasse und sang. Die Knechte und Mägde saßen des Mittags und des Abends um einen großen weißen Bauerntisch herum.«

»So einen, wie der Ully und du zu Hause habt, nicht wahr?«

»Ja. Wir hatten alle acht eine gute und strenge Kinderfrau. Sie saß, wenn sie sich vom vielen Kindererziehen erholen wollte, auf einem dunkelgrünen Schaukelstuhl mit roten Kissen und wippte langsam hin und her, her und hin. Sie saß dicht am Fenster, vor dem sich in einem langen Kasten die rosa Geranienköpfe neugierig drängten. Mutter hatte für jedes Kind ein Gutenachtlied, das sang sie reihum des Abends, wenn alle Kinder in allen acht Betten lagen: ›Gute Nacht Marie, vergiß mich nie. Du Theodor, sing mit im Chor, Ursula und Elisabeth, gleich kommt der Sandmann auf das Bett. Nathalie und Luise saßen auf der Wiese, Ferdinand und Fritz, treff euch nicht der Blitz‹. Dann ging sie aus dem Zimmer. Wir riefen ihr nach: ›Gute Nacht, Schönste aller Frauen.‹«

»Das hast du noch nie gesagt, das letzte Mal hast du erzählt, ihr seid alle gleich wieder aus den Betten und habt Suchen im Dunkeln gespielt, bis die Kinderfrau gekommen ist und euch alle verprügelt hat, und überhaupt, Kinder sagen doch nicht ›Schönste aller Frauen‹ zu ihrer Mutter.«

»Also ich schon«, sagt Benedikt, »ich würde das glatt machen.«

»Wir haben aber trotzdem ›Schönste aller Frauen‹ gesagt, das habe ich beim letztenmal bloß vergessen zu erzählen.«

»Du mußt dir aber nicht immer was Neues einfallen lassen«, meint der gründliche Daniel. »Du mußt hintereinander, wie es wirklich war, erzählen, sonst können wir es uns nicht richtig merken. Jetzt kommt doch bald das Traurige, aber mach das Traurige nicht so lang.«

»Gut«, sage ich, »dann erzähl du mir das Traurige.«

»Eines Tages«, fängt Benedikt an.

»Nein, Benedikt, es war am Mittwoch nachmittag«, sagt Daniel.

»Ach sei doch nicht so genau. Na, also schön, am Mittwochnachmittag im Januar wurden alle Kinder auf einen großen Leiterwagen geladen, denn Urgroßmama und Urgroßpapa waren plötzlich gestorben. Alle Kinder mußten aus dem schönen Haus raus, weg von der Heide, weg vom Wald, weg vom großen langen Meer, und die Hunde blieben da. Alle Hunde und die Pferde. Und die Hühner, und das war das Ende, wie heißt es, Großmama?«

»Ja, das Ende vom Paradies.«

»Und alle acht Kinder wurden getrennt und kamen zu verschiedenen anderen Eltern. Nur die Großmama blieb übrig, weil keiner sie haben wollte.«

»Weil sie so frech war, nicht?« sagt Daniel.

»Na und?« sagt Benedikt. »Jedenfalls die blieb allein mit der Kinderfrau, und nun haben wir das Traurige weg, und jetzt erzählt Großmama, was alles aus ihren sieben Geschwistern geworden ist.«

»Bei welchen soll ich anfangen?«

»Bei Theodor.«

»Ja, Theodor kam nach Italien, mit zehn Jahren. Da ging er eine Weile zur Schule, und dann lernte er Italienisch, und eines Tages konnte er gar kein Deutsch mehr. Sonst lernte er aber nicht viel auf der Schule.

Eines Tages riß er aus, dann wurde er Schuhputzer. Am Bahnhof in Rom putzte er einem sehr eleganten Mann mit einer Blume im Knopfloch die schönen Lackschuhe, und dabei klaute er ihm Geld. Aber der Mann war schneller als Theodor und merkte es. ›Du bist nicht ungeschickt‹, sagte er, ›aber gib mir mal mein Geld wieder, wer bist du überhaupt?‹ – ›Ich heiße Theodor.‹ – ›Komischer Name, hast du noch Eltern?‹ – ›Nein‹, sagt Theodor. – ›Willst du mit mir kommen?‹ fragt der Mann mit der Blume und den Lackschuhen. – ›Klar‹, sagt Theodor. Natürlich alles auf italienisch.

Und dann nahm der Mann den Theodor mit nach Amerika. In New York, da lebte der Mann, lernte Theodor nun Amerikanisch, aber zu Hause, wo er nun zu Hause war, sprach er weiter Italienisch. Da war eine dicke Frau mit schwarzen Haaren und großem Busen, zu der sagte er Mama. Er ging wieder ein bißchen auf die Schule und lernte das Notwendigste. Bald konnte er fabelhaft rechnen, und als er sechzehn Jahre alt war, wurde er nach Sizilien geschickt und wurde Chef einer großen Firma, die man Mafia nennt, und heiratete eine Sizilianerin und bekam viele Kinder. Aber die Mafia war keine so gute Firma, denn eines Tages fand man ihn tot auf der Straße, er war nicht alt geworden.«

»Also wir gehen nie in die Mafia.«

»Das ist auch gut so, und nun erzähle ich euch von Elisabeth. Ich meine Elisabeth und Nathalie. Also die beiden hatten ja Glück. Die kamen nach Frankreich und zu französischen neuen Eltern und wurden richtige kleine Französinnen. Sie sagten bald statt guten Tag bon jour und, statt wie geht's, ça va? Sie konnten so gut Französisch, wie es sich die Schulkinder in Deutschland manchmal wünschen. Nathalie konnte schon als Kind so gut kochen, daß sie bereits mit sechzehn Jahren der erste weibliche Meisterkoch im allerfeinsten Restaurant von Paris wurde. Sie heiratete den Unterkoch, und ihre vier Kinder sind alle Köche und Köchinnen geworden. Sie haben gemeinsam ein Restaurant in der Bretagne, wo es bekanntlich am besten zu essen gibt, und stehen im Larousse und Michelin.«

»Kennen wir«, sagten Benedikt und Daniel, »die hat unser Vater auch. Später, wenn wir Französisch können, gehen wir damit vom Capitou aus auf die Reise.«

»Du, du lernst doch nie Französisch!«

»Na, bestimmt so gut wie Nathalie, und nun erzähle von Elisabeth und den Blumensärgen.«

»Elisabeth konnte schon mit zehn Jahren so schön singen, daß alle Menschen entzückt auf der Straße stehenblieben und zum Balkon heraufschauten, auf dem sie sang, und lauschten. Nur eine alte böse Frau sagte: ›Na, hoffentlich verliert sich das nicht.‹ Elisabeth wurde eine ganz berühmte Sängerin und war so schön, daß alle Männer, wo sie auch hinkam, vor ihr niederknieten. Und dann geschah es, daß einer kam, der war unermeßlich reich, er war genauso schön wie Elisabeth, er war ein Graf, aber er kniete nicht vor ihr, und deshalb verliebte sie sich in ihn, und er schenkte ihr jeden Tag Kamelien.«

»Wieso Kamele?«

»Aber Benedikt, du weißt doch, diese weißen Blumen. Und an einem Abend im Frühling gingen die beiden in seinem Park spazieren, dann setzten sie sich gemeinsam auf eine Bank. Da nahm er sie in die Arme, und dann küßten sie sich.«

»Und küßten und küßten und küßten«, ruft Benedikt begeistert.

»Ja, und dann sagte er ihr, daß er sie nie heiraten könne, weil er einen bösen Vater habe, der es nie erlauben würde, daß er eine Sängerin, die nicht auch eine Gräfin wäre, zur Frau nähme.«

»So ein Arsch«, sagte Daniel.

»Elisabeth seufzte nur. Er brachte sie nach Hause, am nächsten Tag lag sie blaß im Bett, und dann wurde sie ganz rot und bekam hohes Fieber. Der Arzt wurde geholt, aber er konnte ihr überhaupt nicht helfen. Nur manchmal seufzte sie ›O Raymond‹, und jeden Tag wurde sie etwas kränker. Ganz Paris war wie von Sinnen. Menschenmengen sammelten sich vor ihrem Haus und riefen zum Balkon hinauf: ›Elisabeth, werde wieder gesund, geh uns nicht verloren.‹ Aber sie siechte dahin.«

»Das Wort ›siechen‹ mag ich«, sagte Daniel.

»Nach vierzehn Tagen war es soweit, daß sie im Sterben lag. Da kommt ein Rolls-Royce mit livriertem Chauffeur und bahnt sich mühsam einen Weg durch die weinende Menschenmenge. Der Graf steigt aus, mit einem großen Strauß Kamelien. Er stürzt die Treppe hinauf, er wird von der treuen Dienerin durchgelassen, er stürzt an das Krankenbett. Er kniet vor ihr nieder und flüstert: ›Stirb nicht, geliebte Elisabeth, Papa hat es erlaubt!‹ Zu spät, sie lächelt noch einmal verklärt, und dann schließt sie die Augen für immer. Raymond kann es gar nicht fassen. Als er es erfaßt hat, greift er nach seiner Pistole, die er immer griffbereit in der Gesäßtasche seiner Hose hat, und schießt sich ins Herz. Getroffen! Nun sinkt auch er entseelt an Elisabeths Bettrand vorbei auf den Perser.«

»Wieso ist denn da noch ein Perser?«

»Aber Benedikt, du weißt doch, ein Teppich. Zur Beerdigung wurden vier schwarze Pferde vor einen mit schwarzem Samt verhangenen silbernen Wagen gespannt. Auf den Särgen lagen so viele Blumen und Kränze, daß viele von den Blumen auf die Straße fielen, und die Tausende und aber Tausende von schluchzenden Menschen, die dem Wagen zum Friedhof folgten, hoben die Blumen auf und preßten sie als Andenken in ihr Poesiealbum.«

Nach einer kleinen Erholungspause wollen beide weiterhören. »Nun von Marie und Luise.«

»Ihr wißt ja, Marie und Luise waren Zwillinge. Sie sahen sich so ähnlich, daß man sie immerzu verwechselte. Die kamen beide nach England. Natürlich sprachen sie beide, da sie sehr fleißig in der Schule waren, bereits nach vier Wochen so perfekt Englisch, daß kein Mensch auf die Idee kam, das könnten vielleicht mal deutsche Kinder gewesen sein. Dann lernten sie im Handumdrehen noch Chinesisch, Russisch, Spanisch, Italienisch, Portugiesisch und Französisch. Sie beherrschten auch alle Sportarten so großartig, daß jeder den Atem anhielt, wenn sie sich bei der Ausübung von Judo und Jiu-Jitsu auf der Matte tummelten. Auch Karate lernten sie spielend. Sogar der Geheimdienst wurde auf sie aufmerksam.«

»Der von James Bond, nicht wahr?«

»Ja, ja, der. Und da wurden sie beide hinbestellt, kriegten geheime Nummern und wurden in die Welt geschickt, um böse Machenschaften aufzudecken. Und weil sie sich so ähnlich sahen, verwirrten sie die bösen Menschen so sehr, daß die nie wußten, wer wer war. Weil die eine immer als harmloses Blumenmädchen ging, das gar nichts anderes im Sinn hatte als Blumen verkaufen, und die andere derweil in den kühnsten Verkleidungen den Mördern auf der Spur war. Zwischendurch wechselten sie immer die Rollen, und so gelang es ihnen, viele viele komplizierte Fälle zu klären. Ihr berühmtester Fall war der, als sie beide, mitten auf dem Meer in dem Laderaum eines Schiffes eingesperrt, doch noch ausbrachen, bei strömendem Regen (deswegen war niemand auf Deck) in aufgeblasenen Gummiringen eine ganze Nacht auf dem stürmischen Meer trieben, haarscharf an riesigen Haien und Tintenfischen vorbei auf einer Koralleninsel landeten und dort den berühmten Forscher Dr. Halloway als Rauschgifthändler entlarvten.«

»Dufte Puppen«, sagt Daniel, »kann man die mal kennenlernen?«

»Was denkst du, die sind so geheim, ich habe das alles bloß hintenrum von Ferdinand erfahren.«

»O ja, jetzt kommt Ferdinand dran.«

»Also Ferdinand kam nach Schweden. Ferdinand war prima, und ich sehe ihn heute noch manchmal. Ferdinand interessierte sich schon sehr früh für Politik. Ferdinand war ein heller Junge. Er hat es nicht leicht gehabt. Es gibt viele Leute, die es ihm übelnehmen, daß er nach Schweden gegangen ist, obwohl er doch gar nichts dafür konnte. Also ich kann euch nur sagen, Ferdinand ist ein erster Mann geworden.«

»Warum sagst du uns nicht, wer er ist? Heißt er wirklich Ferdinand?«

»Nein, aber vielleicht werdet ihr ihn noch kennenlernen.«

»Und was ist mit Fritz?«

»Ja, also Fritz kam, soviel ich weiß, nach Bayern.«

»Und?«

»Oh, der ist auch ein großer Mann geworden, aber er ist ein Feind von Ferdinand. Vielleicht sogar sein größter.«

»Gibt's außer Ferdinand denn auch noch große Männer?«

»O ja.«

»Vielleicht lernen wir den auch mal kennen.«

»Kann schon sein.«

»Kennst du auch Könige und Königinnen?«

»Ja. Massenhaft!«

»Schade, Großmama, daß du nur Schauspielerin geworden bist.«

»Ach, ich weiß nicht.«

Ich bin ganz gut zu haben, bis auf . . .
Wie man die Liebe lernt. Ich lebe so gerne

Als Kind und auch noch als junges Mädchen log ich unheimlich. Aber immer aus der Situation heraus. Dann vergaß ich, was ich gelogen hatte, und wenn nun das ganze Lügengebäude in kürzester Zeit zusammenstürzte, weil ich ja nicht konsequent und nach Plan log, war ich natürlich die Blamierte. Sich selber in die Ecke stellen zu müssen ist sehr beschämend. So beschloß ich, weil das einfacher ist, von nun an die Wahrheit zu sagen oder, wenn sich das schlecht einrichten ließ, wenigstens den Mund zu halten.

Dieser Umgang mit der Wahrheit hat sich inzwischen als richtig herausgestellt – natürlich übertreibe ich manchmal ein bißchen. Das »Mundhalten« ist mir nicht immer gelungen – das funktioniert manchmal heute noch nicht. Ich war auch sehr jähzornig. Meinen letzten Jähzornanfall hatte ich mit sechsundzwanzig Jahren, weil ich mich ungerecht behandelt fühlte. Ich habe einen Kleiderschrank eingetreten und den Frisiertisch, mit allen Flaschen drauf, umgeworfen.

Wenn mir der Kragen platzt, schreie ich; das befreit sofort. Früher platzte er mir schneller, heute dauert es eine ganze Weile. Ich bin eine bessere »Nehmerin« geworden. Nach spätestens fünf Minuten habe ich vergessen, um was es da eigentlich ging, und bin aufs äußerste erstaunt, daß der, den ich angeschrien habe, mich tief beleidigt, mit todwundem Blick ansieht. Dann gehe ich hin und bitte um Entschuldigung, weil ich das nicht haben kann. Erst wehren sich die Betroffenen, langsam werden sie dann wieder gut – und die ganze Schreierei war umsonst.

Eigentlich kann ich sehr froh sein, daß ich immer alles gleich loswerde und nicht zu den unglücklichen Menschen gehöre, die ihren Ärger in sich hineinfressen und dann krank werden. Ich bin überhaupt nicht nachtragend. Vielleicht kommt es daher, daß ich so sehr dem Moment, der Stunde, jedem neuen Tag, an dem ich lebe, hingegeben bin.

Ich lebe so gerne. Ich habe immer gerne gelebt, auch dann, wenn es sehr kummervoll war; ich habe auch noch in sehr bösen Situationen etwas Komisches, Erheiterndes gefunden, und ich habe das Glück gehabt, immer im richtigen Augenblick Menschen zu begegnen, die gut zu mir waren.

Und ich bin ja wohl auch ganz gut zu haben, außer daß ich ungeduldig bin, vorschnell mit dem Worte, launisch, unsystematisch, nicht rechnen kann, vergesse, was mich nicht interessiert, nur bedingt zuverlässig bin, plötzlich die verrücktesten Ideen habe und sie auch sofort, am liebsten noch gestern, in die Tat umsetzen möchte, keine gute Hausfrau bin, aber, wenn es sein muß, die ganze

Wohnung blitzblank putzen kann, aber bitte nur einmal in der Woche, mir keine Preise merken kann, während ich dies schreibe, überlege ich mir verzweifelt, was ein halbes Pfund Brot kostet, aber trotzdem einigermaßen rationell einkaufe, gelegentlich sogar gut koche, manchmal aber auch ohne jede Phantasie – meines Mannes Hemden wasche, Gott sei Dank brauche ich sie nicht zu bügeln, gern allein bin, aber sofort Herzklopfen bekomme, wenn er zehn Minuten später als versprochen nach Hause kommt, ihn nach weiteren zehn Minuten bereits in einen Autounfall verwickelt sehe oder von Mördern bedroht, oder ohnmächtig geworden auf der Straße liegend, der schaurigen Möglichkeiten gibt es viele, und meine Phantasie ist rege, nach dreißig Minuten bin ich bereits von Sinnen und laufe, wie ein Huhn, zwischen dem Lift draußen und dem Fenster des Wohnzimmers hin und her. Durch dieses Hin- und Herlaufen habe ich prompt das Telefon überhört. Endlich, nach einer Stunde und zehn Minuten, kommt er, sieht mich tränenüberströmt im Sessel hocken.

»Warum k-k-kommst du so spät?!«

»Sag mal, bist du verrückt geworden, ich habe doch angerufen!«

So geht es mir aber nicht nur mit meinem Mann. Wenn Menschen, die ich liebe, die zu mir gehören, sagen: »Du, ich weiß nicht, wann ich nach Hause komme, irgendwann« – dann ist das in Ordnung, dann bin ich auch ganz ruhig. Aber wenn sie eine bestimmte Uhrzeit angeben, zu der sie zurück sein wollen, und die Zeit dann nicht einhalten, bekomme ich Angst, und die wird immer schlimmer, ich kann sie einfach nicht bezwingen, sie frißt mich auf. Wenn ich gerade ein Bild male, eine Puppe knete oder sonstigen produktiven Unsinn treibe, bin ich so intensiv damit beschäftigt, daß ich alles andere stehen- und liegenlasse – wie schon gesagt –, ich bin ganz gut zu haben.

Mit mir verheiratet zu sein ist sicher nicht einfach, aber da wir beide uns liebengelernt haben und uns in unserer Gesellschaft sehr wohl fühlen und uns nie miteinander langweilen, führen wir, wie man das so schön sagt, eine gute Ehe. Und das dauert wohl immer eine ganze Weile, bis es dazu kommt. Am Anfang nannten sie meinen Mann immer »Herr Herking«. Das ist ja auch nicht so hübsch, wenn man einen eigenen Namen hat. Übrigens hat er sich ganz gut aus dieser Affäre gezogen; er drehte den Spieß um und meinte, er sei Herr King und ich Frau King. Jetzt aber nennt ihn schon lange niemand mehr Herr Herking.

Ich war – von meinen Empfindungen für meinen ersten Mann abgesehen (den liebte ich, aber das habe ich zu spät gemerkt) – immer in die Liebe verliebt, ohne zu wissen, was Liebe ist. Stürmisch und voller Zärtlichkeit, wollte ich nicht sehen, welche Verantwortung es mit sich bringt, wenn man sich dann tatsächlich entschließt, zusammen zu leben, »bis daß der Tod uns scheidet« – wieviel man an Toleranz aufbringen muß, ohne indolent zu werden, wie intensiv man auf Entdeckungsreise gehen und wie man es lernen muß, mit der Zeit die Schwächen, die man dabei an seinem Partner entdeckt hat, zu akzeptieren.

Ich glaube nie und nimmer, daß man gewisse unschöne Eigentümlichkeiten des Partners liebenlernt – im Gegenteil, die bleiben ein Ärgernis. Aber wenn man nicht resigniert, sondern nur um so mehr seine und des anderen liebenswerte Eigenschaften hegt und pflegt, Toleranz übt und Respekt voreinander hat, lernt man es auch, sich zu lieben.

Ich lebe gerne – und ich habe Angst vor dem Tod. Ich habe Angst davor, ihn bewußt erleben zu müssen. Ich bin nicht religiös erzogen worden. Ich glaube nicht an Gott, wie er in der Bibel beschrieben wird. Man sagt mir, daß ein Mensch, der in der Religion erzogen worden ist, weiß, daß ihn von seinem Eintritt in das Leben bis zu seinem Ende der Tod begleitet und daß er ihn ohne Schrecken und als selbstverständlich empfindet. Ich wünschte, mir ginge es auch so.

Wenn der Tod schnell kommt, sagen die Leute: er, oder sie, hat einen leichten Tod gehabt. Woher wollen sie das eigentlich wissen? Vielleicht war es ein entsetzlicher, ein namenloser Schreck? Oder ein beglücktes Einschlafen und Nie-wieder-Aufwachen. Was müssen die armen Menschen, die krank dem Tod entgegengehen, leiden? Wie setzen sie sich damit auseinander? Nehmen sie es, wenn sie religiös sind und an Gott glauben, wirklich still und ergeben hin? Sehnen sie sich danach, nicht mehr dasein zu müssen? Kämpfen sie um ihr Leben?

Was heißt überhaupt »tot«? Ein einzelner stirbt. Millionen werden ermordet – und doch stirbt auch von diesen jeder ganz für sich allein... Ich wünschte, ich wäre gescheit genug, das zu Ende denken zu können, ohne Religion, ohne Gott anrufen zu müssen, ganz auf mich selbst gestellt – um dann alles akzeptieren zu können, was kommen soll. Ohne diese Angst.

Ich werde es versuchen. Und bis ich nicht mehr da bin, möchte ich mindestens noch die ganze Welt zum Lachen bringen, den Krieg absolut verbieten und das Geld abschaffen – (aber mir vorher noch schnell endlich mal zwei himmlische Kleider von Emilio Pucci kaufen: Träume von Kleidern aus erlesenem Stoff, federleicht, knautschen nie und sind sündhaft teuer).

Viele Menschen werfen mir vor, ich sei in keiner Weise ernst zu nehmen. Recht haben sie, Sie haben es ja eben mit eigenen Augen gelesen.

Inhalt

DAMALS

GESTERN

HEUTE